防災教育のすすめ

― 災害事例から学ぶ ―

岩田 貢・山脇正資 編

（地理教材研究会）

古今書院

A Guideline for Disaster Prevention Education

Edited by   IWATA Mitsugu, YAMAWAKI Masashi

Kokon-Shoin, Publisher, Tokyo, 2013

刊行にあたって

　2011年3月の東日本大震災の記憶は新しい。被災地域における復興は未だ半ばの状況である。原発事故の処理は、これから先何年かかるか予想もできないような長期戦となっている。他に目を転じれば、南海トラフ付近での地震発生による太平洋沿岸地域における津波の危険性は高く、政府や関係自治体による被害予測が発表されている。地震災害だけではない。日本各地で起こる水害や土砂災害などで避難を余儀なくされる人々の姿がしばしば報道され、災害をこれほど身近に感じられるようになったことはなく、いずれのニュースを聞いても気が重くなりがちである。

　いっぽう、災害にめげず日々の暮しを成り立たせていこうとする多くの人々のエネルギーを強く感じる。日本のいずれの地に住んでいようと、様々な災害、とりわけ自然災害を被る危険性から逃げることはできない。自然災害が避けられないものであるとすれば、学校や社会教育の関係者として、防災や減災に向けて何ができるのだろうかと考えなければならない。

　「防災教育」という言葉が言われて久しい。従来の防災教育は、集団での避難の仕方やその訓練が中心であった。しかし、阪神・淡路大震災や東日本大震災を経験した私たちは、被災直後から復旧・復興に至るまで、様々な場面で自ら判断することを迫られた。的確な判断をするためには、科学的知識をもとに、事態を総合的に理解し、想像力をもって対応することが求められる。これら災害に対応する力を育成するためには、過去に日本や世界各地に生じた様々な災害を取り上げ、災害を単なる自然現象として捉えるのではなく、災害に堪え復旧に邁進し復興に至るまでの人々のたゆまぬ努力と、災害を忘れまいとする意識や行動までをも含む総合的な事象として考えていかねばならない。そしてそれら災害の事例に学び総合的に語れるのは「地理」しかないと考える。

　このような時期に、高等学校学習指導要領の「地理A」においては、自然環境と防災を取り上げることが明記された。地理を指導していく中で、学習指導要領上での災害や防災教育の位置づけ、近年の防災教育に対する社会の要請、さらに東日本大震災の影響などをふまえれば、防災教育をテーマに教材開発を進めることはきわめて重要である。各地における防災や減災を念頭においた集落の立地や土地利用上の工夫などを教材として整理したり、全国にみられる災害記念碑や災害博物館などの記憶装置や防災のための行事を取り上げて教材化することは、重要な課題となってこよう。

　また、近年、わが国では都市部を中心に人と地域社会の繋がりの希薄化が大きな社会問題となってきている。コミュニティの弱体化は、被災当初やその後の復旧・復興の過程で必要とされる「共助」の機能に大きな影響を与える。地域の防災について論じる際に、国や自治

体が担うハード面や「公助」面の対策だけに目を向けるだけでなく、住民同士の相互扶助の組織や日常の活動の重要性などにも注目し、復旧・復興までを含めた地域の防災事例について学習させることは、今後の社会を担う生徒たちに地域の繋がりの重要性を再認識させ、大きな防災・減災力につながると考える。そしてそれらは、災害に直面した際に、自ら何を判断してなすべきかを考え行動する「自助」の基盤になると確信する。

さらに、ここで留意しなければいけないのは、地理教育に関わる者として、自然現象そのものや災害の悲惨さのみに関心を奪われ、それを取り上げるだけで防災を扱ったとする思いこみに対し、戒めの姿勢をもつことではないだろうか。何よりもまず災害において犠牲になられた方々に哀悼の気持ちを抱き、加えて被災地において復旧・復興に努めておられる住民・関係者の方々をはじめ厳しい環境の下で生活を営んでいるすべての人々の姿を常に念頭に置きつつ、教材化を進めることが重要ではないかと考える。

地理教材研究会において、ここ数年自然災害の取り扱いについて、事例をもとに「災害の何を教えるか、何を生徒に考えさせ、いかなる災害対応力を育成するのか、どのような教材が適切か」などの議論を重ねてきた。本書をまとめるに当たり、それらの議論や、月刊「地理」に連載してきた「災害に立ち向かう地理教育」の内容をさらに検討・加筆を行った。そのため、様々な自然災害を取り上げる際に、執筆者それぞれが、時間の都合をつけて可能な限り現地を訪問し、そこで考え、教材化の構想を行うことにした。そして、教壇に立ち教えるとすれば、このように取り扱うという具体的な実践案やそのための事実と資料を提示することを企画の基本に置いた。今回は東日本大震災や原発事故に関する教材化ができておらず、さらにすべての災害を取り上げて防災教育の全体像を描き出すまでには至ってはいないが、現段階において、地理教材研究会の会員が考えていることをまとめたものとした。

教科教育として防災教育を扱った書籍は驚くほど少ない。本書が多くの方々に読まれ、ご意見やご叱正をいただくことで、さらに防災教育に関して、地理教育やその教材はいかにあるべきかの研究を進めていきたいと考えている。

終わりになるが、被災地で調査に協力いただいた数多くの方々、貴重な資料を提供いただいた方々、専門的分野から原稿作成に助力いただいた方々にお礼を申し上げる。また、長期間にわたって共に苦労を重ねつつ教材案の検討を進めてきた地理教材研究会の研究仲間の皆さんと、本書の企画段階から編集・校正に至るまで丁寧な助言と励ましをいただいた佛教大学の植村善博先生には、改めてお礼を申し述べたい。さらに、編集面で多大なお世話をいただいた古今書院の関 秀明氏にも、篤く感謝の意を表したい。

2013 年 9 月

岩田　貢

山脇　正資

（地理教材研究会）

目　次

刊行にあたって　　岩田 貢・山脇正資（地理教材研究会）

1　地理的防災教育のすすめ　　岩田 貢　1

2　水害と防災教育　　9
2-1　都市型水害 ― 小河川の氾濫 ―　竹原英司　9
2-2　台風による河川氾濫 ― 2004年の台風23号 ―　小橋拓司　14
2-3　ため池決壊と鉄砲水 ― 1951年の平和池水害 ―　齋藤清嗣　22
2-4　砂鉄採取にともなう水害　徳安浩明　29

3　台風・高潮と防災教育　　35
3-1　台風による被害 ― 1991年の台風19号 ―　村上富美　35
3-2　伊勢湾台風と避難行動　岩田 貢　42
3-3　カトリーナ災害とニューオーリンズの水没　植村善博　45
3-4　地盤沈下と「0m地帯」　新井教之　50

4　地震災害と防災教育　　53
4-1　兵庫県南部地震と震災復興　植村善博　53
4-2　埋立地と液状化被害　辰己 勝　58
4-3　関東大震災における救援と復興　矢野司郎　66
4-4　阪神・淡路大震災と住宅復興　小橋拓司　72
4-5　阪神・淡路大震災の震災モニュメントを歩く　立川稠士　76

5　津波と防災教育 ──────────── 81

- 5-1　南海地震津波と「稲むらの火」 ……………… 岩田　貢　81
- 5-2　石垣島の「津波大石」 …………………………… 大西　隆　89
- 5-3　津波防災に活かすＧＩＳ ………………………… 杉本昌宏　93
- 5-4　東日本大震災とボランティア活動 ……………… 松浦直裕　99
- 5-5　津波災害に備える防災教育 ……………………… 岩田　貢　104

6　多様な災害と防災教育 ──────────── 109

- 6-1　雲仙普賢岳の火山災害に学ぶ …………………… 辰己眞知子　109
- 6-2　日本海側の雪害 …………………………………… 山脇正資　117
- 6-3　雷による深刻な被害 ……………………………… 松浦直裕　124
- 6-4　干ばつと干害 ― 日本への影響 ― ……………… 石代吉史　129
- 6-5　平安京を襲った竜巻 ……………………………… 山脇正資　133
- 6-6　地域で取り組む防災対策 －住民の生活と文化財を共に守る－　杉原和之　139

著者紹介　　142

1章 地理的防災教育のすすめ

岩田　貢

1 はじめに

　2011年3月11日に発生した「平成23年東北地方太平洋沖地震」（同日気象庁命名）は記憶に新しい。地震や津波の規模は予想をはるかに超え、その被害は広域かつ甚大なものとなり、同年4月1日、政府により「東日本大震災」と命名された。またその後も、紀伊半島南部に記録的な豪雨による水害や土砂災害、北海道や東北を中心に豪雪による被害など、さまざまな災害が発生している。国外に目を転じても、近年、中国四川省、スマトラ島沖、ニュージーランド南島での地震やタイ中部での水害など、自然災害のニュースが後を絶たない。

　東日本大震災以降、地震や洪水など自然災害にかかわる報道とともに、災害や防災の関係書物の出版が相次ぎ、大型量販店では防災用の備品が数多く販売されている。ところが、自然災害発生に関する情報に接する機会が少ないうえに、自分が生活する地域には災害はおきないだろうという根拠のない願望などが加わって、自分が被災者になるという現実感は乏しいように思われる。

　他方、防災教育の必要性が今日ほど大きく唱えられている時はない。しかし学校教育の担当者でさえ、何をどのように教えるべきかという点になると、考え方が定まらない。特定の教科でやるべきだ、総合的な学習の時間でやればよい、いや特別活動だなどと整理が進まない状況がみられる。

　地理教育においても同様である。防災教育にかかわって、地理教育はどのような役割が果たせるのか、教材化に至る学習内容の整理と新たな提案が求められている。

　先の1995年の兵庫県南部地震において、われわれ「地理教材研究会」のメンバーの多くが居住する関西では、想像もできない大被害に直面することになった。被災地域は、かかわりのある生徒たちが日常生活を送るところであり、研究活動のフィールドでもあった。このため、深刻な被害の状況と多くの犠牲を代償にした貴重な教訓を次の時代を担う子どもたちに伝えることが、われわれの大きな使命となった。そこで、地震災害の何をいかに教えるのか、どのような授業実践を行っていくのかという観点から、"地震災害に立ち向かう地理教育"をテーマにして、教材の開発に取り組むことにした。そして、2008年10月には、同テーマでのシンポジウムも開催するなど、地震災害の扱い方に関する研究を進めてきた。

　ところが、その2年後の「東日本大震災」の経験は、これまでの地理教育に対して真摯な反省を迫るものとなった。そこで、改めて2012年度から"災害に立ち向かう地理教育"をテーマに掲

げ、さまざまな自然災害を取り上げて、その教材化を検討しているところである。

本書は、これらの状況をふまえ、今この段階において、自然災害を念頭に置き、地理教育において防災教育に関して扱うべき教材とは何かを整理し、それを具体的・体系的に提示することを意図したものである。

2 防災教育への関心

1995年1月17日早朝に近畿地方で発生した大地震は、きわめて大きな被害をひきおこし、わが国における戦後最大の自然災害となった。即日気象庁により「平成7年兵庫県南部地震」と命名され、淡路島や阪神地域の一部には震度7の激震が生じたことが判明した。この地震では6,400名以上の死者と40,000名以上の負傷者が出たのをはじめ、約46万世帯に及ぶ住宅の全半壊がみられたことから、2月14日には政府により「阪神・淡路大震災」と名づけられた。

ここでの被害の特徴のひとつに、地震により家屋が一瞬に倒壊して就寝中の人々に多数の死者が出たことがあげられる。そこで、大震災の経験を通して、建物や土地の安全性に気を配り、自然災害から自分の身を守るためにはどうすればよいかという点に関心が集まった。このため、理学や工学系の研究として、災害を引き起こす自然現象のメカニズムの追求や、災害危険度の高い地域の特定化、あるいは建築物の耐震化などの課題への取り組みが先行され、成果があげられていった。

防災教育の面では、被災地の兵庫県を中心として、大震災の経験を語り継ぎ、その教訓を未来に生かし、安全・安心な市民協働・減災社会の実現を目指すための施設の建設や研究・教育[1]が熱心に行われるようになった。他方、西日本は地震の活動期に入ったともいわれ、全国的に防災教育の必要性が叫ばれるようになったが、それぞれの地域で何をどのように学ばせるか模索する時期が続いた。

なお社会生活面では、被災地支援のために多数の人がボランティア活動に参加したことが、その後の災害支援活動が活発化する基となった点は特筆される点となった。

3 防災教育の理念と実施主体

地理教育において自然災害を取り上げるにあたり、文部科学省が示してきた防災教育の理念をみておきたい。

まず2007年の「防災教育支援に関する懇談会中間とりまとめ（案）」では、防災教育の目的が示された。ここでは、学習指導要領の基本理念である『生きる力』と結びつけ、災害に関して指導すべきとする知識や能力として、あまりにも総合的で、広範囲かつ多岐にわたるものがあげられた。ここで示された防災教育は、地域の災害・社会の特性や防災科学技術等についての知識を重視していくべきものか、自然災害から身を守り、被災した場合でもその後の生活を乗り切る能力を優先すべきものなのか、あるいは、災害からの復興を成し遂げ、安全・安心な社会を構築する能力とは何かを追求して授業に結びついていくべきものか、焦点化が難しいものであった。

このため、地震や津波の危険性に直面している千葉・静岡・和歌山・高知4県のように、独自の防災教育の内容[2]を整備したところもみられたが、さまざまな災害が想定される多くの地域では、防災教育の実践にあたって、相当な内容の検討を必要とした。

次に、2011年9月に出された「『東日本大震災を受けた防災教育・防災管理等に関する有識者会議』中間とりまとめ」においては、防災教育について、内容の整理が明確に行われた。

1点目には、自然災害等の危険に際して自らの命を守り抜くため、「主体的に行動する態度」を育成するとして、自らの危険を予測し、回避する能力を高める防災教育の推進があげられた。いわゆる「避難時に必要な教育」を重視したことが注

目された。そのなかでは、
1）周りの状況に応じ、自らの命を守り抜くため「主体的に行動する態度」の育成
2）防災教育の基礎となる基本的な知識に関する指導充実

の2項目が示されたのである。教科指導の面からいえば、2）の基本的な知識に関する指導の充実をいかに進めていくかに注目が集まることになった。2007年度段階よりも、内容が焦点化され、わかりやすくなったともいえる。

もちろん、共助の場面で支援者となる視点からも、安全で安心な社会づくりに貢献する意識を高める防災教育の内容が必要である。そこで2点目として、「支援者としての視点から、安全な社会づくりに貢献する意識を高める防災教育の推進」があげられた。これは、日常の生活で必要な教育はもちろん、いわゆる「被災時に必要な教育」をも含めるということになる。

次に防災教育の実施面をみた場合、実施主体や実施対象、内容などにより多様なものが存在する。

実施主体でいえば、自治体などの公共的な団体が実施するものから、学校内で行われるものまで含まれている。当然のこととして、前者であれば実施対象は住民やその代表者となるだろうし、後者であれば児童や生徒ということになる。いずれも啓発的な内容が中心に進められる。さらに対象を広げれば、行政の担当部署に対して危機管理面などに特化して専門的な知識を周知するために実施されるようなものまで含まれることになる。

多岐にわたる防災教育のなかでも、本書では学校における内容に限定して論をすすめる。したがって、対象は生徒、実施主体は学校ということになる。さらに、「防災教育」の文言は指導者側からみた用語とし、生徒側からみる場合は「防災学習」の文言を使用することとする。

学校における防災教育においても、内容面からいえば、避難訓練のような実践的なものから、自然災害の原因などの基礎知識を扱うものまで広く考えられる。ここでは、総合的な学習の時間や特別活動で行う内容と、教科で指導すべき内容とに分けて考えることが現実的になろう。すなわち、前者においては実践的な内容を中心に扱い、後者は基礎知識を中心に扱うということである。両者は、片方が欠けることで学習の効果は薄くなる意味で、車の両輪のようなものである。

4 地理での防災教育に求められるもの

それでは、教科の一部を担う地理教育においては、どのような防災教育を進めていくべきなのだろうか。

まず2007年の日本学術会議答申「地球規模の自然災害の増大に対する安全・安心社会の構築」の提言において、防災基礎教育の充実があげられたことが注目される。それは、

自然災害発生のメカニズムに関する基礎知識、異常現象を判断する理解力及び災害を予測する能力を養うため、学校教育における地理、地学等のカリキュラムの見直しを含めて防災基礎教育の充実を図る。

というものである。このうち地理教育としては、災害発生のメカニズムや災害が起きる地理的条件についての基礎知識、ならびに災害を予測する能力の育成にかかわる内容の整理が必要であると考えられる。

加えて2009年3月告示の新学習指導要領において、高等学校地理歴史科の「地理A」の中項目に「自然環境と防災」があげられたことが特筆される。ここでは自然災害の典型的な事例を扱うとともに、地域性を踏まえた対応の大切さを学ばせ、防災意識を高めることが主なねらいとされている。また理科では「地学基礎」が新設され、中項目「地球の環境」のなかの「日本の自然環境」の小項目で、自然災害の例やその予測や防災に触れる内容が示された。地理Aと地学基礎において、初めて防災教育に関する基礎的な知識を体系的に修得させることになったのである。他方、中学校

地理的分野においては、防災は項目としては設定されていない。「日本の諸地域」のなかで地域の自然災害に応じた防災対策が、「身近な地域の調査」のなかで地域の課題を見出す学習に防災の取り組みが、それぞれ扱われることになる。中高ともいずれも、内容面ではおおまかなものになっていることから、具体的な指導面では、地域の実態に適合した教材の工夫が求められている。

地理の授業で自然災害を扱う場合、ときには、自然現象の特異性と被災地域とのかかわりや災害の状況を詳細に取り上げ、災害に対する備えの脆弱性だけに注目することがある。しかし、それに止まることなく、人々が自然災害に対して具体的にいかに対応したのか、直ぐに再建の道筋がみえないような環境下でも、人々が災害後の復旧や復興にどのように取り組んで今日の地域生活を築いてきたかについても、併せて理解させる必要があると考える。また、災害経験を伝承することは、災害を予測する力を育成することにもつながる。これらは、生徒たちに自然災害に関して必要な知識を身につけさせ、災害に立ち向かう姿勢を育成するために、自然的・社会的両事象を総合的に扱う地理教育だからこそ行える防災教育の内容といえよう。

そこで、これまで地理教材研究会が自然災害の教材化について調査・研究を進めてきた内容を踏まえ、このような視点と内容をもちつつ取り組む防災教育を、"地理的防災教育"と名づけ、本書において取り扱っていきたい。

5 自然災害について

(1) 多発する災害

「災害列島」という用語が国土交通省において使用されているように、日本列島では災害が多発している。なかでも、地震や台風、集中豪雨などによる被害が毎年のように起こっている。

ここで留意したいことは、この地震や台風、集中豪雨などの自然現象そのものが、災害と同じではないという点である。災害という漢字からは、人間生活にふりかかるわざわいという意味が読み取れる。当然のことであるが、居住や生産という人間の活動があるところに異常な自然現象がかかわって被害を及ぼしたときに、初めて災害となるのである。

一般的にいえば、災害の原因は、自然的条件、土地利用、防災対策などにわたり考えることができる。まず、日本列島においては、地形・地質や気象が複雑で多様な様相を呈していることがあげられる。ただこの複雑さや多様さは、農地や海面などを舞台にして生産活動を営む面からいえば好条件となり、日本の発展を支える基盤となってきた。しかし、日本列島をみれば、山地が7割余りを占めていること、変動帯に位置しており不安定で脆弱な地質構造がみられること、台風の通路にあたっていたり前線の活動が活発であることなど、災害発生の元となる自然の特徴をあげれば枚挙に暇がない。また日本の土地利用の特徴として、居住や生産活動の場が低地の平野部に集中していることが、災害を拡大する原因になっている。さらに、防災対策としては、堤防や河川の整備などの社会資本の充実や、地域の住民による防災組織やその活動などがあげられるが、一般的にそれらが未整備な状態であるところでは災害が過酷になってしまうのである。

これらはすべて自然災害に関することがらであるが、災害には自然災害以外のものもみられる。火災・公害・交通事故などである。社会現象が引き起こす最大のものは戦災であるともいわれることがある。このように災害に含まれるものの種類は多いが、地理学習の内容として全ての災害を対象とするには、範囲が広すぎる。そこで本書では、自然災害のみに限定することにする。とはいえ自然災害だけに注目しても、災害を引き起こす原因は上記のように多岐にわたることから、地域が有する社会的側面にも注目し、その重要性も指摘していきたい。

（2） 災害発生の要因

災害は、家屋やインフラ設備や生産手段を破壊することが多く、酷いときには人命さえ奪うことがある。この災害は、その態様や大きさと、それを引き起こす原因との両面からとらえることがよくある。前者はおもに災害の規模を把握するのに使用される。後者の原因については、災害を分析的にみて、今後の被害を減少させうる情報を得るために着目される。

佐藤武夫らは『災害論』[3]のなかで、災害の基本構造を明らかにした。それによれば、災害には「素因」、「必須要因」、「拡大要因」の3大要因がみられるという。水害、震災、冷害の素因は自然現象である。例えば高潮によって水害が生じたとする。この場合、台風や高潮や強風が「素因」になる。しかしこれらだけで災害が発生するということではない。同じ高潮があっても、防潮堤の備えが被害の有無に大きくかかわりがあるように、素因を災害にしてしまう要因が存在する。これを災害の「必須要因」と呼ぶ。そして、この必須要因により災害は発生するが、被災の程度はあらゆる場合に等しいわけではない。同じ防潮堤があっても、高潮の被害は土地の条件によっても異なるように、土地利用のあり方も問題となる。このように災害を激化させる諸要因を、「拡大要因」と呼ぶというのである。

他方、火災、大気汚染や地盤沈下による被害の素因を求めれば、社会現象にも行き着く。自然災害にはあたらないような災害も、同様に必須要因や拡大要因が存在すると考えてよい。

災害ごとに3大要因を分析したとき、素因に比べて必須要因や拡大要因は、自然的条件と社会的条件とが複合的・重層的に関係していることが多い。自然現象が素因であっても、天災か人災かの議論が生じるのは、これらによるところが大きい。さらに、開発により土地利用が進展したことにより、災害の程度や態様も変化し、要因も複雑化している現状がみられる。

（3） 自然災害の発生要因の分析

植村善博[4]は、水害の発生要因を検討して、上記の3大要因をさらに発展させて、「水害環境」という考え方を提唱している。水害の発生については、河川流域の自然的、社会的、歴史的、技術的諸条件を把握し、それらを総合的に比較、考察することが重要であるとしている。そして、水害の発生メカニズムや災害発生の特徴と地域性を支配する総合的諸条件を水害環境と呼んだ。

たとえば、近似する地域に発生した水害を取り上げても、そこには多様性がみられる。素因には、気象からみたもの、地表面からみたもの、水理状況からみたものが考えられる。必須要因には、河川への水流のかかわり方や堤防などの状況があげられる。さらに拡大要因としては、そこでの人口や土地利用や治水対策などの違いが指摘でき、地域による差が生まれるというわけである。

ここで重要なのは、特定の要因を集中的に追求するのではないという点である。また、できるだけ多くの個々の要因をあげるということだけでもない。地域ごとに分析的かつ総合的にみることが重要であるという考え方である。それゆえに水害環境という表現を用いる。そして河川ごとの水害環境の特質を明らかにして、災害の特徴やその地域性を予測する自然地理学的研究をすすめ、治水対策や災害軽減のために役立つ成果を提供することが大切であると述べている。

この分析的で総合的な考え方は、水害以外の自然災害においても適用できるだろうと期待され、さらに、自然災害を扱う地理教育を考える際にも応用できるのではないかと想定される。

6 災害の種類と本書の構成

自然災害に限定するとしても、そもそも災害とは何をさすのか、という根本的な疑問に直面する。この災害の分類や表現については、さまざまなものがみられる。

前掲の佐藤武夫らは、次のような災害の分類を

提示している。
　①発生原因を指標とする分類：自然要因、社会要因＝水害・震災、大気汚染・地盤沈下など
　②地域社会的指標による分類：山村災害、都市災害など
　③災害対策の性格を指標とする分類：産業の種類、被害主体の区分＝農林水産業災害、人間災害・建物災害等

また、災害現象の形態から類型化したものも示されている。
　①災害現象の緩急による類型：急激災害、緩慢災害＝水害・震災、大気汚染・火山爆発など
　②自然条件と社会条件の関与の程度による類型：自然条件が主要なもの、社会条件が主要なものなど＝震災・風害、大気汚染・水質汚濁など
　③直接被害主体による類型：人が被害主体であるもの、人と土地・施設が被害主体であるものなど＝交通災害、風水害・冷害など
　④被害程度による類型：災害激震地、災害常習地帯等＝軟弱地盤地帯、台風常襲地帯等

ここでは、災害のどの側面に着目するかにより、災害の分類や類型ができることが示されている。

次に、科学技術庁国立防災科学技術センター・西川泰[5)]は、各種の災害として、風害、水害、地震、地殻変動災害、異常な気候・気象による災害、雪害、海岸災害、噴火・火山災害、火災、公害、事故、戦災という項目をあげている。災害の種類を網羅したようにみえるが、取り上げる基準や順序の系統性については明示されていない。

近年、北原糸子他[6)]は、日本の災害を歴史的に通覧し、地震災害、火山災害、津波災害、風水害、土砂災害、火災という災害をおもに取り上げた。さらに自然災害以外でも、火災や飢饉など人為性の強いものも加えているが、とくに自然災害を取り上げた際の基準や順序性は不明となっている。

他方、災害対策事業の基本となる法律面からもみておこう。1959年の伊勢湾台風の被害を受けて1961年に制定された災害対策基本法では、災害の用語として

　　暴風、竜巻、豪雨、豪雪、洪水、高潮、地震、津波、噴火その他の異常な自然現象又は大規模な火事若しくは爆発その他その及ぼす被害の程度においてこれらに類する政令で定める原因により生ずる被害

としている。文言上は、発生原因からみた災害や素因そのものを主とし、被害の程度を加味したものをあてている。対策を講ずるには、一面的な分類では対応できないことが背景にあるのではないかと考えられる。

本書においては、自然災害を主として扱うこととしたが、災害の分類や表現について系統立てた整理は行えていない。おおまかに言えば、水害・風害・地震災害・津波による災害・火山災害・雪による災害・雷による災害・干害・竜巻による災害を選択して構成している。"災害に立ち向かう地理教育"として、研究会のメンバーがこれまで考え、教材化を前提にして調査・研究してきた災害を並べている。したがって、災害の全てを網羅することはできていない。掲載順については、おおむね、身近に発生する可能性のある災害や関心の高い災害を先にあげている。また各災害と関係して、防災や減災に向けての自治体や民間の取り組み、被災地への支援、あるいはGISの活用等についても取り上げている。

なお、ここでハザードマップの活用について付言しておきたい。1990年代以降、国の機関や自治体ではハザードマップの整備を進めてきた。整備当初は、避難所を記しただけのものもあり、内容として不充分なものも多く見られたが、その後も頻発した自然災害の状況から得た情報を基にそれらを反映させたものや、自治体の枠を超えて広域の住民が積極的に活用できることを主眼においたものも増えてきている。しかし、ハザードマップを利用する側が、その地図の意味することを理解し、災害の予測や災害時の行動をイメージできなければ、せっかくのハザードマップも、その効果

は小さくなってしまう。地域に関わるハザードマップについては、国の機関や自治体のホームページを閲覧することで整備状況が確認できる。また防災課などの担当部署に問い合わせれば、入手方法が分かる。地理教育においては、ハザードマップの作り方、活用の仕方、それを用いて現地を歩く活動などをどのように教えるかも重要な課題となる。そこで図の見方や活用方法を授業で説明すると同時に、学校のいくつか場所に校区の状況を示すハザードマップを掲示することも必要であろう。

7 教材化の視点と各論の構成

(1) 地理教育における教材化の視点

学校での防災教育に限定しても、その内容は多岐にわたる。防災教育には、基礎知識を扱うものと実践を伴うものがあり、教科においては前者を担うということは、先に述べたとおりである。次に地理教育において、自然災害を教材化する場合、その構成要素を絞り込むことが大きな課題となる。言い換えれば、地理で扱わなければならないことと、地理以外で扱うべきこととを峻別することである。

ここでは各教科や各科目・分野の内容を俯瞰しつつ、「地理」のみがもつ特性を再度見直しておきたい。それは、日本や世界にこれまでみられた災害について、1) 単に自然現象による影響であるとしてのみとらえるのではなく、2) その歴史や事例を確認し、3) 地域がもつ特性や人々がどのように対応し、その後いかに復旧・復興を果たしていったのか、総合的に取り上げていける科目・分野であるということである。

換言すれば、地理で扱うべき内容として、自然災害が生じるしくみと地域の特性を知ること、人々が災害の襲来を予知して準備を整え、たとえ被災しても被害を最小限に食い止め、直ちに復旧・復興に向かっていく一連の過程を、過去の具体的事実を基に把握することが重要となる。これが、ときには甚大な被害を与える自然環境のなかで、これからも社会生活を営んでいくうえにおいて、生徒たちが知っておかねばならないことである。地理で扱う防災基礎知識としては過去の災害事例から学ぶことが重要であり、教材化を行う際の視点をここに定める。

なお、先の植村の水害環境に関するところでは、水害の発生メカニズムや災害発生の特徴と地域性を支配する総合的諸条件を水害環境とよび、これを研究していくことの重要性が指摘されていた。これは「日本歴史災害事典」において、災害の発生機構、被害実態、社会的対応、復旧・復興過程、防災上の意義などを総合的に分析・解説する手法がとられたこととも整合する。これらの内容に着目する点は、地理教育において自然災害を扱う教材を作成する際にも敷衍できると考えられる。

さらに、地理教育特有の追求手法にも留意しておきたい。地域にはさまざまな事象が存在するが、特定の事象を着目して取り上げ、客観視できるように地図や表・グラフ、あるいは写真として表現し、それを詳細な観察や他地域との比較等の分析を通して特徴を導き出すという方法を採ることが多い。そして、自然的な環境や社会的な環境とも照らし合わせながら、それにかかわる問題点や課題を検討していくというものである。この際には、対象とする地域を設定したり、事象を客観的に把握して明示することが、地理教育を進めていくときの基本にある。

(2) 4項目からなる構成

そこでわれわれは地理教育のもつ特性と災害研究の視点を勘案し、地理的防災教育として自然災害を教材化することを目指した。それにあたり、以下の諸点に整理し各論を構成することにした。

①災害のおこるしくみ
②災害の状況と被災地域の特性
③復旧・復興や防災へのとりくみ
④教材化の試案

①では、自然災害が発生するしくみを理論的に扱う。災害の起こるメカニズムを明らかにして災害の特徴を理解するために必要な最低限の情報を示す。理科の学習内容と一部重複する箇所は生じるが、専門的な内容に深入りすることはさける。したがって説明においては、すでに公的機関がWeb上で一般向けに公開している情報やマスコミで報道されている情報にも注意を払うことにする。

　②では、地域の特性と災害の状況を明らかにする。災害の事例を具体的に示すことで、災害の諸相が明らかになる。そのためには特定の災害の状況を具体的に示す必要がある。また、地域の持つ自然的・社会的な環境を明らかにすることが重要である。ここでは、可能な限り図表を用いて事象を明らかにしていくことにする。

　③では、復旧・復興や防災・減災に向けての人々の対応を取り上げる。自然災害を扱う際に、ともすれば自然の脅威や地域の危険性ばかりに注目しがちになり、復旧や復興の段階で地域住民が連帯したり努力する姿に目を向けない場合が考えられる。学習する生徒達は将来もその地域の住民として社会生活を営んでいくわけである。また、広く日本列島全体でさまざまな災害が発生しているが、いずれの地でも人々が精力的に復旧・復興に取り組んでおり、今後の災害発生に備えて防災・減災に向けた努力を行っている。さらに、日本各地には、過去の災害に関する展示や資料収集をしている博物館や資料館、あるいは記念碑や慰霊碑などが多く見受けられる。記憶を後世に残し、教訓とするための先人の教えであり、その姿勢は今日も続いている。これらの点は、地理教育でこそ取り上げられるものである。

　④では、教材化に向けて具体的な提案を行う。当該地域における事例を基に、中学校や高等学校における地理教育の授業において、生徒が学ぶ材料や指導する側の扱い方のヒントを提示することにする。これまでわれわれ地理教材研究会では、自然災害における被害の状況と得られた教訓を生徒たちに伝えることを主眼として、教材化の研究を進めてきている。その成果の一端をここで示すことにしたい。

　本書では、各論において、①〜④すべてを扱うものと、いずれかを重点的に扱うものの双方をあげている。個々の災害の多様性は、「必須要因」や「拡大要因」によるところが大きいが、「素因」となる自然現象はよく似ている場合がみられる。そこで同種の災害では、全ての項目を詳しく扱うものを一つあげ、他は項目を重点化した短報的な扱いのものを示すことにしている。

　また、災害には地域のもつ自然的・社会的な条件が複雑に関係している。このため災害の特徴は、具体的な事例を基に災害をみることで明らかになる。ここでは、各災害の種類ごとにわずかな事例しかあげられていないが、災害を扱う4つの項目を共通に認識しつつ取り上げてきたつもりである。ぜひ、本書を読まれる方々がこれらを参考にして、各地域に関係の深い災害を注視し、今後の自助・共助や公助にもつながる防災教育の実践を試みていただきたいと願っている。

注
1) 2002（平成14）年4月開館の「阪神・淡路大震災記念　人と防災未来センター」の活用や、舞子高校環境防災科の同年設置などがみられる。
2) 「くろしお教育サミット」における2007年作成の「防災学習ハンドブック」。静岡県教育委員会HPに詳しい。http://www.pref.shizuoka.jp/kyouiku/kurosio/bousai3.html
3) 佐藤武夫・奥田穣・高橋裕（1964）『災害論』勁草書房.
4) 植村善博（2005）『台風23号災害と水害環境－2004年京都府丹後地方の事例－』海青社.
5) 科学技術庁国立防災科学技術センター監修・西川泰編（1972）『日本の災害』伊勢新聞社.
6) 北原糸子・松浦律子・木村玲欧編（2012）『日本歴史災害事典』吉川弘文館.

2章 水害と防災教育

2-1 都市型水害
― 小河川の氾濫 ―

竹原 英司

事例 大阪府吹田市

1 都市型水害の増加

　集中豪雨とは、国土交通省によれば短時間のうちに狭い範囲に集中して降る雨のことをいう。発達した積乱雲の集団によっておきる。日本の集中豪雨は梅雨前線、秋雨前線や台風、温帯低気圧によって起こるとされるが、近年は大河川の氾濫だけではなく、狭い範囲でおこる短時間の集中豪雨による中小河川での水害の増加が目立つ。

　気象庁の観測では、全国で2012年夏（6～8月）に1時間降水量が50mm以上の雨を観測したのは観測点1,000カ所あたりで185回を数え、1976年以降で最多であった。また、民間の気象予報会社ウェザーニューズによると、「当日朝には予想できなかった突発的で局地的な」集中豪雨は、2012年8月3日から9月30日までに全国で2,799回発生したが、とくに京阪神での発生

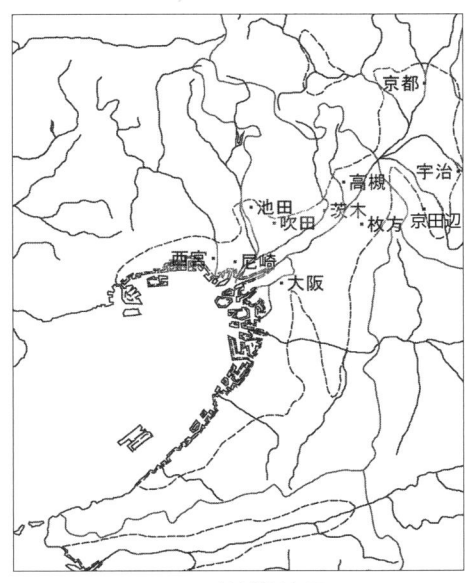

図1　地域概念図
破線は山地と平野のおよその境界を示す。

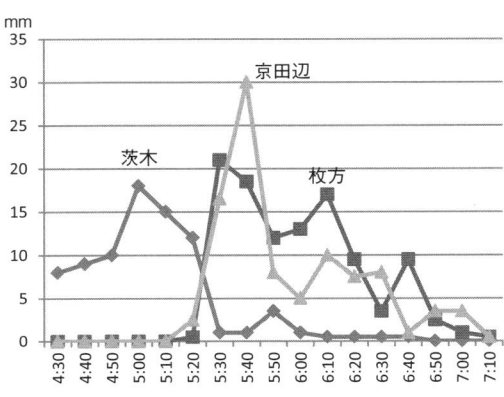

図2　2012年8月14日の10分間雨量
気象庁HP「アメダス」より。

が突出して多かったという[1]。

一例をあげる。2012年8月13日夜から14日には前線が南下し、そこへ南から暖かくて湿った風が吹き込み、大阪府北部から京都府南部にかけて短時間に記録的な集中豪雨が発生した。大阪府高槻市で時間雨量が110mm（高槻市にはアメダスがないため大阪管区気象台による解析雨量）と想定されている。高槻市内では床上浸水268棟、床下浸水592棟の被害が出た。また京都府宇治市では中小4河川が氾濫し、宇治市内だけでも少なくとも23カ所で浸水被害が発生したという。死者2名、全壊16棟、床上浸水591棟、床下浸水1,439棟という大きな被害が出た[2]。

大阪府では河川管理は100年に1回の頻度と予想される時間降水量80mm対策を行っているが、当面は少なくとも10年に1回の時間50mm対策を目標とするとしている。京都府でも個々の河川の状況によるものの、時間降水量50mmを河川管理の基本としている。図2は2012年8月14日のアメダスの10分ごとの降水量の記録を図化したものだが、きわめて短時間のうちに河川管理の想定を超えた雨が降ったことがうかがえる。

2 こんな川が暴れ川？

筆者が勤務する、大阪府吹田市の関西大学第一中学校の前に「上の川」という、川幅3mくらいの小さな川が流れている（図3）。千里丘陵の吹田市の千里山付近から流れ、大阪平野に入る阪急豊津駅付近で他の川と合流して糸田川と名前を変え、吹田市南端部で茨木市から流れてくる神崎川に合流し、大阪湾に注ぐ。上の川の流れる千里丘陵では、明治時代の土地利用図をみると果樹園がひろがり、谷あいの水田では水は不足がちでため池も多くつくられていた。一方、糸田川の流れる大阪平野は水田が広がり、低湿で「悪水」とよばれる余分な水の排出に苦労をしていた。

普段はわずかな水が流れている程度の水量だが、いったん降水があると途端に水量が増える。

図3　学校周辺の河川
1:25,000地形図「吹田」平成19年更新（原寸）より。

この上の川と糸田川はなかなかの暴れ川で、千里丘陵から大阪平野に入るところでかつて天井川を形成していた。

1921（大正10）年に北大阪電鉄（現阪急電鉄千里線）が千里山駅まで開業し、宅地造成が始まるなど、上の川上流部の千里山付近の開発が進展した。1926（昭和元）年末から1939（昭和14）年末の人口変化をみると、千里村では6,021人が1万3,057人と2倍以上に増加した。そして、毎年のように上の川とその下流の糸田川は氾濫をおこした。1940（昭和15）年7月9日から10日にかけての集中豪雨では、上の川・糸田川の堤防が8カ所も切れ、450戸以上の家屋が床上浸水したという。

この水害を契機に、「平素ハ河底乾枯シテ流水見ザルモ、一朝雨期ニ入リ、或イハ驟雨至ランカ、濁流滔々其ノ禍害赤アゲテ数フベカラザルモノ有之候。特ニ近時千里山住宅地ノ開発ト鉄道官舎ノ建設、或ハ之等ニ伴フ遊園地、運動場ノ施設ニ依リ山野ノ開墾相次グ現状ニ有之候為メ、雨水

ハ直ニ土砂ト共ニ激流ヲ成シ、道路ヲ洗ヒ、堤防ヲ突キ、遂ニ住家 並(ならびに) 耕地ニ惨害ヲ与フルヲ例トスル状況ニ有之候」（ルビは筆者）という河川改修の要請が吹田市長から大阪府知事に出された。この時代においても都市型水害の発生がみられることがわかる[3]。

1941（昭和16）年から改修工事が行われ、別のところに川が掘削され、天井川の部分は廃川となった。このため廃川になった天井川の断面が府道の側面に残るという珍しい風景がみられる。

このように天井川であった糸田川の部分は改修されたものの、近年特に多い短時間の集中豪雨時にはまだ水害の危険性が残っている。

上の川に関しては、1997（平成9）年におこった21戸の床上・床下浸水を契機に流域にある公園を利用した地下貯水池が大阪府によって2003（平成15）年に作られた。多量の降水があったときには一時的に河川の水を貯留し、水害を防ぐ。天候が回復し、上の川の水位が低下すれば貯水池にためられた水はポンプによってもとの川に戻される。貯水量9,100m^{3}あり、25mプール35杯分の貯水量があるという。

しかし、この地下貯水池が設置された後の2006、2007（平成18、19）年も浸水被害が続けておこるなど、まだ水害対策が行き届いていない状況という。貯水池は公園の下にあるため、土木事務所の立て看板がなければそれと気づくことはないが、こうした看板によってこのような小河川でも水害が起こりうることを知ることができ、水害に対する意識を高めることができよう。

3 生徒が発見した水害

本校の中学1年生では5時間を1ユニットにして6種類の総合的学習の授業を6クラスごとに行っている。そのうち地理に特化した内容として「5時間で学ぶ防災」を私が担当している。その授業のなかで、上の川のようすを校門前で実際に観察させた。そして上の川・糸田川に関する

写真1　増水時の「上の川」

写真2　かつての天井川の断面

写真3　公園の下にある貯水池（調整池）

3枚の写真をみせてみた。①上の川の増水時（写真1）、②本校から500mくらいのところにあるかつての天井川の断面（写真2）、③学校より上流にある公園の下につくられた貯水池（写真3）、

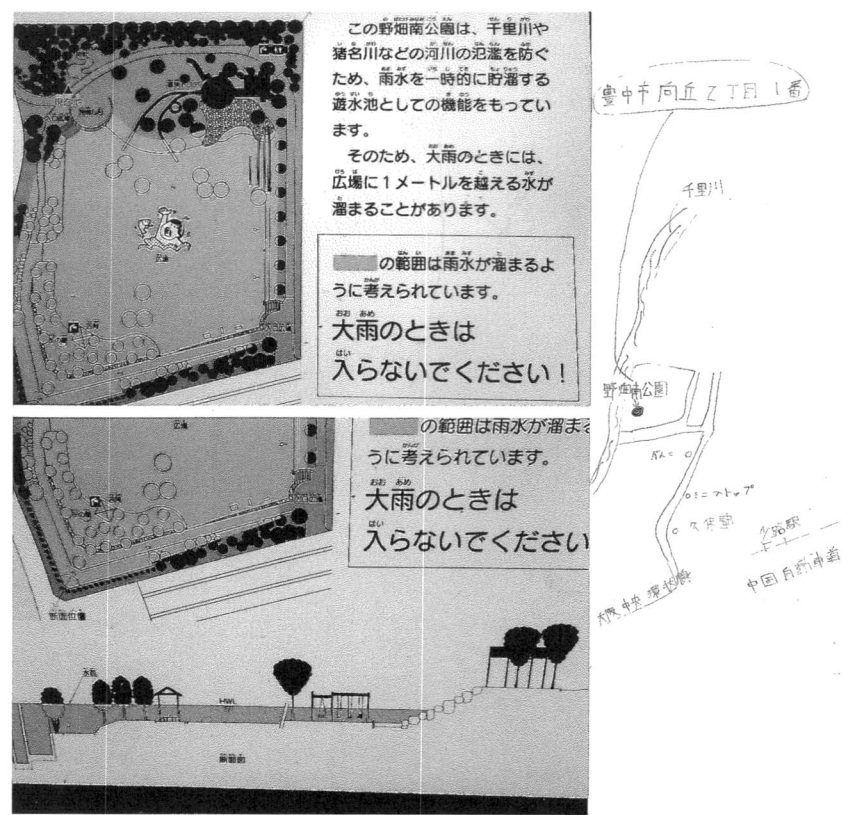

図4　生徒Aのレポート

の3枚である。

　普段はほとんど流水がみられない小河川が、増水時には急激に水かさを増し、天井川をつくったり、水害を起こしたりしたことを理解させた。さらに洪水の危険性は高く、地下貯水池をつくる必要性のあることも伝えた。

　このように学校周辺にみられる水害の危険性とその対策を、実地または写真で理解させた後、次は居住範囲が広範囲になる私立中学の生徒に、身近な自宅周辺で水害に関する記念碑や治水施設などをみつけ、どのような水害の危険性があるかを考えさせることを目的にレポート作成を課した。

その際、自宅の地形条件も自分で図に書いてみるようにさせた。

本校の生徒の居住地の地形環境はさまざまで、海岸近くに住んでいる生徒は地震による津波に関するものをとりあげていることが多かった。一方、平野部や丘陵地に居住する生徒は身近な河川の水害をとりあげることが多かった。

生徒のレポートのうち、河川の水害、特に都市型水害に関するもののいくつかをあげてみる。

生徒Aは大阪府豊中市に住む男子生徒で、自宅が千里丘陵に位置しているが、近くに千里川がある。流域の公園が千里川の増水時に一時的に水を貯留する機能をもつことを示す看板に気づいた。

かつて丘陵地の谷沿いに広がった水田は、河川増水時に一時的な貯水機能をもつこともあったことと思われる。都市化の進展で水田が住宅地などに変わり、このような機能を公園にもたせることも必要になってきたのであろう。この生徒の感想にも、僕の家は水害を受けない地形なので、水害や治水に関する建物などはまわりにないと思っていたが、意外にあってびっくりした旨の記載があった。丘陵部でも水害の危険性があることをわかったことは大きな成果である。

生徒Bは兵庫県尼崎市の藻川近くに住む女子生徒で、国土交通省の施設のなかにあった掲示に気づいた。「"ここ国土交通省園田出張所内では雨水の流出規制を行っています。雨水が直接河川や下水道に流れ込み、都市型洪水が起こることが多くなっているため、構内で透水性の舗装や屋上に雨水タンクを設置し、小さな積み重ねで都市型洪水に強いまちづくりをめざす"と書いてありました。」このような小さな取り組みが水害防止に結びつくことが発見できた。

生徒Cは大阪府池田市の丘陵部に住む女子生徒で、付近に大きな川がない。「昔から大きな水害はないと近所のおばあちゃん、おじいちゃんがいっていた。でも、雨がひどいときは近所の側溝の水量が増えるので、小さいころから近寄らないようにと親から注意されていた。また、五月山のふもとの地域は土砂災害地域に指定されていると知った。」近所のお年寄りから話を聞き、また小さいころから親に受けていた注意を合わせてレポートをつくることができた。

4 生徒が「発見する」防災学習

身近なところに水害の危険性がある。普段、便利な生活に慣れ、自宅付近で自然と触れ合う機会が少ないと、水害の危険性に気づくことが少ない。その一方で、思いもかけない集中豪雨で大きな被害が出る。

授業で正門のすぐ前にある上の川を観察しにいったときも、「こんなところに川があるなんて知らなかった」という声もあった。毎日通る通学路からは阪急電車の線路を挟んだすぐ側にあるのだが。

レポートを課したときには「うちの近所に水害に関するものなんてあるかなあ」という声が上がったが、生徒はそれぞれ地元の地域から、想像以上に水害に関するものを探し出してきた。意識して探すとみつかる。みつければ、その地域の水害の危険性を知ることができる。知るだけで被害を完全に防ぐことはできないが、少なくとも被害を軽減することはできるだろう。防災学習の第一歩として、このような発見学習を提案したい。

注
1) 毎日新聞 2012年10月13日.
2) 宇治市災害対策本部の1カ月後のまとめ。
3) 吹田市史編さん委員会（1989）『吹田市史』、吹田市立教育研究所（1982）『近世以降の吹田の歴史』.

2-2 台風による河川氾濫
— 2004年の台風23号 —

小橋 拓司

事例 京都府福知山市、舞鶴市（由良川）

1 水害とは

　水害とは、水が多すぎることによって生じる災害を指している。具体的には河川洪水や排水不良による内水氾濫[1]、土石流や土砂崩れなどがあげられる。さらには高潮や津波を含める場合もある。注意したい点は、洪水などの自然現象と水害という社会現象とは必ずしも比例しない点である[2]。

　はじめに水害統計[3]を参考に、水害全般について概観しておきたい。水害統計では水害の種類を、破堤、有堤部の溢水、無堤部の溢水、内水、土石流、地すべり、急傾斜地崩壊、高潮・津波・波浪、その他の9つに分けている。1991（平成3）年から2010（平成22）年までの原因別被害額をみると、20年間の合計で約5兆円の被害が発生している（図1）。原因別では内水氾濫が33.6%、有堤部や無堤部の溢水があわせて28.1%、破堤が16.4%、となっている。言い換えれば、沖積平野における被害が80%近くを占めていることがわ

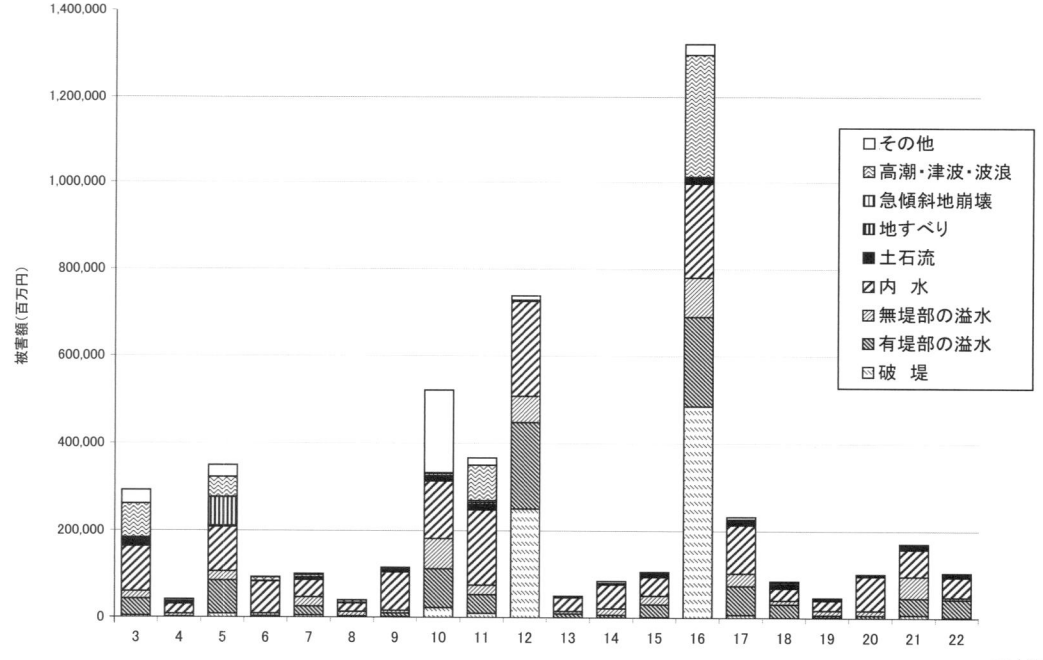

図1　水害原因別被害額
1991（平成3）年から2010（平成22）年まで。水害統計より作成。

かる。こうしたことから、日本では水害といえば、低地における洪水氾濫や内水による被害といってもよい状況であることがわかる。

　原因別被害額の経年変化をみると、年により大きな災害が生じたり生じなかったりで、その変化の幅が大きいことがわかる。しかしながら内水に関してみると、その発生割合が最も高く、変動も小さいので、小規模な内水災害が毎年数多く発生していると推察できる。

　なお、この統計は 2010 年までの 20 年間であり、2011 年におこった東日本大震災にともなう津波被害は含まれていない。津波は発生頻度が少ないものの、1 回の災害によって莫大な被害がもたらされることは周知のことである。津波については別項で扱うので、ここでは河川氾濫による被害を中心に話を進めていく。

　これまでみてきたように、日本において河川氾濫による被害が比較的大きいのは、梅雨前線による集中豪雨や台風襲来による豪雨が多いこと、日本海側は多雪地帯であるため春先には融雪洪水が生じやすい、などの気候条件が誘因として考えられる。これらに加え、地形的には河川が急流で、最大流量と最小流量の比（河況係数）が大きいことも理由となろう。

　ところで、沖積平野は洪水氾濫のたびに砂や礫などが堆積して形成される。沖積平野にみられる扇状地、自然堤防や後背湿地あるいは三角州などは、洪水氾濫によって形成される地形である。したがって、われわれは沖積平野に暮らす以上、洪水氾濫から逃れることは難しいといえる。現在、国土の約 10％を占める沖積平野に日本人口の約50％、資産の約75％が集積しているといわれている [4] ことを踏まえると、沖積平野における防災を考える意義は大きい。

2 水害の時代的変化

　日本では古来よりさまざまな方法で洪水氾濫に対応してきた。水害常襲地においては、祖先から受け継いだ経験の積み重ねがあり、独特の景観を形成してきた。たとえば、木曽三川下流部では、集落や農地を堤防で囲む輪中が形成され、洪水から逃れるため周りよりも一段高くした水塚や水屋がみられる。避難用の舟を軒先に吊したり、洪水時に仏壇を二階に引き上げるための滑車を備えたりもしてきた。また各地には霞堤をつくったり、河畔林を植えたりするなどの減災技術や、伝統的な水防組織がみられた。この点に関して吉越は、災害文化という言葉をあて [5]、「地域にはその風土に根ざした独特の文化がある。災害に関しても同様に、その地域特有の知恵を含む文化が形成されていることがある」と指摘している。

　近代になると、西洋の土木技術を導入し、砂防堰堤や治水ダム・堤防・護岸などの構造物によって洪水を力によって押さえ込もうとする防災が中心となった。

　こうした結果、とくに戦後になると、治水のため残されていた遊水地や水害の危険が高かった氾濫原などにおいて市街化が進んだ。このことはより高度な土地利用ができるようになった反面、洪水に見舞われる危険性も増大させた。1999（平成 11）年の福岡水害 [6] のように、地下街の整備にともない洪水時に地下空間が危険にさらされるなど、新たな被害も生じるようになってきている。一方、洪水に対するハード面での整備は、人々の防災意識の低下を招き、水防団など水防組織の衰退を招くこととなった。

　こうした時代的変化を踏まえ、以下では 2004（平成 16）年の台風 23 号によって生じた水害について、京都府北部の由良川を対象地域としてみていきたい。

3 2004 年台風 23 号の概要

　2004 年 10 月 13 日、マリアナ諸島付近で発生した台風 23 号（アジア名：TOKAGE）は、西・北西に進んだのち、18 日に北東に進路を変え、20 日〜21 日にかけて、本州に接近・上陸した。

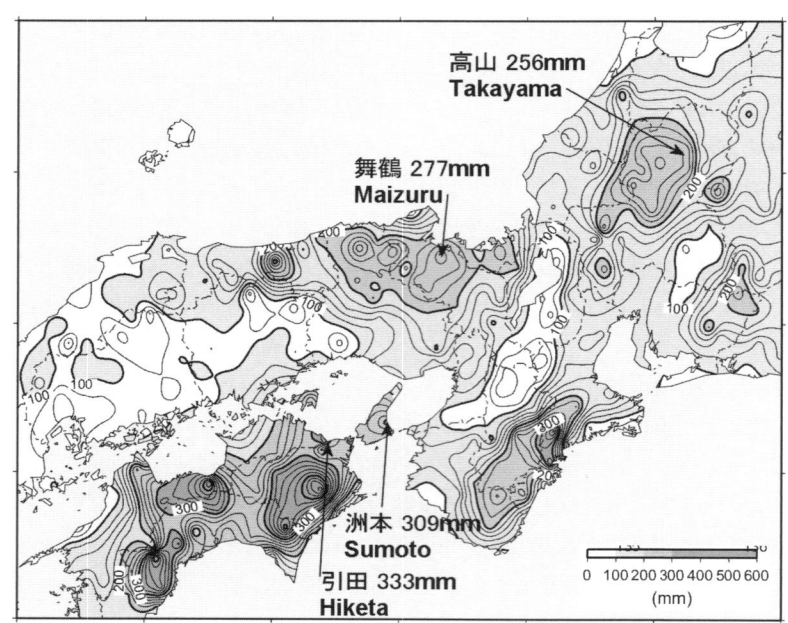

図2 2004年10月20日の24時間降水量分布
注7）より。

表1 台風23号・前線によるおもな府県の被害

	死者（人）	全壊（棟）	半壊（棟）	一部損壊（棟）	床上浸水（棟）	床下浸水（棟）
岐阜県	8	10	58	35	946	2176
京都府	15	28	212	2499	3126	4152
兵庫県	26	72	510	2244	9862	11359
岡山県	7	13	48	4833	321	1512
徳島県	3	3	29	50	1111	2232
香川県	11	53	65	222	4826	13050
愛媛県	5	6	7	44	74	741
高知県	8	5	6	28	343	771

注7）より一部抜粋。

10月20日には、台風23号とそれに伴う前線により近畿地方で大きな被害が発生した。

10月20日の24時間降水量分布図をみると、最も降水量が多いのは、徳島県南部・愛媛県東部・高知県西部である（図2）。しかしながら、被害の大きい地域が、降水量の多かった地域になるとは限らない。死者数・全壊数・床上浸水などのデータでは、兵庫県・京都府・香川県の被害が多くなっている（表1）。一般的に太平洋岸や西日本ほど大雨の頻度は高く、東北や日本海側へ向かうほど少なくなる傾向がある。水害の発生しはじめる雨量（限界雨量）も同様の傾向があるので、仮に他地域とくらべて大雨でなくても、その地域の限界雨量を超えれば、災害は発生してしまう点には注意したい。台風23号による24時間雨量について実際の観測所データをみると、京都府北部や兵庫県北部で最大値を更新した観測地点も多い。

4 由良川流域の地域性

由良川は近畿地方北部最大の河川で、流域面積は1,880km²ある。丹波山地を西流し、綾部盆地・福知山盆地などの沖積平野を形成し、北流して若

狭湾に注いでいる。福知山盆地より下流部では河守盆地を除き、あまり沖積低地が発達せず、狭長な谷底平野となっている。沖積低地の幅は、福知山盆地で約2.5kmあるが、下流部の最も狭いところでは0.2kmに過ぎない。また、河川勾配は下流部で1/2,340と緩やかで、とくに河口から24kmまでは1/8,000と非常に緩やかになっている。

こうした条件から、由良川中・下流低地は古くから洪水の常襲地帯として知られてきた。福知山における洪水記録を調査した芦田は、1666（寛文6）年から1907（明治40）年の間に57回の洪水記録を整理している[8]。また『由良川河川改修史』では、1550（天文19）年から1976（昭和51）年まで91回の洪水年表を掲載している[9]。このうち、記録が確実に残る明治以降だけを取り出した場合、109年間に42回の洪水が生じており、およそ2.6年に1回の割合で発生していることになる。

このように生じる洪水のおもな特徴は、①狭窄部があるため、浸水域が数珠状につらなること、②洪水の水位が著しく高くなり、10mを超えることもしばしばみられる、などの点である。

加えて、中流部の福知山盆地や綾部盆地の市街地では、ある程度人工堤防の建設が進められているのに対し、下流低地には堤防はほとんど建設されていない。それに代わって河道を拡幅する工事が進められてきた。また、上流部では大野ダムが建設され、流量調整が行われている。

5 洪水氾濫とその被害

台風23号にともなう由良川全域における浸水被害を、図3に示した。過去に生じた洪水同様に、狭長な平野全体に浸水域が広がっていることが理解できる。これまでの大洪水と異なる特徴は、由良川本流において、急速な水位上昇がみられたことである。10月20日昼過ぎから水位は急速に上昇し、20日夕方には警戒水位を超えた。その後、福知山では22時頃に、下流の大川橋では21日

図3　由良川沿岸の浸水状況
国土交通省近畿地方整備局資料より。

の2時頃にピークをむかえている（図4）。戦後最大の洪水といわれている1953（昭和28）年の洪水位との比較をみると、今回のほうがはるかに上昇速度が速いことがわかる（図5）。

たとえば、大江町役場では20日19時15分、6回目の町内一斉放送で由良川の水位と町内低地住民の避難をよびかけているが、まだ水位には余裕があるとみられていた。しかし21時15分には町内全域に避難指示を出すこととなり、その直後に役場の1階に浸水が始まっている[11]。このような急速な水位上昇への対応が遅れたことが、被害の拡大をもたらしたといえる。

この原因は、流域における雨の降り方にある。馬場他や川合他は、比較的強い雨が流域のほぼ全域において同時期に6時間にわたって続いたため、各支流からの出水が同時期に本流に集中し、急速な水位上昇をもたらした、と指摘している[12]。

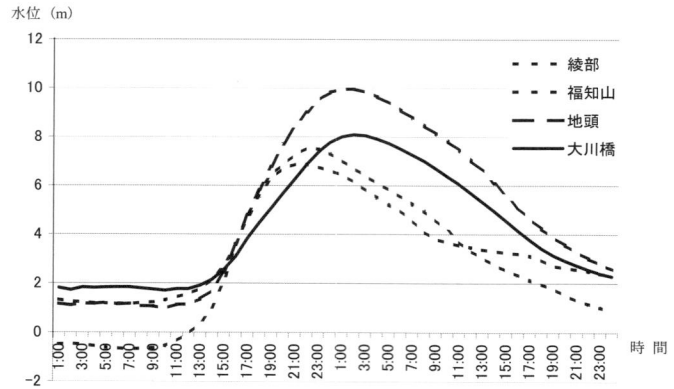

図4 2004年10月20・21日の由良川水系における水位の変化
注10) より作成。

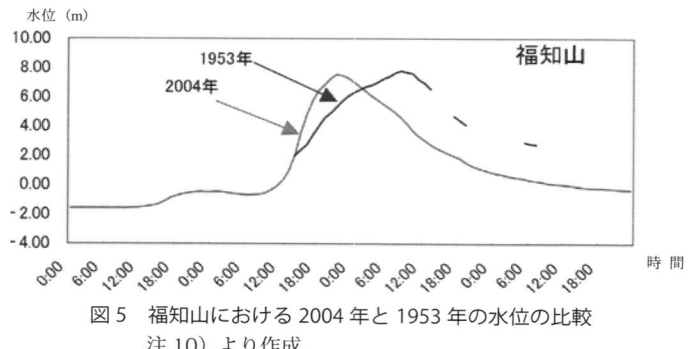

図5 福知山における2004年と1953年の水位の比較
注10) より作成。

なお、流域で唯一治水の役割をはたしている大野ダムでは、放流量を抑え洪水時に貯水できる限界近くまでダム操作を行ったことが新聞でも報道されている。

おもな被害をみていくと、浸水面積は綾部市、福知山市、舞鶴市、大江町で約2,606haとなっている。由良川下流域での死者は5人である。

水没した観光バスの屋根に取り残された37人が、翌日救助されたことが大きく報道されたが、それ以外にも多くの自動車が被害に遭っている。その台数は被災直後の報道では45台、自動車ディーラーの話では300台以上といわれる[13]。海上自衛隊などによる救助人数は、前述のバス救助を含め103人にのぼる。死者5人のうち、自動車に乗っていた人は3人である。

また、自治体における防災拠点としての機能が麻痺したことも取り上げたい。大江町役場や舞鶴市加佐分室では浸水がみられた。大江町役場では20日21時過ぎに浸水し、ピーク時には1.6mの浸水深となった。

次に、舞鶴市志高地区を取り上げ、集落単位のスケールで洪水災害の状況をみていきたい。

6 舞鶴市志高地区の水害

舞鶴市志高地区は、河口から10.2km遡った左岸に位置している。ここは前述のように、国道175号線上で観光バスが立ち往生し、バスの屋根に取り残された37人が翌日に救助されたことが報じられた地区である（図3）。

由良川本流はこの地域では大きく右に蛇行し、左岸側に沖積低地を形成している（図6）。この氾濫原をここでは志高氾濫原と仮称する。河道沿

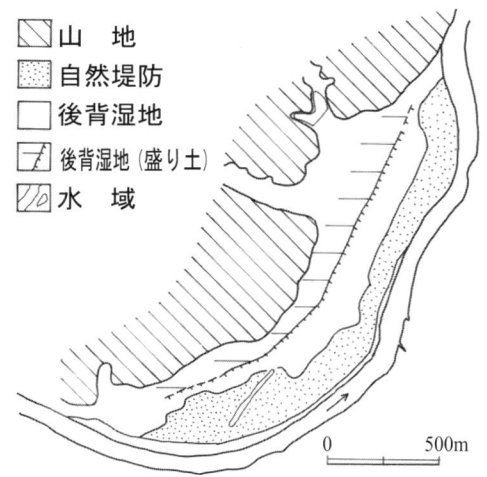
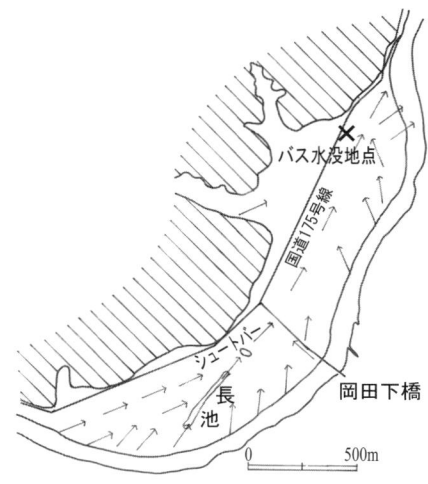

図6 志高氾濫原の地形分類図
注14)の地形分類図を現地調査により修正。

図7 志高氾濫原の洪水流の方向
現地調査により作成。

いには典型的な自然堤防がみられ、その標高は6m弱、後背湿地では3.0m程度なので、低地との比高は3m弱である。ただし後述するように、この自然堤防は河川改修により削られているため、本来の高さとは限らない。

(1) 洪水の状況

災害直後の氾濫原では、粗砂から泥までさまざまな粒径の堆積物がみられる。また洪水氾濫により、ボートや自動車、家電製品などの大きなものからビデオテープ、日常用品などが散乱していた。電柱や樹木に付着するゴミや草木、倒れた草本は、水深や流れる方向を示している（写真1、写真2）。これらの痕跡をマッピングすることにより、この地域の洪水の状況を推定できる。

図7のように、岡田下橋よりもやや下流までは、志高氾濫原へ進入する水流がみられ、氾濫原から由良川本流へ戻る流れは、下流部に僅かに認められる程度である。洪水の流れは、水位の上昇期と減少期とでは異なる可能性があり、洪水の痕跡は最終的な局面を示しているに過ぎない。しかしながら、志高氾濫原の末端では相当強い流れがあった可能性が指摘できよう。

また、本流の滑走斜面をショートカットするように左岸低地に進入する流れがあることがわかる。三日月湖状の地形がみられ（地元では長池とよばれている）、これが主要な流路となった[15]。

これらをまとめると、由良川本流から進入した流れは、志高氾濫原を南西から北東方向へ抜けていったことがわかる。前述のバスの停車位置から数10m離れたところに、強い流れがあったものと推定される。

(2) 水害に対する対策

これまで述べてきたように、この地域は洪水氾濫による水害を古くから受けてきた地域である。志高氾濫原の自然堤防には弥生時代から明治時代までの集落遺跡が存在し、その住居遺構面と洪水堆積物は交互に何層も存在する。このことから、人々は洪水とかかわりながら生活してきたことが理解できる。

【集落の移転】 志高だけでなく由良川下流部の自然堤防上には、明治期まで多くの集落がみられた。確認できるだけで5集落にのぼる。しかし明治期の水害をきっかけに、より安全な地区への移転が行われた集落が多い。志高公民館所蔵の古図か

写真1　電柱に付着したビニールゴミ
洪水によって付着したビニールゴミ。洪水は右手より左手に流れ、3m以上の湛水があったことがわかる。2004年10月25日撮影。

写真2　植木に付着した漂流物
漂流物の状態から、1階の天井以上に浸水したことがわかる。2004年10月25日撮影。

らそれ以前の地籍を復原すると、志高では36戸の住居が自然堤防上に存在してた。しかし1907（明治40）年の洪水で24戸が流出したことをきっかけに、全戸移転した。その多くは、同じ地区の山脚部や支流沿いの上流へ移転している[16]。現在、自然堤防上に家屋はみられない。

移転の理由としては、数年に一度の洪水氾濫というマイナス面と、水上交通や漁撈、耕地へのアクセスなどのプラス面を天秤にかけたとき、交通機関の変化などにより、マイナス面のほうが勝った結果と推定される。

【河道の拡幅】　由良川下流低地では、すでに述べたように連続堤防の建設が困難であり、ほとんど建設されていない。その理由として、①大洪水時の水位が10m以上ときわめて高いこと、②氾濫原が狭いため巨大な堤防をつくるとすると氾濫原にある耕地のほとんどが河道となってしまうこと、③河川の傾斜が緩いため人工堤防を建設した場合、中流部の福知山や綾部盆地において洪水時の排水に支障をきたすこと、などが考えられる。

そこで、建設省（現国土交通省）では、河川沿いの自然堤防を切り取り、河道の断面積を広げることにより、通水能力を高める工事を行ってきた。志高氾濫原では1980〜1987年まで、開削工事が行われた。自然堤防は河道側半分が切り取られ、この工事の際、遺跡発掘によって縄文から江戸時代までの遺構がみつかり、居住の歴史が明らかとなった。また、この工事による掘削残土は、後背湿地の水田に盛り土された。これは水田を嵩上げすることにより、洪水が被る頻度を下げることが目的である。おおよその位置は図6に示しているが、国道より北西の後背湿地に該当する。

【輪中堤の建設】　2004年の台風23号被害以後、由良川下流域では、新たな防災対策が始まっている。低地に位置する24集落について、輪中堤建設や住宅地の嵩上げを行おうとするものである。先に①から③の理由をあげたように、連続堤を築くことは困難である。このため、集落を守ることを念頭におき、災害から逃れる伝統的な知恵であった輪中が見直されている。志高地区では国道のすぐ本流側に輪中堤が築かれることになっており、すでに地盤改良工事が行われている。

7　教材化の視点

水害を防災教育で取り上げる観点として、その土地の履歴を明らかにし、教材化することの重要性を指摘したい。吉越は「災害文化はその地域における災害の履歴とかかわることはいうまでもない」と指摘しており[17]、このことは災害文化の理解ともつながっていくことが考えられる。

ここでは、由良川下流低地の近年の水害状況を述べてきたが、長年の洪水と人間との長い葛藤の歴史が背景にあることが明らかとなってきた。また輪中のように伝統的な考え方が再考されつつあることもわかってきた。このようにその土地の災害にかかわる履歴を丁寧に確認し、そのうえで、地域にみられる災害に関する知恵や文化を押さえていきたい。

　たとえば、由良川流域である福知山市内では、昭和になってから、堤防神社が建立された。また堤防祭りが毎年開催されている。なぜ祀られるようになったのか、人々の願いは何なのか。こうした疑問を土地の履歴からたどる作業を教材化することによって解かせていきたい。

　加えて、地理的な視点からもう一点指摘しておきたい。防災教育において、流域面積の大きな河川の洪水氾濫を取り上げる場合、校区は流域の一部に過ぎない。したがって流域スケールと対象地域（校区）スケールといったそれぞれの空間スケールの整合性をとることが欠かせない。その地区に適した防災対策が、流域全体にとって最善の方法とは限らない。たとえば、由良川下流低地に連続堤を築けば、その地域の洪水氾濫を防ぐことはできるかもしれないが、通水能力を弱め上流の盆地部では氾濫を拡大させることになる。すなわち、上流と下流とでは利害が異なることもあり得る。論所堤（ろんじょてい）のように、水防における上流側と下流側の激しい対立は、各地で報告されている[18]。

　したがって、スケールを変えて地理的事象を分析する力や、地域間を比較検討する力、それらに加え、それぞれの立場に思いをいたす想像力を伸ばすことが望まれよう。

注
1) 堤防で守られた内側の土地にある水を内水という。内水氾濫とは、大雨により下水道や排水路が水を流しきれなくなり氾濫することである。一方、河川の水位が上昇して生じる氾濫を外水氾濫という。
2) 宮村　忠（1985）『水害　治水と水防の知恵』中公新書．
3) 水害統計とは、水害による被害の状況を把握するための資料である。治水に関する施策を行う基礎資料となっている。
4) 井上素行・鴨川　慎（2012）「水災害に対する防災技術の転換の必要性」，科学技術動向 2012 年 12 月号，22 ～ 35 頁．
5) 吉越昭久（2012）「風水害」，所収『日本歴史災害事典』吉川弘文館，39 ～ 43 頁．
6) 1999（平成 11）年 6 月 29 日，福岡市では、激しい集中豪雨により、下水道や河川の処理能力を超えた水が、博多駅周辺の地下街に流れ込み、死者を出す事態となった。
7) 牛山素行（2012）『豪雨の災害情報学　増補版』古今書院．
8) 芦田　完『福知山地方の自然災害史―洪水編―』，発行年等不詳．
9) 由良川改修史編集部（1980）『由良川改修史』，建設省近畿地方建設局福知山工事事務所．
10) 国土交通省福知山河川国道事務所（2008）『平成 16 年台風第 23 号　未来に繋ぐ記録～災害に強い地域づくりのために～』．
11) 両丹日日新聞による．
12) 馬場康之・井上和也・戸田圭一・中川　一・石垣泰輔・吉田義則（2005）「台風 0423 号による由良川流域の水害に関する調査報告」，京都大学防災研究所年報 48B．川合 茂・野木章平・竹田一貴・檜谷 治（2005）「2004 年台風 23 号による由良川の被害と洪水」，土木学会第 60 回年次学術講演会講演要旨集，127 ～ 128 頁．
13) 由良川流域懇談会（2005）「2004 年台風 23 号による由良川洪水災害に関する由良川流域懇談会の見解」
14) 小橋拓司（1985）「由良川中・下流域低地の古地理と地形環境」，立命館文学 483・485 号，855 ～ 879 頁．
15) このような流路をシュートとよび、前面には淘汰の悪い堆積物の高まりであるシュートバーが形成される。
16) 籠瀬良明（1975）『自然堤防』古今書院．
17) 前掲（5）
18) 住民間で水防活動を取り決めている堤防を論所堤という。実際には堤防の高さや強度などについて地域間で激しく対立した。利根川の中条堤が著名である。

2-3 ため池決壊と鉄砲水
― 1951年の平和池水害 ―

齋藤 清嗣

事例 京都府亀岡市

1 地域の環境特性を知る

　地殻変動が著しく、モンスーン帯に位置する日本で暮らす限りは、さまざまな種類の災害と向き合う覚悟が必要である。しかし、すべての種類の自然災害が同一の場所で同時に発生するわけではない。したがって、それぞれの地域のおかれた環境の特性を知り、そこで起こりうる自然災害を理解することで、実際に災害に対処することができるのである。

　本稿では、京都府亀岡市柏原地区で1951（昭和26）年に起こった、平和池堰堤決壊による水害（以後、平和池水害とよぶ）を事例として取り上げ、山間地域に隣接した住宅地における洪水災害について、中高生にどのように学ばせるか、という視点から検討したい。

写真1　現在の年谷川
2012年5月筆者撮影。

2 平和池水害の概要

　平和池とは、京都府中部の亀岡盆地南側の山間部から発し、保津川に流れ込む年谷川（写真1）の上流部、寒谷川にダムを築堤してつくられた人造湖である（図2）。終戦直後に、洪水防止と灌漑の機能を併せ持ち、国のモデル事業として施行されたものである。総事業費2,600万円をかけて1949年に完成し、満水時の池の面積は3.4haに及ぶ、溜池というよりむしろダム湖とよぶにふさわしい規模である。その名称は公募の結果、地元中学生の案により決定されたものであるが、まさに戦後復興の期待を担った一大プロジェクトであったことが伺える。

　しかし、そのダムも完成2年後の1951年7月に、この地域を襲った記録的豪雨により決壊し

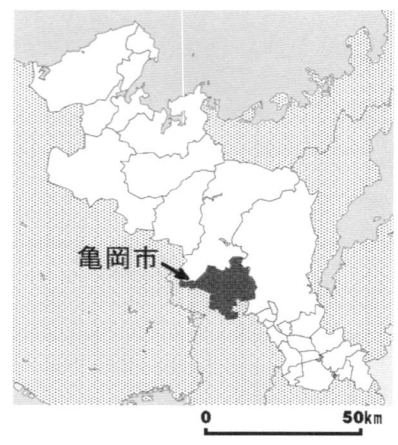

図1　京都府亀岡市の位置

てしまう。その際に発生した鉄砲水によって押し流されてしまった集落「柏原」では、住民の約2割にあたる75名もの死者・行方不明者が出た。当時のようすを撮影した写真をみると、まるで津波に襲われたかのような破壊の爪痕が読み取れる（写真2、写真3）。いかに大きな力で集落が破壊されたかがわかる。

後にこの災害は、設計・施行・管理に瑕疵のあった人災か、それとも記録的豪雨によりもたらされた天災か、で議論となり、裁判にまで持ち込まれた[1]。

3 柏原地区の被災時から現在まで

被害の大きかった柏原地区では、被災から50年を経た2001年に、災害を記録し後世に伝えるべく、記録を掘り起こす運動が地区住民のなかから起こった。その成果は記録集にまとめられ、自費出版された[2]。これによって、被災時のようす

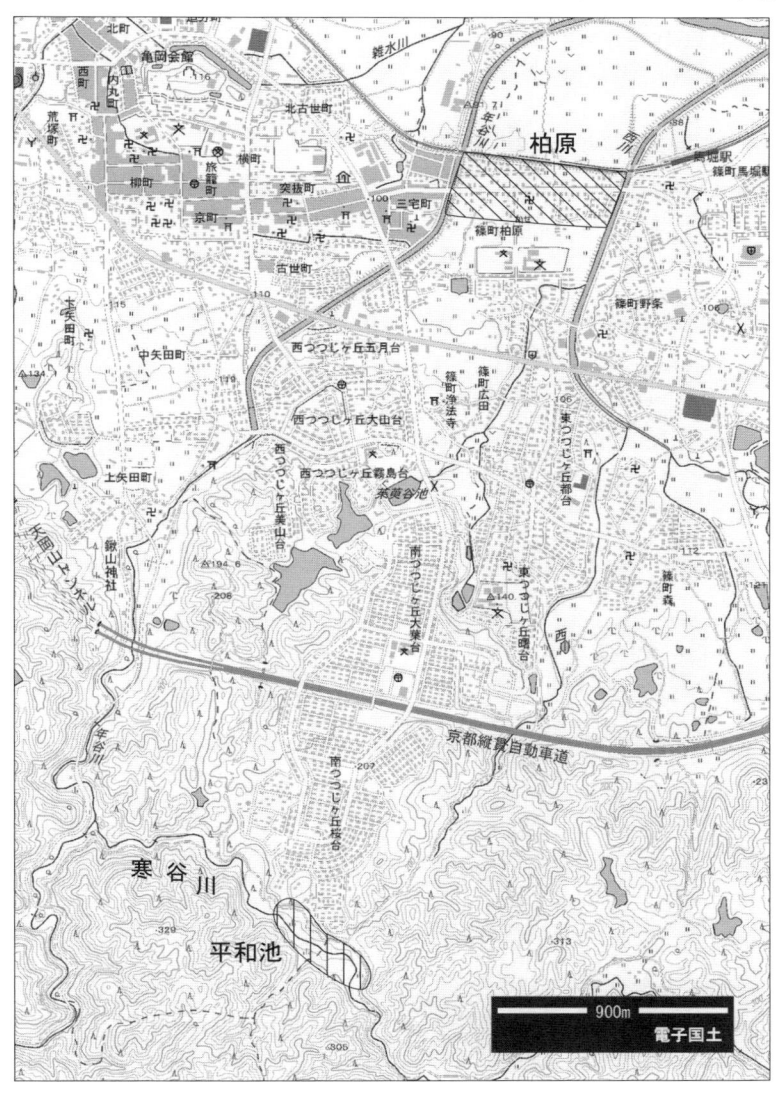

図2　平和池周辺の地図
国土交通省電子国土ウェブサイトより作成。

写真2　被災直後の柏原地区1
「柏原平和池水害伝承の会」提供。

写真3　被災直後の柏原地区2
「柏原平和池水害伝承の会」提供。

を、生々しく克明に再現することができる。防災教育の現場に貴重な教材として活用することができる。ここでは、災害のようすを追いながら、その経験から現在の住民は何をくみとるべきかを考えてみよう。

柏原地区は、亀岡盆地南部、保津川右岸の沖積平野に位置し、旧山陰街道が通過する古くからの

図3　明治末頃の亀岡盆地南部
1:50,000分の1地形図「京都西北部」明治43年測図,「京都西南部」明治42年測図（縮小）より。

街村であった（図3）。集落の西側を流れる年谷川は、普段の水量はそう多くはないが、築堤により流路が固定されたことで、天井川となっている河川である。

　平和池水害は、まず集中的な豪雨により年谷川が溢水した後、右岸側の堤防が決壊したことから始まった。集落の西側を年谷川の堤防、東側を西川の堤防、北側を国鉄山陰線の土手により囲まれた形になっている柏原地区は、たちまち浸水してしまった。プール状になった集落内では、家の屋根にしがみついて難を逃れた人も多かったようである。そこに平和池の堰堤が決壊したことで、鉄砲水が押し寄せ、多くの住民が保津川へと押し流され、そのまま大阪湾まで流された遺体もあったようだ。

　現在柏原地区に立つと、そこがかつて未曾有の大水害に襲われた場所であることを想起するのは難しい。木々に覆われた山地からは離れており、随所に水田が残る田園風景の広がる、地方都市の外縁部という景観である。多くの住民は、水害といえば、1kmほど北側を流れている保津川の氾濫を想像するだろう。また集落南側800mほどのところを通る国道9号線沿いには、ロードサイドショップが多くみられるようになり、さらに南側の丘陵地は高度経済成長期以後に宅地開発が進み、すぐ南側に山地が迫っているとは感じにくい環境になっている（図4）。

　したがって、そこで暮らす住民たちにとっては、かなり注意して地形図を読図しない限りは、平和池水害の話を聞いても、すぐにそのメカニズムを

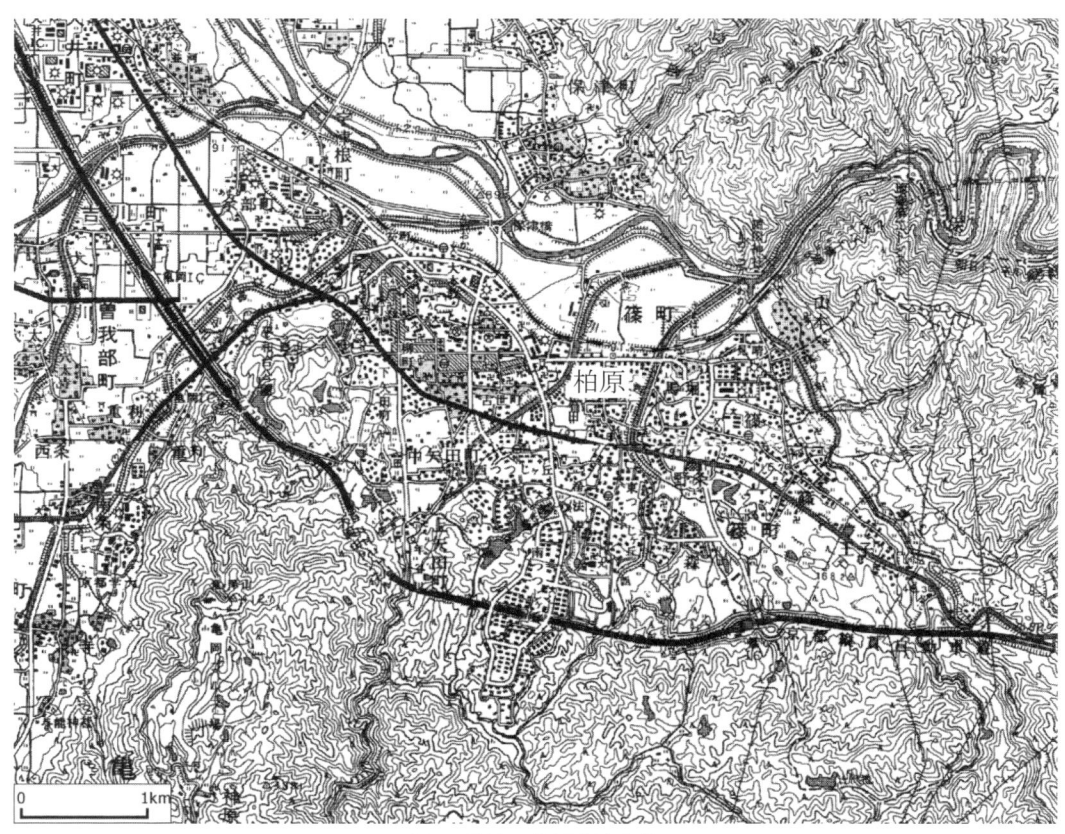

図4　現在の亀岡盆地南部
1:50,000分の1地形図「京都西北部」，「京都西南部」平成11年修正（縮小）より。

表 1　授業の展開例

過程	学習内容及び学習活動	教師の支援・評価の観点（◇）
導入	身近な自然災害について学ぶことを知る	最近の自然災害の事例を示しながら，災害に備えることの重要性を理解させる．
展開	●作業1 　説明なしに写真（写真2、3）をみて，これらが何時どこで撮影されたものであるか，推測する． 　また，どのような種類の災害であったか考える． 　平和池水害の災害の経緯を理解する． （指導者による説明，または被災者による講演） 　新旧の地形図（縮尺5万分の1）の読図を通して災害を大きくした要因を考える． 　広い流域，天井川，断層角盆地	グループごとに大きく印刷した写真を配り，グループで考えを交流させる． 家屋が木造であること，服装が古風であることなどに気づかせる． 旧版地形図（図3）を示し，考察の材料とする． ◇積極的に自分の考えを出せたか 経過を示したワークシートを用いて説明する． 住民の想定外の災害であったことに気づかせる． 被災者の証言を引用して，状況を実感できるようにする． ◇災害の経過を示した表を基に災害の実情を理解できたか 生徒に新旧地形図を配布する． 年谷川の流域を確認させ，柏原集落を襲った水がどこから来たかを確認させる． ◇等高線を読んで，集水域を確認できたか
	●作業2 　この災害から何を教訓とすべきか，考察する． 　予想される答え ・年谷川流域に住む人は，豪雨時に注意 ・自分の身のまわりの川がどこから流れているか知る必要がある． ・同様のダムのある地域は警戒する必要がある． ・自然災害に対する備えは，仕組みを理解しないと，想定外の事態に対応できない	グループで意見を出し合わせ，代表に発表させる． ◇根拠をもとに自分の考えを説明できたか さまざまな観点からの考えが出るように支援する． 全ての事態に万全の備えをすることは困難であることに着目させる．
まとめ	各自が居住する地域で起こりうる自然災害の仕組みを理解し，備えることの重要性を理解する．	生徒自身が身のまわりの環境を理解し，どのような自然災害に備えなければならないか，考えられるようにする．

写真4　2011年に平和池跡地に設置された「平和池災害モニュメント」

写真5　2012年に年谷川河畔に設置された「鎮魂の碑」

理解しにくくなっている。しかし、このような地形環境は、日本の地方都市においては決して珍しくはない。そこで記録的豪雨が起こり、斜面の崩壊により一時的に河川が堰き止められ、そして流れを堰き止めていた土砂が一気に崩壊するという事態を、想定外としてはならないであろう。

このような、「どこにでもよくみられるような環境」において、想定される自然災害にそなえる姿勢を育むことが、これからの防災教育に求められるのではないか。

4 高校の授業での展開

ここでは、2013年から全面実施される、高等学校学習指導要領の全教科・科目の中で、最も防災について詳しく扱うことになるであろう「地理A」での実践を想定し、授業展開を考えたい。大項目「(2) 生活圏の諸課題の地理的考察」の中項目「イ　自然環境と防災」において、身近な地域の自然災害について学ぶ場面を想定する。将来自分たちが遭遇するかもしれない、身近な地域で起こる自然災害の事例の一つとして、平和池水害を取り上げる。

授業の展開は表1に示すとおりである。とくに災害時のようすを学んだ後に、その発生要因を既習の知識・技能を活用しながら考察する場面に重点を置きたい。それによって、授業終了後に、生徒たちが自ら自分の住む地域について探究的に考察を深めていく活動へと、導くことが可能となる。この授業に続いて、身近な地域の防災計画について考える授業展開も考えられる。

5 地域での取り組み

柏原地区では、先に述べたように、平和池水害発生から半世紀を迎えるにあたり、災害を直接経験した住民を中心に、水害の記録を伝承する活動が始められた。その成果は、出版物のみならず、平和池跡地にモニュメントを設置したり（写真4）、年谷川の堤防に「鎮魂の碑」を新たに建立したり（写真5）といった、被災の記憶を風化させないための努力につながっている。

また、地元の亀岡市立詳徳小学校では、児童たちが平和池水害について調べて発表する学習の機会を設けたり（図5）、定期的に水害に対する防災訓練を地域住民の協力のもと実施するようになった。

このように平和池水害を過去のものにしてしまわないための取り組みが、地域住民の手によって展開され、次の世代への伝承を行う試みが実施されていることは、全国の災害を経験した地域にとって、参考になるものと思われる。

6 身近な地域の自然災害を見直す

急峻な山地の麓に広がる平坦地という環境は、日本では各所でみられるごくありふれたものである。しかし、そのような環境で暮らす人たちが、家の近くを流れる小河川の集水域がどうなっているか、気を配ることはほとんどないのではないか。もちろん平和池水害のような災害はまれにしか起こらない事例であろう。しかし、東日本大震災以降、「想定外だった、という言い訳は通用しない」という風潮が広まっている。今一度、身近な地域でどのような自然災害が予想されるのか、それぞれの地域社会で見直すことが求められている。

そのような文脈においては、平和池水害のように、山間地から平野部への鉄砲水は、まさに想定しておかなければならない災害であろう。そして、その仕組みを中・高生に対して、論理的に理解させるのは地理教育の役割であろう。

さらに、その次の段階として、自分たちの生活する環境の危険度を理解した生徒たちは、地域社会に対してどのように働きかければよいのかを考え始めるはずである。堤防整備のあり方、宅地開発のあり方、豪雨時の行動のしかたなど、地域社会に対して積極的提言をしたり、災害時に他者を助ける行動に出たり、という社会への積極的な参画へと動き始めてくれるであろう。

豪雨でため池決壊 114人犠牲
平和池水害 紙芝居に
児童「命の大切さ伝える」

亀岡・詳徳小　今月末発表会

亀岡市篠町の詳徳小4年生が、1951年に地元で起こった平和池水害の紙芝居を作った。命を守る大切さを多くの人に伝えたいと、今月末の校内での発表に向け、練習に励んでいる。

水害は7月11日朝、記録的豪雨で巨大なため池が決壊。鉄砲水が直撃した校区内の柏原地区では75人が命を落とし、市内全域で114人の犠牲者が出た。

同小では地域学習の一環として、地元住民らでつくる「平和池水害伝承の会」の話を聞くなどして、当時の惨状や防災について学んでいる。紙芝居は、4年生51人が被災経験者の話を聞き、自分たちでできることはないかと考え制作した。

12の場面を絵の具で描き、流木につかまりながら人が流れていく様子や、大事なわが子を濁流で手放してしまった人の苦悩などを表現。情報や日頃の備えの大切さを訴える内容となっている。紙芝居は、今月末のPTA会合で保護者らを前に発表する予定だ。

伝承の会の中尾祐蔵さん(69)は「子どもたちが地域の災害を、次に伝えたいと思ってくれたことがうれしい」と喜ぶ。同小の鈴木深七未さん(10)は「水害のことは知らなかったけど、話を聞いて伝えたいという思いが強くなった。たくさんの人に伝えたい」と話している。

（久保田昌洋）

図5　平和池水害の学習を報じる新聞記事
京都新聞丹波版 2013年1月22日より。

注
1) 1952年に、被災住民有志により、国、京都府、亀岡町（当時）を相手取り京都地裁に損害賠償を求める提訴があったが、最終的には責任の所在が明らかにされぬまま、1957年に和解が成立した。
2) 柏原区平和池水害資料収集・編纂特別委員会編（2009）『平和池水害を語り継ぐ 柏原（かせばら）75人の鎮魂歌』自費出版.

2-4　砂鉄採取にともなう水害

徳安　浩明

事例　鳥取県米子市、日吉津村（日野川）

1　水害の要因としての鉄穴流し

　たたら（鑪）製鉄の行われていた中国山地や北上山地などでは、花崗岩類の風化土を人為的に掘り崩したのち水路に流し込み、比重の違いを利用して砂鉄を沈殿させる鉄穴流し[1]が広く行われていた（図1）。しかし、鉄穴流しは、大量の廃土の流出をともなうものであった[2]。そのため、鉄穴流しの行われた河川流域では、近世初頭以降、廃土の流出にともなう河床上昇と水害、水質汚濁などが繰り返し発生した（表1）。

　大雨による河川の増水という水害の素因は、上流域で稼業された鉄穴流しという必須要因の付加によって、下流域の地域社会に大きな災禍をもたらすことになった。被害を受けた人々は鉄穴流しの稼業を制限すべく行動し、幕府・藩もさまざまな対応をとりつつ防災・減災に努めた[3]。

　本稿では、19世紀の鳥取県西部の日野川流域を事例として、鉄穴流しがもたらした水害に対する鳥取藩や、明治政府と鳥取県、被害を受けた下流域の米子平野、上・中流域のたたら製鉄稼業地域の対応について具体的に検討する[4]。

2　日野川流域の鉄穴流しと米子平野の水害

　日野川は、花崗岩類の分布する日野郡から流出し、大山西麓を北西に流れた後、日本海に注ぐ。米子平野は、日野川の扇状地性三角州、弓ヶ浜砂州、そして日野川支流の法勝寺川西岸に位置する尚徳低地に大別される（図2）。法勝寺川西岸の兼久堤防において決壊・溢流が生じると、その流水は尚徳低地から宗像の狭隘部を経て、城下町である米子の中心部に押し寄せた。そのため、18世紀初頭までには、宗像の狭隘部に尚徳低地を遊水地とする宗像土手が築かれていた（写真1）。しかし、1729（享保14）年、1795（寛政7

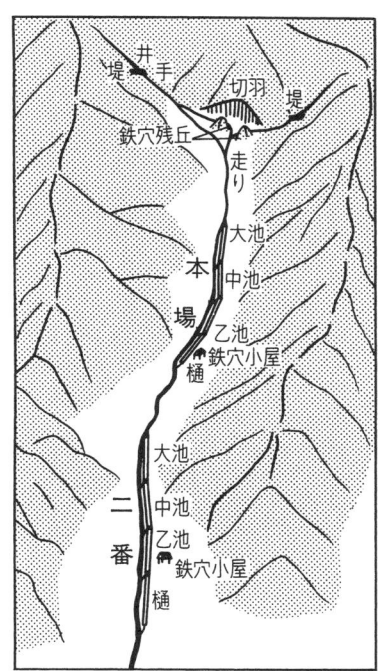

図1　近世後期の鉄穴流し（模式図）
切羽において掘り崩された土砂は、長さ数百mの走りを流れ下る（図では短く描かれている）。大池・中池・乙池において比重選鉱が行われ、最下流部の樋において純度の高い砂鉄が採取された。同様の比重選鉱作業は、二番や三番においても行われた。筆者作成。

表1 近世における鉄穴流しによる被害状況と稼業制限の例

河川	年	内容
天神川	1655（明暦元）年	鳥取藩は、田畑に被害が出ているとして、河村・久米両郡の砂鉄採取を禁止した。
	1694（元禄7）年	河床上昇による水田への悪影響を問題視した住民の嘆願に応じ、鳥取藩が鉄穴流しを禁止した。
	1859（安政6）年	鉄穴流しの稼業期間の厳守を求めた下流住民が、鉄穴場を襲撃する一揆を起こした。
斐伊川	1607（慶長12）年	松江藩は、宍道湖と松江城の堀が埋積するとして鉄穴流しを禁止した（1636年まで）。
	1754（宝暦4）年	松江藩は、水害対策として前年に禁止した鉄穴流しを再開するにあたり、たたらと鉄穴流しの経営者から、下流域における河床の浚渫費用（川浚え人夫飯米）を徴収することにした。
	1759（宝暦9）年	松江藩は、鉄穴流しの稼業数を仁多郡30、飯石郡10、大原郡5の計45ヵ所に制限した。
江の川	1633（寛永10）年	可愛川下流の河床が上昇したため、高田郡が上流の山県郡における鉄穴流しの停止を求めた。広島藩は、たたら製鉄による収益を見込んだ年貢の賦課を理由に鉄穴流しを禁止せず、川浚えの実施を命じた。
	1833（天保4）年	恵蘇郡を流れる比和川上流の鉄穴流しが稲作に支障を与えているとして、下流の村々が鉄穴流しの停止を郡役所に再度求めた。その結果、稼業期間を明確にする取決めがなされた。
高梁川	1680（延宝8）年	下流地域にあたる岡山藩の要求によって、鉄穴流しの稼業数が備後国奴可郡276ヵ所、備中国阿賀郡31ヵ所、哲多郡38ヵ所に限定された。
	1845（弘化2）年	濁水と河床上昇を防ぐべく備中国川下井組の村々が「備中浜村一件」と呼ばれる江戸訴訟を起こした。その結果、約1年後に稼業期間の厳守と鉄穴流しの増加を禁止する取り決めがなされた。
旭川	1752（宝暦2）年	岡山藩の江戸訴訟によって、幕府は美作国真嶋郡内の20ヵ所で稼業されていた鉄穴流しを差し止めた。
	1783（天明3）年	濁水の被害を受けた岡山藩の江戸訴訟によって、公領の鉄穴流しは停止されたものの、私領の鉄穴流しは補償金の支払いによる継続が認められた。
吉井川	1728（享保13）年	上流の幕府領内からの濁水（「鉄汁」）が稲作や人馬の飲み水に被害を与えていることに対し、下流の岡山藩は江戸訴訟によって鉄穴流しの停止を求めた。その結果、幕府は吉井川での鉄穴流しを差し止めた。
	1820（文政3）年	濁水被害の補償金（銀20貫目）を支払う協定が、鉄穴流しを稼業する12か村と下流の28か村との間に成立し、鉄穴流しの再開と10年間の稼業が認められた。
東北地方	1737（元文2）年	北上川水系砂鉄川上流で生じた濁水のため、苗代の時期から7月中のすがね掘りが禁止された。
	1819（文政2）年	砂鉄川上流の砂鉄採取による河床上昇に対して、川浚えと1万人規模の河川改修が計画された。
	1852（嘉永5）年	八戸藩領長内川流域の切流しによる濁水が稲作に害を与えているとして、その中止が求められた。藩は補償金を毎年経営者に支払わせることで切流しの継続を許可した。

注：広島藩領の太田川流域では、1628（寛永5）年以降、鉄穴流しは許可されなかった模様である。
出典：注3）、その他、比和町史編集委員会編（1973）『比和の自然と歴史・第三集』比和町郷土史研究会、大東町編（1982）『大東町史・上巻』同町、斎藤潔（1989）「八戸藩における鉄山鉱害」、たたら研究30、など。

年、1801（享和元）年の水害時には兼久堤防のみならず宗像土手も決壊し、米子町が被災している。1812（文化9）年には宗像土手があふれた水をくい止めたものの、尚徳低地の農業は壊滅的な浸水被害を受けている。これらの水害対策として、鳥取藩は堤防の整備を進める一方、19世紀初頭には下流域の会見郡のみならず、上流域にあたる日野郡の住民に対しても、会見郡における河床の浚渫と堤防整備への従事を義務づけている。

このようななか、幕末から明治中期にかけての日野郡には500カ所以上もの鉄穴場があり、日野川本流の河床は鉄穴流しの稼業によって急上昇した。法勝寺川流域では、鉄穴流しはわずかに稼業されたにすぎない。そのため、河床勾配のゆるやかな法勝寺川は、河床の上昇した日野川との合流地点において排水不良を起こし、増水時には日野川の流水が法勝寺川に逆流することもあった。

鳥取藩は、土木工事だけでは水害を抑えられないと考え、1823（文政6）年に日野郡の鉄穴場に対して廃土を河川に流出させないよう「砂留」

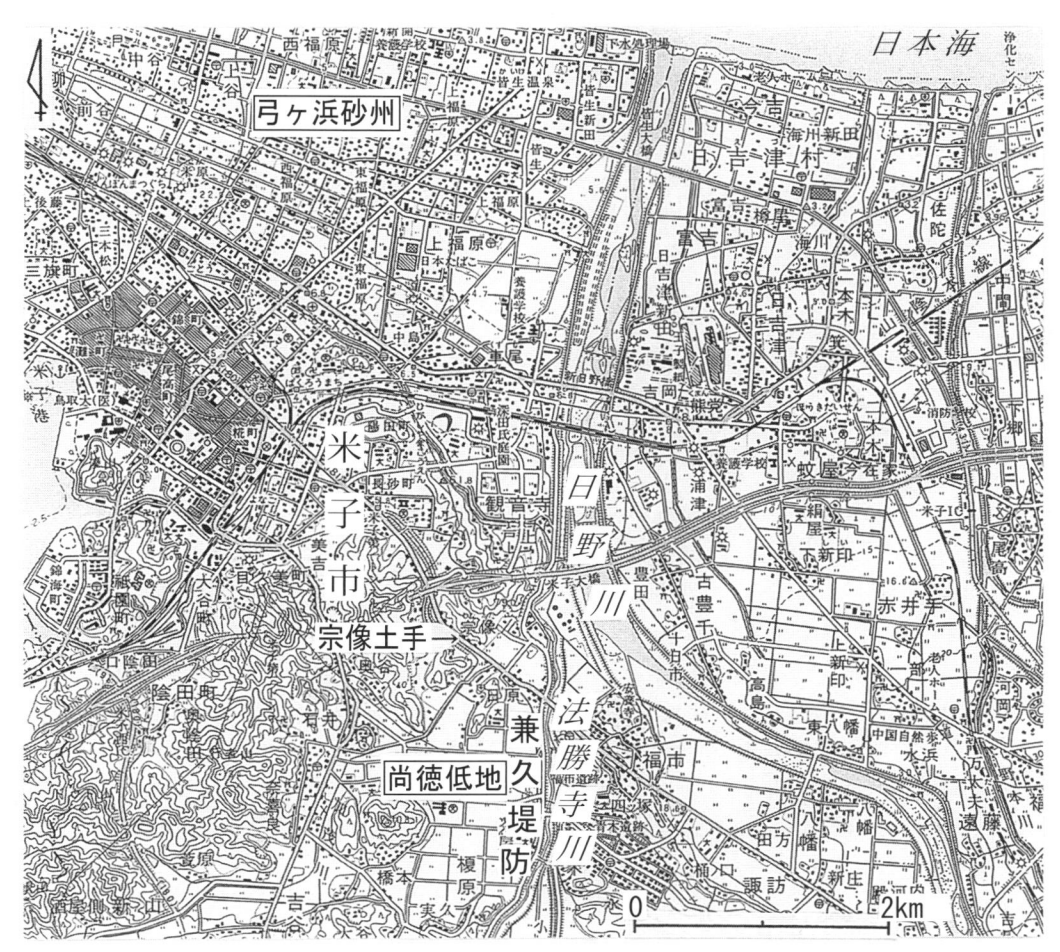

図2 米子平野の概観
1:50,000 地形図「米子」2005年 (縮小、加筆)。

の設置を義務づけた。しかし、砂留の設置は技術的に困難であったとみられる。日野郡は、会見郡における治水工事費用を負担するので、砂留の設置を免除してほしいと藩に願い出た。この事実は、藩と上流域住民が、鉄穴流しの稼業を水害の直接の原因として認定していたことを示している。日野川・法勝寺川の水害が、鉄穴流しに起因することを誰もが認め、補償への動きがとられはじめたのである。しかし、上流域住民が補償費用の捻出に手間どっていた最中、1829年7月の大雨時に兼久堤防に続いて宗像土手も決壊し、近世後期最大の水害とみられる「丑大流」が発生した。

この水害後、日野郡の金銭的・人的負担による河床の浚渫作業が会見郡において実施されるようになった。しかし、鉄生産量が増大した1861（文久元）年には、藩命によって日野郡の鉄穴場数は半減され、その後も厳しい稼業制限が行われた。幕末の上流域と下流域は、藩を中心に、鉄穴流しのもたらす水害への対応において、協調体制を実現していたとみなせよう。

写真1　宗像土手の遺構
中央付近の土盛の長さはかつて 100 m 以上あり、左方に伸びていた。しかし、尚徳低地にしばしば浸水被害を与え、交通の障害にもなっていたことから、1840 年代にはその一部が撤去されている。防災教育にとって優れた教材になりうる遺構といえようが、その存在を示す案内はなく、最近でも破壊が進行している。2011 年 11 月筆者撮影。

3　協調から対立へ

　ところが、鉄生産が大幅に縮小した 1868（明治元）年ごろには、日野川の河床が一時的に低下した。その後河床の浚渫作業は途絶え、鉄穴流しの制限も行われなくなった。上流域と下流域の間にみられた協調体制は、河床の低下と治水・鉱業政策の刷新にともなって消滅したのである。そして、明治前・中期は治水政策の過渡期とみなされているように[5]、国と県は新たな治水政策を確立できずにいた。さらに、政府による鉱害対策も整備途上のまま推移した。そのようななか、日野郡の鉄生産は、1880 年前後に大きなピークを迎えた。日野川の河床は著しく上昇し、1886 年 9 月には米子町や尚徳低地、日野川扇状地が浸水するという明治期最大の水害が発生した。
　このころ、高梁川・旭川・吉井川の流下する岡山県では、県議会において鉄穴流しの廃土を問題とする議論が繰り返しなされていた[6]。岡山県の訴えを受けた政府は、1886 年に鉄穴場の増設を許可しない方針を決め、1888 年には中国地方 4 県の鉄穴流し業者に対して、廃土を河川に流さずに所定の場所へ堆積させることを義務づけた。
　一方、1890 年に第 1 回帝国議会を開いた政府は、鉱業条例を定め、別途、鉄穴流しの稼業条件の拡大につながる砂鉱採取法の整備も進めた。1893 年 2 月の帝国議会では、砂鉱採取法の審議に際して、元鳥取県知事の武井守正が、日野川の河床上昇にともなう水害の危険性について発言した。しかし、武井は、たたら製鉄に従事する多数の労働者の存在を考慮すると、この法案には賛成せざるを得ないとした[7]。同法は、鉱害をもたらした業者に対しては農商務大臣がその稼業停止を命じることもある、と明記されたうえで同年 4 月に施行された。
　1893 年 10 月、日野川と法勝寺川の河床が著しく上昇し、尚徳低地と米子町を浸水域とする水害が発生した。その 2 カ月後、米子町の住民は、内務省と農商務省への鉄穴流し停止の請願運動を行った。これに対して、鉄山経営者である日野郡の近藤家は、鉄穴流しと水害の関連を強く否定しつつ反論した。水害をめぐる上流域と下流域は、明治中期において単純な対立の様相を呈したのであった。

4　防災教育・環境教育の課題

　上述のように、近世のたたら製鉄稼業地域では、鉄穴流しのもたらした河床上昇が、水害の発生要因のひとつとして広く認知されていた。そして、幕府や藩、流域住民は、さまざまな形で防災・減災に努めていた。しかし、日野川流域の事例からみる限り、明治維新後、災害対策はいったん弱体化したといわざるを得ない。そして、帝国議会の開設によって、人為的な災害に関する議論が国政レベルで可能になった時期には、上・中流域と水害を受けた下流地域は、鉄穴流しの水害への関与をめぐって真っ向から対立したのであった。
　人為的環境改変が人間に災害をもたらした歴史上の出来事としては、明治中期の足尾鉱毒事件がよく知られている。鉱毒のみならず渡良瀬川流域

に水害をもたらしたこの問題について、田中正造が帝国議会で最初にとりあげたのは、1891年であった。この事件に冠せられる「公害の原点」の「原点」は、国政の場での公害に関する議論のスタートとみなせよう。防災・環境教育に際し、足尾鉱毒事件が人為的な要因による災害発生の第1号である、というとらえ方は正しくない。すでに、近世には、鉄穴流しのみならず、新田開発や山林伐採にともなう諸問題[8]、鉱山からの鉱毒問題[9]なども生じており、さまざまな対策が講じられていた。過去の災害でも、その発生に社会的要因が重層的にかかわっていた事例は少なくないのである。

「環境の世紀」とよばれる21世紀にあって、過去の災害を単なる自然現象としてばかり理解してはならない。地理教育は災害史や環境史の研究を積極的にとり入れ、防災教育、環境教育の名に相応しい学習内容を構築していかなければならない。

注
1) 鉄穴流しは、中国地方で広く用いられている砂鉄の比重選鉱法の一般的な名称である。東北地方の主要な砂鉄産地であった仙台藩領では「すがね掘り」、南部藩領では「切流し」とよばれることが多い。本稿では、これらの砂鉄採取法を一括して鉄穴流しと呼ぶことにする。
2) 花崗岩類の風化土から選鉱される砂鉄は、容量にして1〜4‰にすぎなかった。貞方 昇(1996)『中国地方における鉄穴流しによる地形環境変貌』渓水社.
3) たとえば、土井作治(1979)「近世期鉄生産における藩・鉄師と農民の対抗」歴史評論350、安藤精一(1992)『近世公害史の研究』吉川弘文館など。これらの研究の動向はつぎの文献にまとめてある。拙稿(1999)「地理学における鉄穴流しの研究視点」立命館地理学11.
4) この内容は、拙稿(2011)「19世紀における伯耆国日野川流域の鉄穴流しにともなう水害と対応」人文地理63,にもとづく。
5) 山本三郎・松浦茂樹(1996)旧河川法の成立と河川行政 水利科学40-3.
6) 岡山県編(1906)『岡山県会史・第1編』岡山県, 235〜675頁.
7) 第四回帝国議会貴族院議事速記録第三十一号 貴族院事務局編(1893)『帝国議会貴族院速記録6』(1979年に東京大学出版会が復刻・刊行, 402〜414頁).
8) たとえば、幕府は1666年に「諸国山川掟」を出し、この問題に対応している。塚本学(1993)『小さな歴史と大きな歴史』吉川弘文館, 186〜213頁.
9) たとえば、根岸茂夫他編(2010)『近世の環境と開発』思文閣出版.

3章 台風・高潮と防災教育

3-1 台風による被害
― 1991年の台風19号 ―

村上 富美

事例　長崎県

1 台風の概略

(1) 台風の構造

「熱帯低気圧」は熱帯の海上で発生する低気圧のことで、風速が弱いものから、ハリケーンやサイクロンといった強いものまである。熱帯低気圧のうち、北西太平洋や南シナ海で発生し、低気圧内の最大風速がおよそ17m/s（34ノット）以上のものが「台風」とよばれる[1]。

台風が発生するのは、赤道付近の海の上が多い。これらの海には太陽が強く照りつけているため、海面の水が太陽によって温められ、たくさんの水蒸気となって上昇し、大きな雲となる。雲の周りでは、湿った熱い空気が集まってきて渦を巻くようになる。渦を巻く空気の流れはどんどん早くなり、それとともに風もますます強くなる。こうして台風が発生する[2]。

台風の進路例をみていこう（図1）。台風は、地球の熱の対流現象として生まれたものであるため、冷たい空気を求めて北上していく。低緯度地域においては、北東からの貿易風により西へ流され、中・高緯度地域においては、西から偏西風により東へ流される。温かい海上は水蒸気が上昇しやすいため、この海上を通過するときは勢力を強めていく。その後、日本付近の温帯地域に近づくと、海水温が下がるため、台風の勢力は弱まり前線をともなう温帯低気圧となる。

(2) 台風の大きさと強さ

台風の勢力は、10分間平均の風速を基に「大きさ」と「強さ」で表現される。

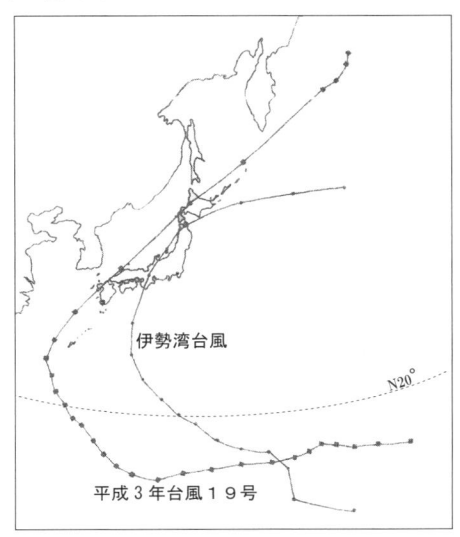

図1　伊勢湾台風と台風19号の進路
注1）より。

前者の「大きさ」は、「強風域」の半径で表される。強風域とは、風速15m/s以上の強い風が吹いている範囲である。この範囲の半径が、500km以上800km未満であれば「大型（大きい）」となり、800km以上であれば「超大型（非常に大きい）」となる。また、よく似た用語で「暴風域」があるが、これは、強風域のさらに内側の風速25m/s以上の風が吹いている範囲のことである。

後者の「強さ」は、最大風速によって表現が変わる。33～44m/sは「強い」、44～54 m /s「非常に強い」、54m/s以上は「猛烈な」となる[3]。

2 台風による被害

（1）風による被害

表1には人への影響しか記載していないが、このほかにも強風による建造物への被害、倒木などの林業被害、電線の切断や電柱の倒壊などによって起こる停電などが発生することがある。

では、台風のどの部分に注意をするべきなのだろうか。図2に、伊勢湾台風と室戸台風、1970年の台風10号における台風の中心からの距離と風速との関係を示した。中心付近の風速は弱いが、その周辺は風速が強いことがわかる。次に、台風の右半円と左半円の風速を比べると、右半円のほうが強いことがわかる。台風は上からみると反時計回りに風が吹き込んでいる。進行方向の右側の半円では、台風自身の風と台風を移動させる周りの風が同じ方向に吹くから風が強くなる。逆に左側の半円では、風が相反することになり、やや風が弱くなる。

図3は、1991年の台風19号による九州および山口県の死者の分布を示している。死者のほとんどが台風の中心の右側で出ていることがわかる。よって私たちは、台風が接近してきたら、自分の住む地域が台風の中心の右側に位置するのかどうかを注意深くみるべきである。

また、台風の中心、すなわち「台風の目」に入れば風速は弱まり、その後風速が急激に強くなる「吹き返し」のことを知っておく必要がある。このことを知らなければ、台風の目に入ったときに、

表1　風の強さと人への影響

おおよその風の瞬間風速（m/s）	人への影響
0～20	傘がさせない。
20～30	風に向かって歩けなくなり、転倒する人も出る。
30～40	何かにつかまっていないと立っていられない。
40以上	屋外での行動は極めて危険。

注4）より。

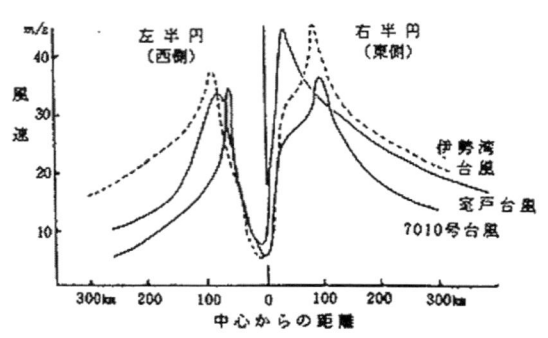

図2　台風の中心からの距離と風速の関係
左半円より右半円のほうが風速が強い。注1）より。

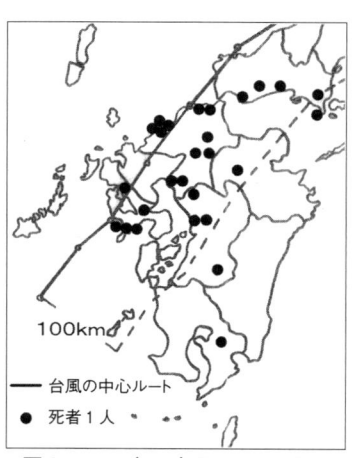

図3　1991年の台風19号による九州および山口県の死者
注5）より。

台風が通過したと錯覚して外出し、風による被害を受ける危険性が高くなるからである。

(2) 雨による被害とプラス面

　台風は強い風とともに大雨をともなう。とくに台風は積乱雲が集まったものであるため、雨を広い範囲に長時間にわたって降らせる。また、前線が日本付近に停滞していて、その南の海上に台風が位置していると、暖かく湿った空気が台風に向かって南の海上から流れ込むため、その湿った空気が前線の活動を活発化させ、大雨となることがある。たとえば、九州に上陸した1976（昭和51）年の台風第17号は、西日本に停滞していた前線の活動を活発化させ、九州に上陸するまでの6日間にわたって各地に雨を降らせた。徳島県木頭村（とうそん）には1日だけで1,114mmの雨を降らせた。これは、山梨県甲府市の年降水量1,135.2mmとほぼ同じ量である[6]。また木頭村では、台風の影響による総降水量は2,781mmとなり、東京の2年分の雨に相当する大量の雨がわずか6日間で降った。このように大量の雨を短期間のうちに降らせたため、1都1道2府41県とほぼ日本全域で被害が発生し、死者・行方不明者171人、住家の全半壊・流失5,343棟、住家の浸水534,495棟という甚大な被害が発生した[7]。よって私たちは、台風が接近した時はもちろん、台風の北側に前線がある時は、大雨に充分気をつける必要がある。

　一方で、台風は多くの雨を日本にもたらし、農業を支え、利水にも役立っていることも私たちは忘れてはならない。

3 平成3年台風第19号と長崎県の被害

　平成3年台風第19号（以下「19号台風」と表記）は、1991年9月16日にマーシャル諸島の東の海上で発生した。台風は北西に進みながらしだいに発達し、フィリピンの東の海上での中心気圧は925hPa、中心付近の最大風速は50m/sに達した。その後、東シナ海を北上し、大型で強い勢力を保っ

表2　日本に大きな被害を与えた台風の一覧

上陸・最接近年月日	台風名または台風番号	人的被害 死者(人)	行方不明(人)	負傷者(人)	家屋の被害 全壊・流出(棟)	半壊(棟)	一部損壊(棟)
1934（昭和9）年9月21日	室戸台風	2,702	334	14,994			92,740
1945（昭和20）年9月17日	枕崎台風	2,473	1,283	2,452			89,839
1947（昭和22）年9月15日	カスリーン台風（昭和22年台風第9号）	1,077	853	1,547			9,298
1954（昭和29）年9月26日	洞爺丸台風（昭和29年台風第15号）	1,361	400	1,601	8,396	21,771	177,375
1958（昭和33）年9月26日	狩野川台風（昭和33年台風第22号）	888	381	1,138	2,118	2,175	12,450
1959（昭和34）年9月26日	伊勢湾台風（昭和34年台風第15号）	4,697	401	38,921	40,838	113,052	680,075
1990（平成2）年9月19日	平成2年台風第19号	40		131			16,541
1991（平成3）年9月27日	平成3年台風第19号	62		1,499			170,447
1993（平成5）年9月3日	平成5年台風第13号	48		396	336	1,448	不詳
2004（平成16）年9月7日	平成16年台風第18号	43	3	1,399	144	1,506	63,343
2004（平成16）年10月20日	平成16年台風第23号	95	3	721	907	7,929	12,514

注1）より。

表 3　平成 3 年台風第 19 号の特徴

特　徴	・台風による降水量としては少なかった ・各地で暴風が原因で大きな災害が発生した ・台風通過後に降水量がなかったことが原因となって塩害が顕著であった
暴　風	・台風の暴風域は中心から半径 300km に及び、長崎県南部や五島では 27 日昼ごろから 10m/s 以上の強い風が吹き始めた。 ・台風が佐世保市付近に上陸する 16 時ごろ長崎空港で最大瞬間風速 59.9m/s を観測した。
大　雨	・日降水量は長崎県南部で 40～70mm 程度、北部では 100mm 以上に達した。

注 5) より。

たまま 27 日 16 時過ぎに、佐世保市の南に上陸した。このときの中心気圧は 940hPa で、中心付近の最大風速は 50m/s であった。台風は上陸後、速度を速めながら九州北部を通過して日本海に進み、28 日朝北海道に再上陸後、オホーツク海に進み、千島近海で温帯低気圧に変わった[8]（図 1）。

日本に大きな被害を与えた台風をまとめた表 2 によると、19 号台風による死者行方不明者は 62 人、負傷者は 1,499 人に及ぶ。とくに注目すべきことは、被害家屋の数である。この台風による被害家屋の数は 170,447 棟で、伊勢湾台風や洞爺丸台風を除く他の台風に比べると突出して多いことがわかる。このことから、19 号台風は「風台風」の代表例といえる。また、この台風は全国のりんご生産量の半分を出荷する青森県津軽地方に甚大な被害をもたらし[9]「りんご台風」とよばれている。

表 3 には 19 号台風の特徴を、図 3 には台風の中心のルートと死者をそれぞれ示した。図 3 をみると、台風の中心ルートの右側に強い風が吹きつけたことが原因で多くの死者が出たと考えられる。長崎県内における人的被害は死者 5 人、負傷者 101 人を数えた。原因は、プレハブ倉庫の倒壊による下敷き、飛来した瓦の直撃、屋根や雨戸の修理中の落下や崖下転落などで、いずれも暴風に起因するものであった。屋根の修理中の転落は、台風の目を通過したあとの、「吹き返し」によるものであると考えられる。負傷者の原因は、瓦などの飛来物で割れた窓ガラスによるものが大部分であった。このほか、県内の空、海、陸の交通機関は終日まひした。また、臨時休校、休業、停電、電話の不通など市民生活は大混乱した。

4　授業での展開例
(1) 授業の展開

筆者は 19 号台風を題材とし、高校 2 年生対象に地理 B の授業を行った。「台風」に関する授業は、気温、降水量とならぶ気候要素の一つである「風」に関するものの一例として行っている。1 時間目は「大気の大循環」をテーマとし、気圧帯と恒常風（貿易風、偏西風、極東風）について学ばせる。2 時間目は「季節風と局地風」をテーマとし、季節によって風向きが変わるメカニズムについてや、ブリザードやフェーンなどについて学ばせる。そして 3 時間目に、「熱帯低気圧」をテーマとし、本授業を行う。その授業展開の概要は表 4 のようで、以下におおまかな指示をあげておく。

導入では写真 1～4 をみせ、これらが何のようすを写したものなのか考えさせ、プリントに書かせる。その後、台風に襲われた後の写真であることを伝え、台風災害の甚大さを感じさせ、本授業の内容への関心を高めさせる。

展開 1 では、図 1～3、表 1 を用いて、台風発生のメカニズム、風に関する注意すべき点、雨に関する注意すべき点について学ばせる。その際には、本稿の「1　台風の概略」と「2　台風による被害」を用いる。とくに、風に関する注意すべき点を強調する。

展開 2 では、表 5、6 を用いて、19 号台風の被害状況を具体的に理解させ、対応策について学ばせる。台風が通過する際のことはもちろんのこ

表4　授業の展開例

単元名	風		
単元の指導計画	1時間目　大気の大循環 2時間目　季節風と局地風 3時間目　熱帯低気圧・・・・・・・・・・本時		
目標	1　台風発生のメカニズムを理解する 2　台風が接近した際に注意すべきことを理解する 3　19号台風の被害状況を知り、対応策を理解する		
	学習内容	生徒の動き	教材
導入	台風によって引き起こされる災害を、視覚的に理解する。	・写真をみて、何の写真なのか考える ・台風に対しての自分の意識レベルを確認する	写真1～4
展開1	台風発生の基礎知識を理解する。	・台風の基礎知識を知る （内容は、本稿「1 台風の概略」と「2 台風による被害」を参照）	図1～3 表1
展開2	19号台風の被害状況を具体的に知る。風害への対応策を知る。	・プリントに記載されている具体的な被害状況を知る（内容は、本稿「3 平成3年台風第19号と長崎県の被害」を参照）	表5、6
まとめ	授業の前と後の台風への認識の変化を確認する。	・この授業の感想を書く	

写真1

写真2

写真3

写真4

　　いずれも長崎県における台風被害。写真1、写真2は長崎新聞1991年9月14日夕刊より。
　　写真3、写真4は長崎新聞1991年9月28日朝刊より。

表5　長崎県における平成3年台風第19号による被害

	内　容	被害種別	出　所
1	27日午後3時40分ごろ、諫早市の建設会社のプレハブ平屋建て倉庫（幅10m、奥行き5m、高さ3m）が台風の突風にあおられ倒壊。2人が下敷きになった。一人は頭の骨を折って一時間後に死亡。もう一人は額に軽傷を負った。	風　害	9月28日朝刊
2	27日午後3時すぎ、自宅2階の窓から外のようすをみていたところ、飛んできたかわらが女性の顔にあたり、脳挫傷でまもなく死亡した。	風　害	9月28日朝刊
3	午後3時20分ごろ、女性が風で飛んできた近くの太陽熱温水器の下敷きになった。女性は病院に運ばれたが、内臓破裂で約4時間20分後に死亡した。	風　害	9月28日朝刊
4	27日午後5時ごろ、女性が自宅の屋根から約5m下の地面に落ち、頭の骨を折るなど意識不明の重体。警察署の調べでは、雨漏りを防ぐため屋根を修理中に、強風で吹き飛ばされたか雨で足をすべらせたらしい。	風　害	9月28日朝刊
5	27日午後9時ごろ、脱衣所から出火、木造平屋建て約66m²を全焼した。この家の住人は逃げ出して無事。警察署の調べによると、台風で停電していたため、脱衣所の洗濯機の上にろうそくの火をつけて入浴、火を消し忘れて洗濯機に燃え移ったらしい。	二次災害（停電）	9月28日朝刊
6	長崎市内でも屋根がわらが飛んだままの民家、強風で曲がった道路標識や交通信号機、横転したバイクなどの光景があちこちに。主婦らはほうきなどを手に散乱した樹木の葉や枝などを掃除、商店街でもシャッターやガラスにこびりついたごみをふき取っていた。	風　害	9月29日朝刊
7	台風19号による停電のため断水の続く長崎市内の病院で、人工透析や手術用の水が足りなくなり、一部患者の透析中止に追い込まれる病院も現れた。病院からのＳＯＳで長崎市水道局は28日深夜までタンク車での水の緊急輸送に追われた。	二次災害（停電・断水）	9月29日朝刊
8	かわらやシートはほとんど売り切れ。県外や市外の知人、親類などに頼んで取り寄せる被災住民も多い。佐賀県伊万里市の親せきからシートを買ってきてもらった人は「けさやっとシートを張ったが、すでに雨が降っていたので間に合わなかった。ごらんの通り雨漏りがひどい」とバケツを手にもち、天井から落ちてくる雨を受けていた。	風　害	10月1日朝刊

長崎新聞1991年9月28日、9月29日、10月1日より。

と、台風通過後の停電下での生活についても考えさせる。

　まとめでは、本授業を受けての感想文を書かせ、授業前と授業後の意識の変化を確認させ、今後どのように行動していくべきか考えさせる。

(2) 授業後の生徒たちのようすと感想

　「これって何の写真？」と題して、写真1～4をみせた。生徒たちの回答は、2011年の東日本大震災もあったせいか、倒壊した建物から「地震」と回答する生徒が半数近くいた。残りの半分は写真4に注目して、「台風」と回答した。台風が通過した後の写真だと伝えると、皆一様に驚いたようすで、なかには「台風で建物が倒壊するんですか」と質問する生徒もいた。台風がもたらす災害について聞いてみると、大雨や暴風などと答える生徒が多くおり、基本的な知識は持ち合わせているようだった。しかし、2011年9月に筆者の勤務校が暴風警報で休校になったときのことを聞くと、「友だちのところへ遊びに行った」や、「暴風警報が出ると休校になるとは知らず、間違えて学校に行ってしまった」などと回答する生徒もいた。学校が位置する近畿地方中部を強烈な台風が通過することが少ないせいか、台風災害への危機意識は頭ではわかっていても実際には低い。人々の台風に対する風害への意識は、大雨や洪水に比べると希薄なのではと感じられた。

　授業後の感想から生徒たちが何を感じ、考えたのかをみてみよう。

　「雨戸は、母に閉めなさいといわれるから閉めるけど、実際自分から閉めようと思ったことはなかった。しかし、この資料（表5の2）の女性のように窓から外をみていただけで運悪く死にいたることもあるのだと知ると、今度から自分で閉めるように心がけようと思った。」

表6 住まいの暴風対策チェックリスト

①日常時
- 風に対して弱い部分を設計者などに聞いておく
- 軒先、棟など腐朽や痛みはないかどうか
- 屋根や外壁の痛みの有無を点検し、風ではがれそうな痛みは、補修する
- 窓や出入り口の建て付けを点検し、ガタがあってはずれやすいものは補修する
- ロックのできない雨戸には、ロックをつけることが望ましい
- 物置が外にある場合は地面にしっかり固定する
- 枝の張りすぎた庭木は風で倒れないように剪定しておく
- 根付きの充分でない樹木は支柱で支える

②暴風時
- 窓、出入り口、雨戸はロックする
- 貴重品は押し入れや奥まった部屋に収納する
- 落下して危険であるようなものは床に下ろすか押し入れなどに収納する
- 停電中の行動に支障が出ないように室内は整理整頓する
- 雨漏りや窓からの雨水の浸入に備えて雑巾、バケツを用意する
- 水のくみおき

③非常用品
- 懐中電灯（数本）
- 非常食糧
- 飲料水
- 携帯用ラジオ
- 救急薬品
- 赤ちゃんのいる家庭では粉ミルクとお湯を忘れないこと
- 非常用品が入るリュックサック

④チェックポイント
- 屋根などの高所の点検・補修は工務店などの専門業者に依頼する
- 中高層住宅は、停電に備えエレベーターの利用は避けたほうが賢明
- 暴風時の屋外は飛来物が飛び交い大変危険。絶対に屋外へは出ないようにする
- 風がやんだ時、電線が切れている場合があるので充分に注意する

注10）より。

「台風というのは、実際、自分の周りで起こったら興味本位でみてみようと思ってしまう。だが、このような文を読んでみると、生半可に見ることは死につながってしまうという恐ろしさもあるので、そういうことはやめていこうと思う。」

「台風は風だけじゃなく停電とか二次災害を起こすのが怖いと思った。だから日ごろから台風に備えて準備をしたほうがいいと思った。」

生徒たちの感想文を読み、一人一人が真摯に台風被害の大きさに向き合ったことが感じられた。

5 被災者として

筆者自身が19号台風の被災者であるため、この台風を事例としたところが大きにある。被災してから20年以上の月日が流れた。改めてまとめてみると、19号台風以来、猛烈な台風を経験していないこともあり、筆者自身の台風への危機意識も薄らいでしまっていると感じた。今後、地球温暖化により台風が巨大化すると予測されており、九州・沖縄地方以外の地域に住む人々も、来るべき災害に備える必要がある。大きな台風災害を経験したことがない生徒たちが、この教材をとおして、台風を正しく理解し、落ち着いた行動をとれるようになることを願う。

注
1) 気象庁HP http://www.jma.go.jp/jma/index.html
2) パナソニック キッズスクールHP http://pks.panasonic.co.jp/kyoushitsu/library/lib11typh/l11006.html
3) 前掲1).
4) 前掲1)の「風の強さと吹き方」より抜粋.
5) 福岡管区気象台（1993）「福岡管区気象台要報 第48号 平成3年台風第17号，19号調査報告」.
6) 前掲1.
7) 前掲1.
8) 前掲5.
9) 北原糸子・松浦律子・木村玲欧編（2012）「1991 平成3年台風19号」，所収『日本歴史災害事典』吉川弘文館.
10) 長崎県（1992）「住まいの暴風対策－台風19号の教訓から－」.

3-2 伊勢湾台風と避難行動

岩田　貢

事例　三重県楠町（現 四日市市楠地区）

1 伊勢湾台風とその被害

　1959（昭和34）年9月26日午後6時過ぎに潮岬西方に上陸した台風15号は、紀伊半島から東海地方を経て富山県にわたるコースを6時間あまりかけて横断した（図1）。伊勢湾周辺、とくに湾奥の名古屋市周辺の臨海低地部が被った被害は甚大で、後に伊勢湾台風と命名された。全国では5,098名もの死者・行方不明者が出て、これを契機に、1961年には防災体制策定の基となる災害対策基本法が制定されることになった。

　伊勢湾の湾奥を襲ったのは、高潮であった。高潮は、台風や発達した低気圧に伴って海岸で海面が異常に高くなる現象[1]をいう。

　同台風は超大型で非常に強い勢力を有し、上陸時の中心気圧は929.6hPaと、わが国観測史上3番目の値を示していた。この勢力の大きさに加えて、伊勢湾地域の特性が被害の拡大につながった。台風は進路方向の右側がとくに強風となるが、同

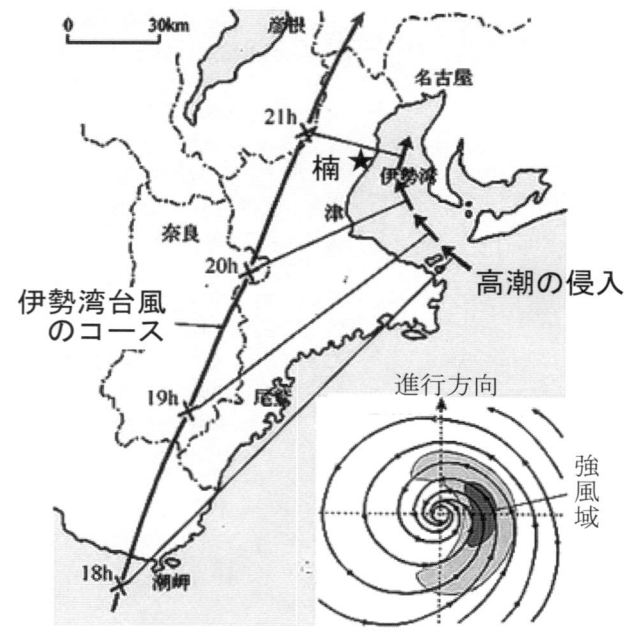

図1　伊勢湾台風の上陸後の進路と海水の吹き寄せ
★は四日市市楠の位置。
防災科学技術研究所HPに加筆。

台風は上陸後、伊勢湾の西側を通過したため、強風が湾の奥に海水を送り込む「吹き寄せ効果」を生じさせた。さらに台風に伴う気圧の低下により1hPaあたり海面が1cm上昇する「吸い上げ効果」が加わるとともに、満潮の接近という悪条件が重なり、午後9時30分頃には湾奥の名古屋港の最高潮位が＋3.89mという異常な値を示すという典型的な高潮となった。その結果、伊勢湾沿岸部の海岸や河川下流部の堤防が220カ所、延長約33kmにわたって決壊し、愛知・三重両県内で4,500名以上の犠牲者を出すに至った[2]。

2 楠町の全町避難

伊勢湾台風における三重県内の死者・行方不明は1,281名[3]を数えたが、楠町（当時）[4]は犠牲者を一人も出さなかったことで注目されている[5]。

伊勢湾北部に位置する楠町は、1959年当時で1万人程度の人口があった。旧町域は東が海に面し、北と西が四日市、南が鈴鹿市と隣接し、北端を鈴鹿川の本流が流れ、南部を同川派流が横切るデルタ地帯である。集落は農地のなかに点在しているが、鈴鹿川の河口付近の川底は耕地面より0.3～1.0m高く、満潮時の海面は約1.6mも高くなる典型的な0m地帯となっている。

1938（昭和13）年8月の水害では、堤防の決壊により2名の犠牲者があり、1953（昭和28）年9月の台風13号では、高潮により20カ所にわたって海岸の堤防が決壊して全町の半分が冠水した[6]。これらの経験から水防は町政の最重要施策にあげられ、町独自に水位計や気象観測機器の設置や、非常連絡用の無線機の整備が進められた。また緊急避難に関する座談会を字を単位に年5～10回開催したり、パンフレットなどで町民の水防意識を高める啓発活動を行っていた。これらのリーダーとなったのが当時の中川薫助役で、朝鮮総督府での治山治水の勤務経験を基に、平常から雨量と鈴鹿川の水位の関係を調査したり、ラジオの気象情報に注意していた。

本台風が接近した9月25日から、町では気象観測態勢を強化し、1時間毎に四日市市港務局と連絡して潮位の情報も得る一方、避難方法を協議するなどの準備に入った。翌26日午前9時には町議会を招集、水防態勢と避難措置を協議し、2,500名の水防団と消防団を待機させた。そして午後1時にはまず海岸付近の90名に立ち退きを、午後4時までに他の地区へも消防車や火の見やぐらの半鐘で避難を指示した。そこで老人や女性、子どもら2,343名が食料や避難用品を携行して8カ所の避難場所に移動した。台風が町西方を通過したのは同日午後9時頃のことであった。結果として、家屋倒壊71棟、床上浸水516棟、床下浸水208棟という物的被害と数名の負傷者はみられたものの、死者は1名もなかった[7]。他方、同じ県北部では、北隣の四日市市で115名、桑名市で199名[8]と数多くの死者が出てしまったのである。

三重県が災害対策本部を設置したのは、9月26日午前11時であった。楠町においては、台風接近の約8時間前に避難が始まったが、台風襲来前で日差しがあり、避難は早計という意見もでた。そのなかで迅速に避難行動に移れたのは、町政関係者が地域特性を熟知し、自ら入手した地元の気象データと短波ラジオによる気象庁からの情報を基にして的確な判断をしたことと、それに応える住民の高い防災意識があったからである。

3 教訓の再評価

1978年に出された『楠町史』では、伊勢湾台風による災害状況（図2）や避難生活の記述はみられるが、当時の避難行動については何も記載されていない。当時も一部の関係者には注目されていた[9]だけで、犠牲者がなかったことが、この避難行動を当たり前のこととして認識し、後世に伝える意識を薄めたのかもしれない。

その後の伊勢湾台風に関する記念誌には被害の

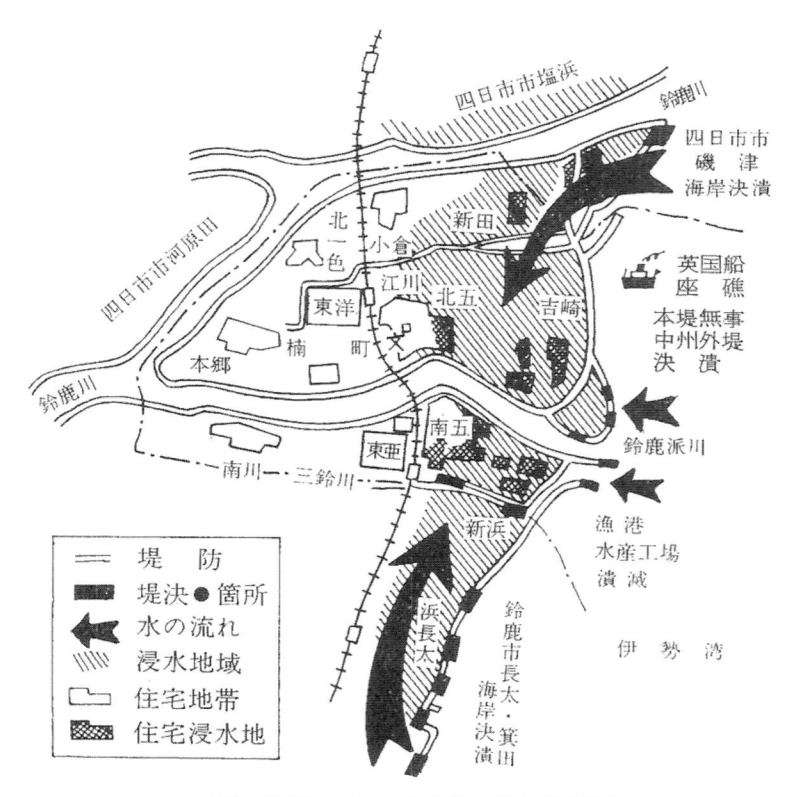

図2 伊勢湾台風による楠町の災害状況略図
注6)より。

状況は載せられたが、この被災時の対応に触れられることはなく、学校での社会科教材においても取り上げられることはなかった。ところが2008年の「1959 伊勢湾台風報告書」において旧楠町の例が記載されたことが、再評価の契機になった。その後も朝日新聞[10]やNHK名古屋制作の地域情報番組[11]で取り上げられ、楠地区の住民自身も改めて知ることになったのである。自然災害に対して全町避難により犠牲者を出さなかったことが、教訓として残る例となっている。

注
1) 国土交通省HP「高潮防災のために」に詳しい。
2) 井口隆（2009）「伊勢湾台風災害の特徴」、防災科学技術研究所研究報告 第75号.
3) 三重県（1961）『伊勢湾台風災害誌』.
4) 2005年に四日市市に編入された。
5) 中央防災会議災害教訓の継承に関する専門委員会（2008）「1959 伊勢湾台風報告書」, 137～138頁.
6) 楠町史編纂委員会（1978）『楠町史』楠町教育委員会.
7) 三重県（2010）『伊勢湾台風50年～迫り来る巨大台風に備える～』.
8) 四日市市役所（1961）「四日市市史」、近藤杢編（1960）『桑名市史 補編』桑名市教育委員会.
9) 高田玄吾（1960）「伊勢・楠町の好例」, 気象32, 気象協会, 9頁.
10) 朝日新聞2009年9月21日.
11) NHK名古屋放送局「超巨大台風にどう備えるか～伊勢湾台風から50年～」2009年9月25日放送.

3-3 カトリーナ災害と
ニューオーリンズの水没

植村 善博

事例 米国、ニューオーリンズ

1 日本の 0m 地帯との共通点

　アメリカ合衆国ニューオーリンズはミシシッピー川最下流の河港として古くから発展し、低湿地に位置するにもかかわらず人口約48万人を有する大都市である。ここはスペイン、フランス、アメリカと支配国が入れ替わり、カナダ、アフリカ、中南米からの移入者も多い[1]。これらが融合した多文化性と伝統的景観は世界的に知られる観光資源であり、ダウンタウンのフレンチ・クオターはジャズが流れる観光のメッカとなっている。産業的には、綿花とサトウキビの栽培、さらに内陸部からの農畜産物の集散・加工と貿易に依存、近年では石油や天然ガスの採掘と石油化学工業の躍進が著しい[2]。

　2005年8月ハリケーン・カトリーナの襲来によって、アメリカ史上最大規模の自然災害が発生した。ニューオーリンズの災害危険性は以前から指摘されていた[3,4]。にもかかわらず、大規模被害が発生したのはなぜだろうか？　以下ではミシシッピーデルタの地形と人工改変の影響、カトリーナ災害の発生要因と被災状況の特徴を明らかにしたい[5,6,7]。本地域の災害環境は東京・名古屋・大阪などの0m地帯と酷似しており、日本の0m地帯の災害を考える教材としても利用することができる。

2 ミシシッピー・デルタの誤解

　ミシシッピー川下流の広大な亜熱帯性デルタの地形や特徴、人間活動との関係は正しく理解されていない。つぎに、本地域の災害環境を理解するために重要な点を指摘しておきたい（図1）。

(1) 後退するデルタ

　ミシシッピー川の泥を多く含む赤茶色の水と鳥趾状デルタから、陸地は前進していると思いこみやすい。しかし、事実はまったく逆。ダム建設による土砂供給の減少、頻発するハリケーンによる海岸侵食、天然ガスくみ上げや圧密収縮による地盤沈下、さらに温暖化による海面上昇などの影響により、先端部を除き海岸線は後退を続けている。1930～90年の約60年間に約4,860km^{2}の土地が消え、最近では年65～90m^{2}の速度で水域が拡大している。

(2) 海面下のニューオーリンズ

　水害から比較的安全な自然堤防の幅は最大でも2～3kmにすぎず、1880年代には開発しつくされてしまった。しかも低地からの比高は1～2mにすぎず、高水位時には越流して被害を繰り返し受けてきた。このため、過去200年以上にわたって盛土や堤防のかさ上げ工事が実施され、堤体幅10～15m以上、堤高は7mにも達している。

　19世紀末からはポンチャトレイン湖との間に広がる湿地に都市域が拡大していった。これには排水路の掘削と堤防の建設、排水ポンプの設置が不可欠である。1950年代にはポンチャトレイン湖岸まで全面的に市街地化した。そのうえ、地盤沈下や海面上昇などで土地は低下をつづけ、海面

下2〜3mの地域がひろく存在する。都市域の7割が海面下に位置するといわれる。また、旧河道の微地形や5〜6千年前頃の浜堤（リッジ）が複雑な起伏をつくり、水害の被害程度や危険度の異なる地区が入り組んで分布する。

(3) デルタを引き裂く運河網

ニューオーリンズ港は河口から175kmも上流に位置するため、輸送上の障害になってきた。これを解決する目的で3本の大規模な運河が掘削されている（図1）。

① Industrial Canal（IC）：ミシシッピー川とポンチャトレイン湖を結ぶ長さ約9kmの運河で、1923年に完成した。この両岸には工業プラントが並んで立地している。

② Mississippi River Gulf Outlet（MRGO）：大型船が直接ニューオーリンズ港に到達できるよう1963年に掘削された。これにより航路が約64kmも短縮されたためバルク扱いの機能が加わり、新工業地区が発展した。

③ Gulf Intracoastal Waterway（GIW）：フロリダ半島を横断し、ルイジアナからテキサス、さらにメキシコ国境に至る延長約1,700kmにも達する長大な内陸運河。海岸線と並行して掘削されており、1930年代に建設が始まり1965年に完成した。

これら大運河の他、多数の水路掘削により海水が侵入し、低湿地生態系が大きく破壊されてしまった。また、高潮が運河を遡上して直接ニュー

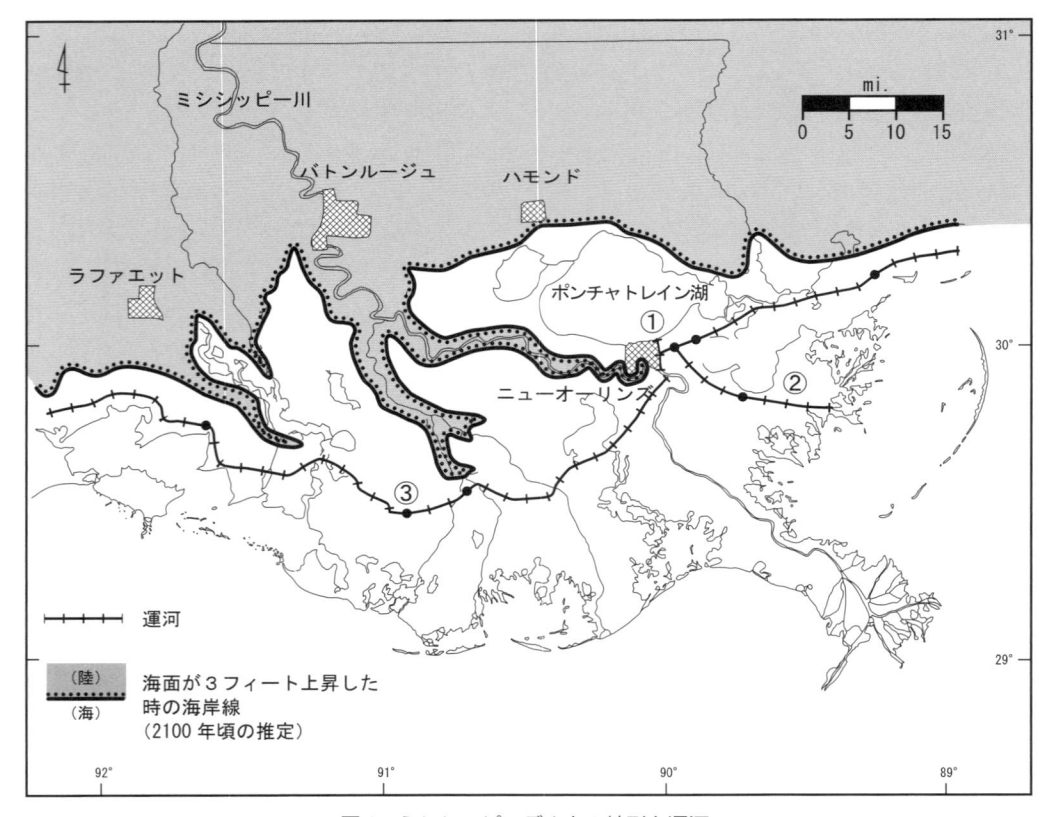

図1　ミシシッピーデルタの地形と運河
① Industrial Canal（IC）　② Mississippi River Gulf Outlet（MRGO）
③ Gulf Intracoastal Waterway（GIW）
Atlas of Louisianaに加筆。

オーリンズを襲う原因ともなっている。運河の浚渫、施設・設備の保守などに膨大な維持経費を要するとともに、堤防の老朽化による危険性が指摘されてきた。これらの保守管理は連邦政府（陸軍工兵隊）の任務であるが、災害対策の責任をもつ州政府との連絡・調整が不充分で柔軟な対応ができなくなっていたことが、被害拡大の背景にあるといわれる。

3 カトリーナ災害の実態とその影響

(1) ハリケーンと高潮災害の実態

8月24日バハマ周辺で熱帯暴風に成長したカトリーナは北西に進んで、フロリダ半島南部に上陸していったん勢力は衰えた。しかし、メキシコ湾に出て再び勢力を急増し、26日にはカテゴリー5に成長した。29日6時10分ルイジアナ州ブラスに再上陸、勢力は920hPa、最大風速57m/sとカテゴリー3に衰えたが、北上してミシシッピー州を通過後29日13時にはカテゴリー1になって衰弱した。

ニューオーリンズではカテゴリー5に発達したことを受けて27日に避難勧告、28日には強制退去命令が出された。これによりニューオーリンズ周辺から約100万を超す人々が退去し、約15万人は市内にとどまった。ハリケーンの低気圧と暴風が高潮を発生させ、堤防を越流、破壊した結果、市街地の約7割が水没してしまった。

越流と破堤の生じた地点を図2に示し、時間経過を要約してみよう[8]。

28日4時30分〜5時、ボーン湖で発生した最大7.8mの高潮が西へ押し寄せ、Industrial Canalに入って水門を破壊、Gentlly地区やNew Orleans East地区が浸水した。8時30分にはMRGOを超えた高潮が防潮堤防を越流してミシシッピー川との間に広がる地区に流入、広域的な浸水が生じた。9時にはポンチャトレイン湖で発生した最高3.6mの高潮が北から南へ進んで湖岸に押し寄せた。防潮堤は壊れなかったが17番街運河およびロンドンアベニュー運河（図2）を遡上し、古く脆弱な堤防が破堤してしまった。浸水域の分布は1959年伊勢湾台風時のそれと酷似しており、海面下の土地が完全に水没した。

とくに、ポンチャトレイン湖に面したLakeview地区やGentlly地区、ミシシッピー川と湿地

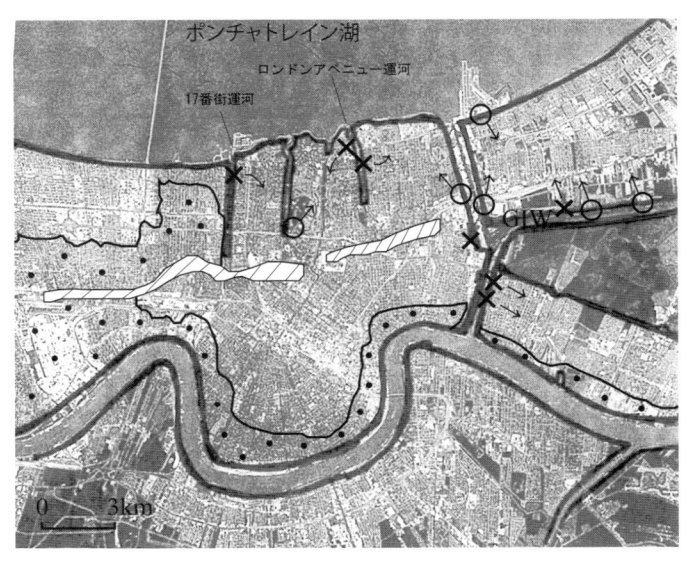

図2　ニューオーリンズにおける破堤地点と越流地点
矢印は流入方向を示す。The Times-Picanyune（2006）より編集。

の間に位置する Lower 9th Ward と Arabi 両地区では水深が 3m を超え、1 階の屋根付近まで水没してしまっている。運河の破堤部付近では流入水により多くの住宅が押し流されてしまった。一方、自然堤防上の Garden District, Uptown, CBD 地区はほとんど浸水していない（図 2、3）。

(2) 深刻な被害

カトリーナによる高潮は運河を遡上、堤防や湖岸に押しよせ越流や破堤が多発、合衆国史上最悪の被害が生じてしまった。死者は 1,350 人に達し、その 8 割がルイジアナ州、とくにニューオーリンズで発生している。犠牲者の発生地点を図 3 に示す[8]。死者の多発地域は浸水深度の大きい地域と一致する。また、中心部での死者の集中発生地点は病院や介護施設などが多い。中心部の死者 853 人中 61 歳以上の犠牲者が 68% を占め、75 歳以上の比率は 45% と約半数を占めている。これらは強制退去命令にもかかわらず市内に留まらざるをえなかった人たちだった。

黒人の死亡率は白人より 14% も高率である。車をもたない貧困層、高齢者や病人、障害者など市内に取り残され孤立した人たちが最大被害者になった。彼らの多くはコンベンションホールやアストロドームに収容され、その後ヒューストンへバスで移動させられた。避難者は住居に戻ることもできず全米各地に拡散、待避することになった。

被害総額は 960 億ドル以上と膨大で、家屋被害 670 億ドル、耐久財被害 70 億ドル、事業資産 200 億ドル、公共資産 30 億ドルなどと推定された。1992 年のハリケーン・アンドリュー災害による約 330 億ドルの約 3 倍に達した。

さらに、次のような深刻な被害も生じている。

①今回の沿岸侵食量は膨大で、波浪や高潮を緩和するバッファゾーンの機能をはたしてきたメキシコ湾岸の低湿地生態系が大きく破壊され、危険度が大きく増大している。

②ミシシッピー沿岸に集積する石油精製・化学工業プラントの被災による化学物質が流出、湾岸の油田から大量の原油が流出して深刻な水質汚染が発生した。

③放棄車のガソリン、家庭ごみや汚染物により土壌汚染も深刻である。

④水産業は漁場と船舶に約 11 億ドルの大打撃を受けている。

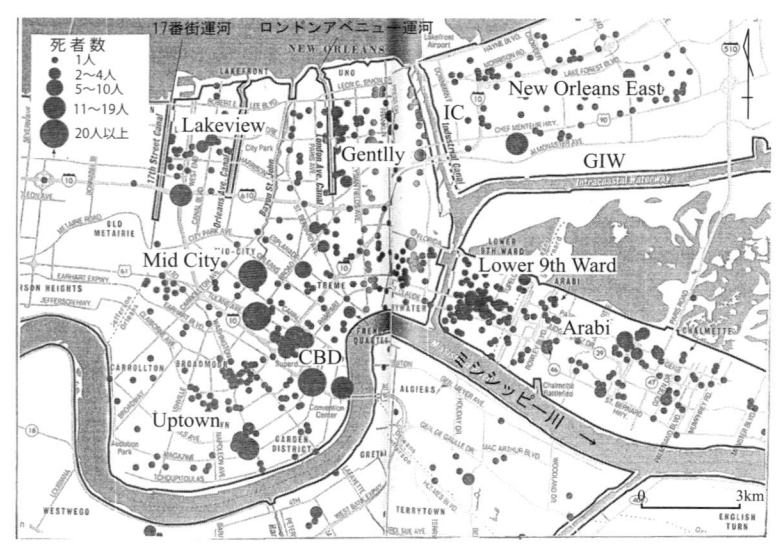

図 3 ニューオーリンズにおける死者の発生分布
The Times- Picanyune（2006）による。

⑤観光産業への悪影響は深刻で、ホテルや観光スポットの直接被害の他、ニュース報道によるイメージの悪化により観光客数が激減した。

(3) 2007年8月の状況

2年後の現地での状況を整理しておこう。

①富裕層の多いLakeview地区は浸水を受けたが、町並みは残っており、修復された住宅やキャンパーバンで生活を続けるようすがみられた。

②New Orleans East地区では建物の大部分が流出し、雑草のなかに宅地跡がむなしく残るのみである。人が住んでいたことすら想像できない状況を呈していた。大きく傾いて放棄された家が点在し、瓦礫撤去のためのダンプカーが出入りするだけ。復興の兆候はまったく見い出せなかった。

③Gentlly地区は粗末な住宅の多い地区だが多くの建物は残っており、修理したりキャンパーバンで生活を維持している家族が半数以下だがみられる。

家を失った現地避難者はFEMA（連邦緊急事態管理庁）が支給したトレーラーハウスに仮住まいするものが多い。生活および再建資金のために借金が増え続け、ローン地獄に陥りやすいという。さらに、物価の高騰によって生活費は災害前より2倍にも増大しており、貯金を使い果たしてしまった家族が多いという。すなわち、低所得者地区では戻って生活する人影もなく、復興の兆候さえみえない。Gentlly地区には軍事基地があり、運河に沿う工業地帯として有利な条件を有しているため、住宅復旧より工業地への転換を政策的に考えているふしもある。ここでは所得格差が復興の速度と対応しており、貧困層の大部分がアフリカ系というルイジアナ州のエスニックな社会構造がそのまま復興状況に現れているといえよう。

(4) 被害拡大の人為的要因

ニューオーリンズの水害危険性と大規模被害の発生予測は繰り返し指摘されてきた。しかし、連邦政府の担当部局であるFEMAは何の対策も実行せず、現地の破堤や大規模浸水による緊急事態への対応、州からの災害支援要請などでも適切な対応ができなかった。さらに救援物資の供給が遅れて大きな非難を浴びた。工兵隊は堤防強化を怠っており、緊急事態に際して堤防決壊の事実をただちに州政府に連絡しなかった。この背景に自然災害対策への予算削減、管轄事業の民営化という根本的な問題が指摘される[9]。

近年、ハリケーンが毎年襲来して市民は数日の避難ですぐに戻ることの繰返しであった。このため、災害対策や緊急事態に対処すべき州政府は避難や救援に対する認識が甘く、住民支援が遅れて大きな批判をあびた。市民には避難に慣れてしまい、最悪のシナリオに対する危機意識が欠けていたといわれる。

注
1) 藤岡ひろ子（1989）「ニューオリンズの都市構造と核心地区」，兵庫地理32.
2) Huber, V. Leonard (1991) New Orleans: A pictorial history Pelican Publishing.
3) Bourne, Jr.J.K.（2004）「海に沈む米国の大湿地帯」,National Geographic 10-10.
4) Colten, C. E. (2005) An Unnatural Metropolis, Louisiana State University.
5) 防災科学技術研究所（2006）「2005年米国ハリケーン・カトリーナ災害調査報告」，主要災害調査第41号.
6) 人と防災未来センター（2006）「ハリケーン・カトリーナ災害における地方行政の災害対応マネジメントに関する研究」，DRI調査研究レポート16.
7) Bourne, Jr.J.K. (2007) New Orleans Should it rebuild ?, National Geographic,212-2.
8) The Times-Picanyune (2006) Katrina The ruin and recovery of New Orleans.
9) 堤 未果（2008）『ルポ貧困大国アメリカ』岩波新書1112.

3-4 地盤沈下と「0 m 地帯」

新井 教之

事例 新潟県新潟市（新潟平野）

1 地盤沈下と 0m 地帯

　地盤沈下が認められた地域は全国的に減少しつつある。しかし、依然として各地で地盤沈下が生じている。平成21年度に年間2cm以上の地盤沈下が認められた地域は6地域で、年間2cm以上沈下した面積は24km²である（図1）。年間最大沈下量は尼崎市で4.2cm、新潟市で2.6cmであった[1]。

　新潟市付近では、1898（明治31）年の水準測量開始以来、年間0.2～0.6cm程度の割合で地表面が低下していたが、1951（昭和26）年頃になると沈下量が増加し、年間沈下量は3～4cmとなった。昭和30年代に入るとさらに沈下のスピードが速くなり、1957年には年間約50cm低下した。新潟港付近では1日あたり4.2cmという記録が残っている。当時、沈下の激しい新潟港周辺では堤防がだんだんと低下し、さらに地盤の高さが全体として下がってくるために、民家や工場がしばしば海水の浸入を受けた。工場が集中する地区であり、浸水による被災額は47.5億

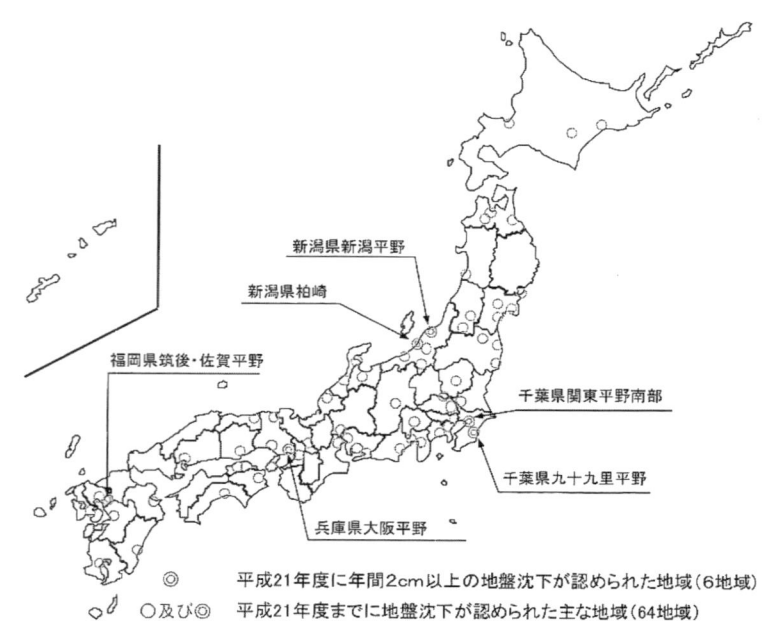

図1　全国の地盤沈下の状況（平成21年）
注1）より。

◎　平成21年度に年間2cm以上の地盤沈下が認められた地域（6地域）
○及び◎　平成21年度までに地盤沈下が認められた主な地域（64地域）

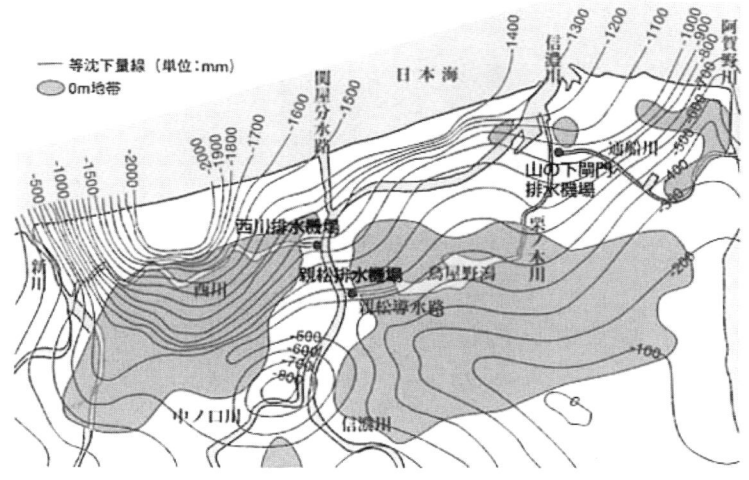

図2 新潟市周辺の0m地帯と等沈下量線図
1959年から1985年の等沈下量を示す。
信濃川下流河川事務所（2007）より。

円、工場生産額の損害は41.5億円（1959年当時）といわれる[2]。こうして地盤の高さが低下するにつれ、海抜0mよりも低い土地が出現した（図2）。いわゆる0m地帯である[3]。0m地帯は新潟平野に約183km^{2}あり[4]、日本全国で濃尾平野370km^2、佐賀平野207km^{2}に次ぐ広さをもつ[5]。

地盤の沈下は、地盤を構成している土粒子間の空隙が小さくなり土の体積が減ることにより生じる。日本の平野における地盤沈下は、主として地下水の過剰な採取に伴う地下水位の低下により、軟弱な粘土層が収縮して発生する。地下水の用途は、工業、農業、水産養殖、水道、ビル、融雪用など多岐にわたる。新潟の地盤沈下の原因については、過去に激しい論争が行われたが、水溶性天然ガスの採取に伴う地下水の汲み上げが主因と考えられている[6]。地盤沈下対策として、1962年の工業揚水法改正、各自治体での条例による揚水規制、ガス採取規制などが取られ、地下水位の低下速度の減少や上昇が認められた。その結果、新潟平野の地盤沈下も沈静化した[7]。地盤沈下対策事業としては、防潮堤の新設改修、河川堤防の嵩上げ、都市排水施設の増設、農地用排水路の改良などの諸事業が実施されている。

2 0m地帯と水害

0m地帯が広がる地域は、ポンプによる排水に頼らざるをえず、短時間に強い雨が降ると水路や排水機では排水しきれず、耕作地や道路、建物が浸水する恐れがある。集中豪雨による排水量がポンプの機能を大きく上まわったことで被害が拡大したのが1998（平成10）年8.4水害である。8月4日、新潟県北部に停滞していた梅雨前線に向かって、南西方向から暖かく湿った空気が入ったため、活発化した梅雨前線の影響で新潟県内佐渡・下越地方を中心に雷を伴う激しい雨が続いた。4日午前零時からの降雨量は、新潟市で1886（明治19）年の観測開始以降最多の265mm/日を記録し、床上浸水1,495棟、床下浸水8,290棟に加え、約2,750haもの田畑が浸水した。

新潟市では0m地帯の広がる西川沿岸や鳥屋野潟周辺で大きな浸水被害を受けた（写真1）。この水害を機に新潟市では災害を防止・軽減するため、排水機場の新設・排水ポンプの能力増強や河川改修が実施されている。

写真1　大雨で浸水した新潟市内 (1998年8月4日)
新潟地方気象台HPより。

　0m地帯は集中豪雨や高潮、台風などの水害に対して脆弱である。1964年の新潟地震では、堤防の破損や地震による津波が堤防を越えたことにより、0m地帯で浸水被害が起きた。堤防が破損しなくても豪雨時には水はけが悪くなり、ポンプが停止するとたちまち洪水になる。新潟平野における0m地帯は人為的な働きかけによって顕在化したが、自然現象としての沈降運動が続いていることから考えると、今後も拡大していくことになる。また、懸念されている地球温暖化に伴う海面上昇は、新潟平野だけでなく0m地帯が必然的に拡大することを意味する。

　環境省では、地盤沈下施策に資するため、毎年、各都道府県および政令指定都市から情報提供を受け、地盤沈下の状況や地下水の利用状況などをとりまとめ、「全国地盤環境情報ディレクトリ」として環境省のホームページにて情報提供している。これらの情報やハザードマップを活用し、自分たちの住んでいる土地の特徴を理解し、災害が生じたときの対応を考えさせたい。

注
1) 環境省「平成21年度　全国の地盤沈下地域の概況」.
2) 新潟地区地盤沈下調査委員会 (1959)「新潟の地盤沈下」第一輯.
3) 1965年の5万分の1修正地形図「新潟」に確認することができる。
4) 環境省 (2011) 全国地盤環境情報ディレクトリ (平成23年度版).
5) 杉谷隆・平井幸弘・松本淳 (1993)『風景のなかの自然地理』古今書院.
6) 青木滋 (1977)「新潟平野の地盤沈下」、土と基礎 25-6.
7) 2011年の年間最大沈下量は、海岸部で0.3cmであったが、内陸部では沈静化の傾向を示している。

4章 地震災害と防災教育

4-1 兵庫県南部地震と震災復興

植村 善博

事例 兵庫県

1 自然災害の頻発とアジア

　地震災害は発生から緊急対応、復旧と復興まで数年から数十年にわたって人と地域に深刻な影響を与えつづける。したがって、それぞれの段階で何が重要で、何のためにどう行動すべきなのかを判断できる力を養うことが大切である。とくに、復興計画はその後の住民生活や地域の全活動を左右し、100年単位でのまちの環境を決定するもので、地域の新しい歴史をつくる作業となる[1]。
　防災教育ではこのような視野にたって地震発生から復興までを取り扱う試み、すなわち災害のサイクル全体を教材化することを提案したい。
　1990～2011年の22年間に自然災害による死者は約110万人に達し、地震による死者が約6.5割を占める（図1）。1年間に約5万人が災害の犠牲になっている。とりわけ、1万人以上の犠牲者をだした大規模自然災害は13回発生しており、その10回はアジア、3回は中南米である。2004年スマトラ沖地震津波で23万人以上、2010年ハイチ地震で約22万人、1991年バングラデシュと2008年ミャンマーでサイクロンによる約14万人の死者発生は歴史的大災害といえ

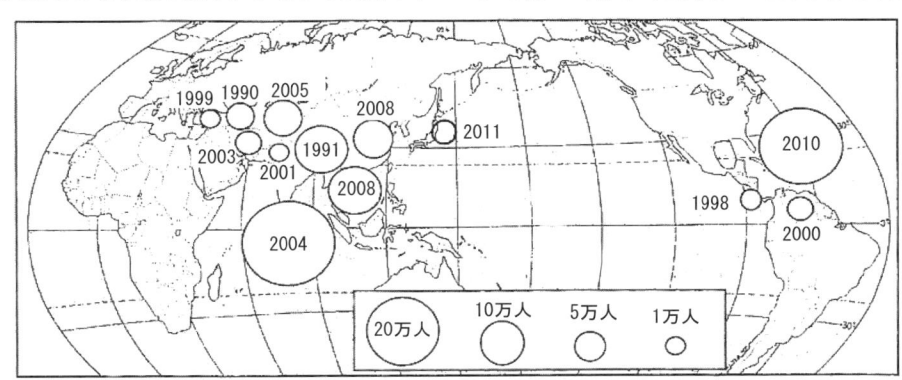

図1　1990～2011年における死者1万人以上の自然災害
「防災白書」などから作成、注2）に加筆。

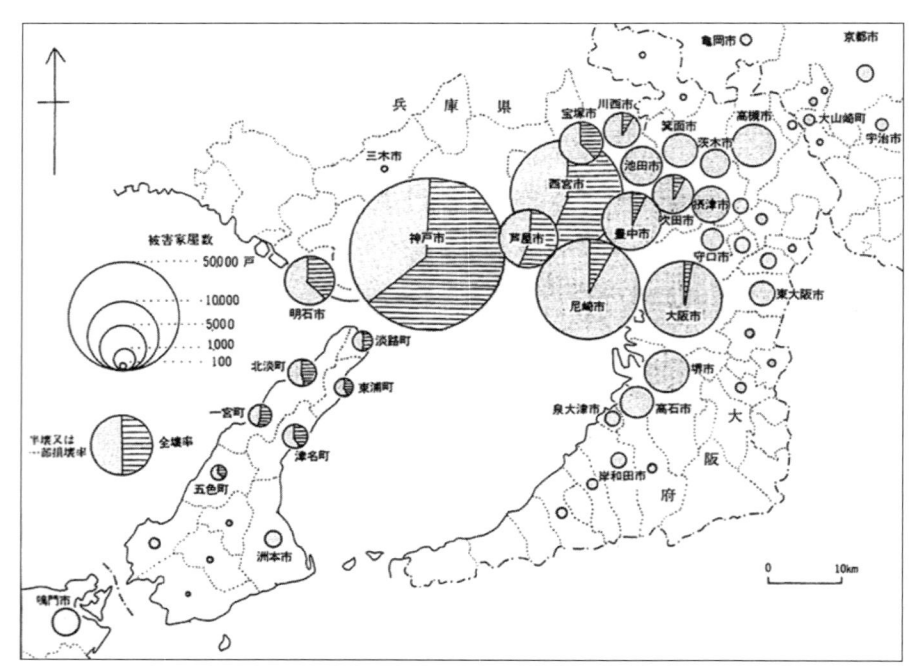

図2　1995年兵庫県南部地震による市町村別家屋被害の分布
各自治体の被害状況報告により筆者作成。注4）より。

よう[2]。

　被害者の9割がアジア地域に集中している。地震災害はトルコ、イラン、インドからインドネシアおよび太平洋西縁のプレート境界域に、水害はインド、バングラデシュ、ミャンマーなどの低地帯に発生している。アジア・中南米では①人口過密で無秩序な都市化が進行し、②国の防災対策や国民の災害意識が低いという拡大要因もあり、災害に弱い社会構造を有する地域といえる。これらを克服するための国際協力と共同作業が求められている。

2　兵庫県南部地震の被害

（1）直下型地震

　内陸地震ともよばれ、活断層の活動によって引き起こされたものをさす。その周期は千年から数万年までという長いもので、普段はまったく静穏である。神戸は地震がおこらないという誤解を生む原因にもなった。1995年に淡路島西岸の野島断層が活動し、神戸・西宮の地下に伏在した断層が連動したと推定されている。活断層は過去の地震の繰り返しの証人であり、将来に活動して地震をおこす可能性のある断層をいう。活断層直上では構造物が地盤の食い違いにより破壊され、至近では強烈な震動により大きな被害が発生するため注意が必要である。その位置情報は都市圏活断層図（1:25,000）などにより確認できる。アメリカやニュージーランドでは活断層付近の新規開発を規制する土地利用制限が実施されているが、わが国では西宮市や徳島県で取り組みが行われているのみで、活断層の危険性は放置されたままである。

（2）被害

　死者約6,400名、全壊戸数約11万戸の大被害が発生した[3]。被害は阪神間の都市域を中心に、鳴門市から泉南、京都など広域にわたり、彦根市や豊岡市でも被害が生じている。図2に近畿中部の市町村別家屋被害の発生分布を示す[4]。野島断層や神戸から西宮、宝塚へ連続する震源断層の

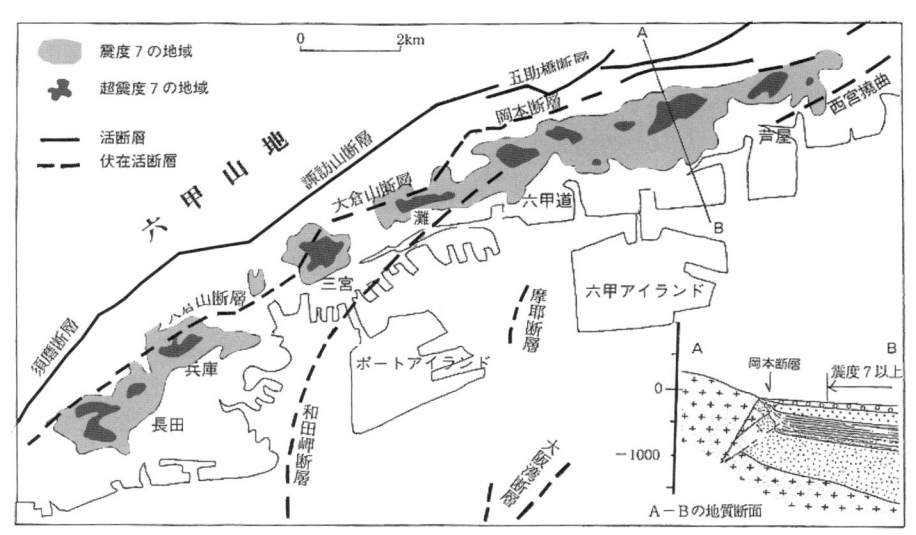

図3　神戸～芦屋地区の震度7以上の分布域と活断層
石川他（1996）などにより筆者編集。注5）より。

至近に位置する地域では全壊比率が約5割に達しており、被害戸数は居住人口の多い過密な都市域で圧倒的に多発した。

神戸市から西宮市にかけて震災の帯が出現した。その震度分布は複雑で、超震度7（木造全壊率50%以上）および震度7（30%～50%）の分布は島状をなし東西に走っている（図3）[5]。これらの分布は段丘や扇状地を横断しており、低地の三角州や埋立地には出現していない。この原因は直下に断層が存在すること、不整形地盤に起因するフォーカシングやなぎさ現象による地震波の複合、断層破壊と地震波伝播速度の違いによる地震波の合成による強いパルス波の発生などが主張されているが、統一見解はえられていない。

一方、建物被害は多くの要因が複合的に作用した結果であり、その発生要因を議論する際には被害のスケールを明確にする必要がある。まず、震度は震央からの距離や活断層との位置関係に支配される。つぎに、災害危険地形である後背湿地や谷埋め盛土部、ため池の埋立て、旧河道などでの表層軟弱地盤の影響があらわれる。そして、建物の年代や構造が個々の被害程度を支配している。

このような被害の面的スケールごとに主要因は異なってくる。なによりも、地震被害が発生したすべての地域で、発生地域と被害実態の調査を実施し、正確な結果を公開、減災に役立てる具体的取り組みが大切であるといえよう。

3　被災地の復興

ライフラインや住宅の復旧、生活と営業の再建、そして、災害に強いより安全で快適なまちづくり、すなわち復興事業が重要である。負の被災を新たなまちづくりのチャンスとする逆転の発想が大切だ。そして、地域住民の意思を結集し行政と専門家とが協議しながら合意による人間と安全を優先する再建計画をつくり、それを実現に結びつける柔軟な施策と法律の運用が優先されなければならない。本震災において、市街地の復興事業は8市4町で253件が実施された。これらの経過と特色を概観してみよう[6]。

（1）経過

神戸、芦屋、西宮、宝塚の各市において、まず、復興の方針や指針を地震から2週間以内の2月8日までに決定した。次いで、建築基準法84条

による2カ月間の建築再建の制限期限が切れる3月17日までに、復興区画整理や再開発の都市計画決定を行った。そのために、復興理念や市、市民、業者の責務、復興促進地域などを定めた復興緊急整備条例を2月16日以降4月1日までに制定している。これらに対して、被災者が不安定な避難状態のなかでは迅速にすぎるという批判がある。

さらに、2月26日施行の被災市街地復興特別処置法により市街地復興推進地域指定域を定め、土地区画整理や市街地再開発などの実施計画が決定された。状況に応じて住宅地区改良事業や住宅市街地整備支援事業などを組み合わせて実施している。また、自力再建の困難な敷地での共同建て替え、被災マンションや市場・商店街には優良建築物等整備事業が活用されている。

（2）事業の特色[7]

おもな事業の種別と内容を以下に示そう。

①市街地再開発事業：神戸・西宮・尼崎・宝塚の各市を中心に30地区。面積63.1ha、平均面

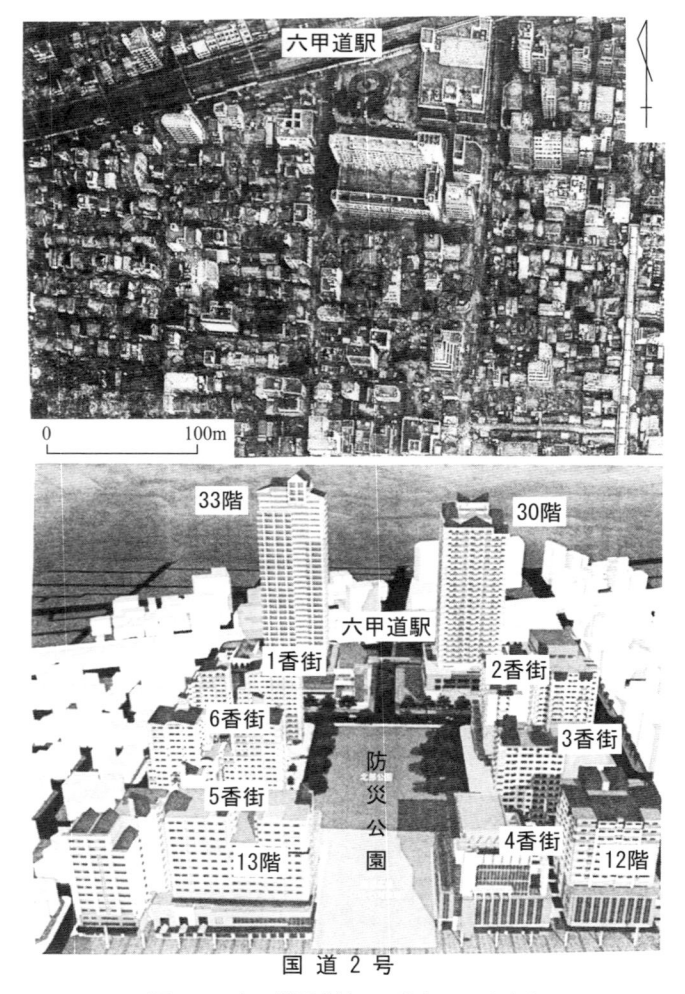

図4　JR六甲道駅南地区の復興再開発事業
上：地震後（1995年1月18日）。
下：CGによる完成イメージ。
注9）に加筆。

積 2.1ha、面積あたり事業費は 156.3 億円である（事例：新長田駅前、JR 尼崎駅前、JR 住吉駅東・西、西宮北口駅）。

②土地区画整理事業：神戸・芦屋・西宮各市を中心に 13 地区。面積 255.9ha、平均面積 19.7ha、面積あたり事業費は 17.7 億円（事例：六甲道駅西、新長田・鷹取、芦屋中央・西部）。

③住宅地区改良事業：尼崎市を中心に 8 地区。面積 30.5ha、平均面積 2.7ha、面積あたり事業費は 43.3 億円。

④密集住宅市街地整備促進事業：神戸・西宮・尼崎・宝塚・伊丹各市と淡路の北淡町などを中心に 20 地区。面積 448.1ha、平均面積 20.1ha、面積あたり事業費は 0.8 億円（事例：JR 西宮駅北、長田東部、淡路島の室津・育浪・郡家など）。

(3) 問題点

①最大の問題は、建築制限が切れる 2 カ月後から無秩序な再建の進行を危惧した行政が一方的に都市計画決定を行ったことである。住民参加のまちづくり協議会の組織化が後まわしになった。大枠だけを行政が決めたと説明される二段階方式は手法的に疑問が多く、住民不在であったといわざるをえない。その後に施行された被災市街地復興特別処置法においては、建築規制が 2 年間認められていたのであり、3 月 17 日強行の必要性はなかった[8]。

②再開発事業では土地、建物とも全面的に事業に依存することとなり、生活への影響が極めて大きかった。超高層ビルの低層部に商業部分を配置しているが、空店舗が目立ち経営が困難になった例が多い。

③区画整理は行政側から決められた事業であり、住民の反対が強い地区もあった。とくに、道路や公園に転用される減歩の住民負担が重くのしかかった。地価の下落などにより合意の形成が難しく、長田駅北や富島地区では事業は大幅に遅延した。住民と対立しながら事業が進められた例が多い。

④密集住宅整備は住民合意が前提となり、道路用地は買いとりが原則であった。これにより新道路を計画し、住宅共同化、集合住宅と戸建住宅を混合して成果が上がったという。

(4) 住民主体のまちづくり

まちづくりの前提として、住民自らが住んでいる地域の歴史や特徴、都市形成の実態をよく知っておく必要がある。そして、まちづくり協議会などを通じて復興事業と計画への合意を形成することが大切である。そのために、弁護士、コンサルタント、司法書士など専門家との話し合い、行政の活動への助成や情報提供など柔軟な支援が不可欠である。

(5) 被災・復興経験と教訓の継承

経験や教訓を継承するために、原資料の整理と保管、記録集の作成、語り部の養成と組織化などが必要である。また、震災の記憶と教訓を風化させないための記念行事、記念施設、犠牲者の慰霊塔と慰霊行事などは重要である。

注
1) 越澤明（2005）『復興計画』中公新書.
2) 植村善博（2011）『京都の治水と昭和大水害』文理閣.
3) 朝日新聞社（1996）『阪神・淡路大震災誌－1995 兵庫県南部地震』.
4) 植村善博（1999）『京都の地震環境』ナカニシヤ出版.
5) 石川浩次・溝口昭二・大鹿明文（1998）「1995 年兵庫県南部地震における建築物の被害判定とその分布調査」、地質学論集第 51 号.
6) 兵庫県（2003）「復興市街地整備事業とその推進方策に関する調査報告書」．および河田恵昭（2008）『これからの防災・減災がわかる本』岩波ジュニア新書.
7) 阪神・淡路大震災記念協会（2006）「街の復興カルテ」2005 年度版総括編.
8) 塩崎賢明他（2005）『大震災 10 年と災害列島』かもがわ出版．および河田恵昭（2008）前掲書.
9) 神戸市都市計画総局（2005）「六甲道駅南地区震災復興第二種市街地再開発事業記録誌」.

4-2 埋立地と液状化被害

辰己　勝

事例　千葉県浦安市

1 平野と液状化

　平野は人々の生活の中心舞台であり、海岸や湖岸に近い場所には、大都市が発達している。平野の地下には軟弱な地層が厚く堆積し、とくに沿岸部には粘土層や緩い砂層が表層部を覆っている地域が多い。さらに、高度経済成長期以降は臨海部に大規模な埋立地や人工島が造成された。そこでは、地震の激しい揺れによって液状化が発生し、建物自体の被災にとどまらず、造成された土地に大きな損壊を与える可能性がある。

　2011（平成23）年3月11日の東北地方太平洋沖地震では、震源からかなり離れた場所でも液状化による被害が大きかった。関東地方では、東京湾岸の埋立地と、内陸部の利根川河岸の旧河道や池沼の埋立地などで、ライフラインの破損と戸建て住宅の被災が注目された。本稿では、はじめに液状化の発生例とメカニズムやその痕跡を解説する。次いで千葉県浦安市の事例を、被災者の声とともに紹介する。それらを踏まえて、開発が進むウォーターフロントや低地での地震災害の軽減に向けて、学校での実際の授業での取り組みを考える。

2 液状化の発生例

　地震による液状化が話題となったのは、1964（昭和39）年6月16日の新潟地震からである。

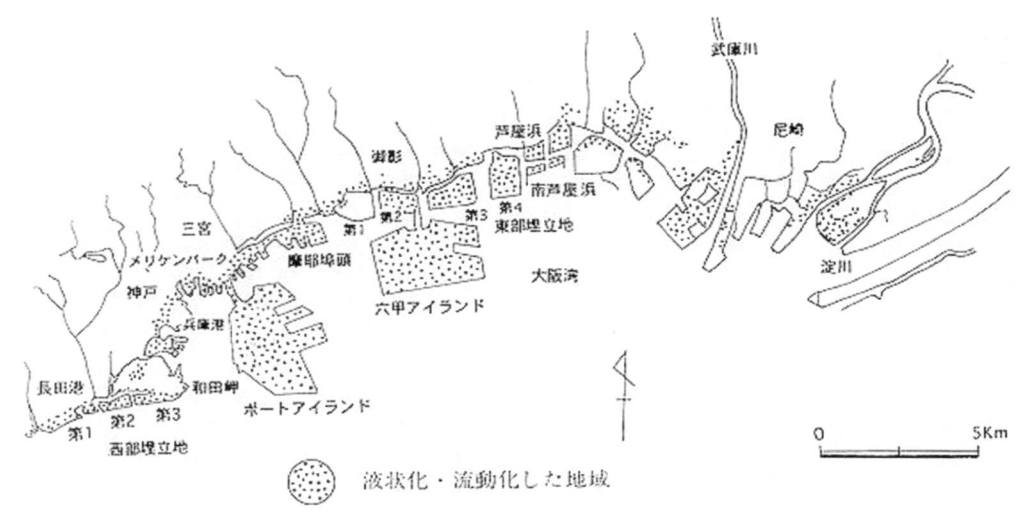

図1　兵庫県南部地震での液状化・流動化した地域
注2）の楡井ほか（1995）より。

東京オリンピック開催の年で、普及した家庭のテレビに映されたのは、4階建てアパートの横倒しや埋没した姿であった。同時に液状化・噴砂、浮き上がりなどの用語が広まった。それ以降、液状化の被害の調査が進み、おおむね震度5以上の揺れで発生することも判明した。また、過去の地震災害の記録から液状化の履歴データが明らかにされた。その集大成として、「日本の液状化履歴マップ 745-2008」がある[1]。これには、西暦416年から2008年までの150の地震による、16,688件の液状化のデータが収録されている。付属のDVDには、5万分の1地形図に発生地点が示され、その位置情報の元になった文献も記載した大著である。

液状化履歴マップの東京湾岸には、1987（昭和62）年12月17日の千葉県東方地震が最新のものとして示されている。このときは、東京湾岸でも千葉市寄りの東岸で多く発生した。浦安市の埋立地では、ごく一部を除いて発生地点は示されていない。これは地震の規模が小さく、震度5を記録した地域が狭かったからである。過去の地震を遡ると、大正関東地震（1923年9月1日）、明治東京地震（1894年）、安政江戸地震（1855年）により、当時の海岸近くで発生したことが図示されている。

大阪湾岸では、1995（平成7）年1月17日の兵庫県南部地震による液状化被害が大きかった。図1のように尼崎・西宮沿岸から神戸市の六甲アイランド・ポートアイランドにかけての埋立地・人工島に集中発生した。そこでは、岸壁の崩壊やグランドでの噴砂がみられ、黄色の水が噴き上がった。これは埋立てに使った土砂が背後の六甲山地の花崗岩砂で、風化したマサ土が含まれていたためである。また、海岸近くでは震度7を記録し、埋立地で人頭大の石まで噴き上がったことが話題になった。その他の地域では、淀川河口付近の堤防で基部が変形するなどの被害も出た[2]。

3 液状化のメカニズムと土地の履歴

液状化は図2に示したように、地表近くに時間があまり経っていない緩い砂の堆積層があり、地下水で満たされており、それに急激な地震動が加わり発生する。そして、砂の粒子どうしが隙間を小さくして固まろうとし、粒子間を満たしてい

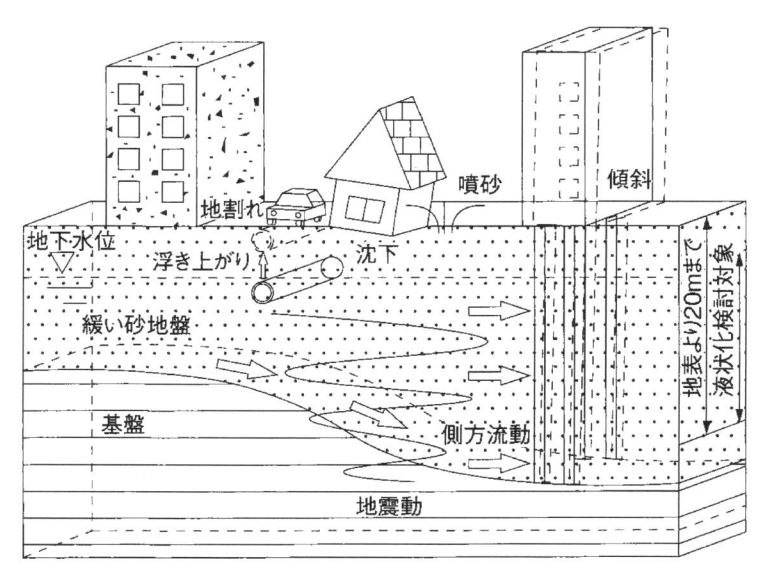

図2 液状化による地盤の被害例
注3）より。

写真1 堤防を貫いた噴砂
3mスケールのある白い部分。滋賀県野洲市堤遺跡、1993年撮影。

た地下水が圧迫され砂は流動する。この状態が「液状化」で、水圧の増した地下水は砂と一緒に地表に噴出する。これが「噴砂」である。とくに、砂の上を覆う粘土質の堆積物などがある場合は、それが蓋の役目を果たし、水圧が上昇して地表の隙間から砂が噴出する。

液状化で噴砂が発生したあとに起こるのは、地面の沈下である。これは場所によって差があるため、地面が波打ったり、建物が傾いたりする。また、地下に埋めた水道・ガス管等が大きな被害を受け、マンホールの浮き上がり現象がみられる[3]。

一方、噴砂は遺跡の発掘現場でも数多く発見されており、噴砂の上下の地層の年代がわかれば、過去の大地震の発生時期を推定できる。写真1のように、堤防を突き抜けた大規模なものも発見された[4]。場所は滋賀県の琵琶湖南東岸で、野洲川下流部の高い堤防を突き抜けている。堤防の下層で発掘された遺物との関係で、地震は1662(寛文2)年の近江若狭地震の可能性が高くなった。したがってこの堤防は14世紀から17世紀の間に構築されたとされる。なお、この近辺の河川では、同様の時期に堤防がかさ上げされており、天井川化していった時期とも一致する。

このような事例は各地で報告され、遺跡の発掘現場では遺物・遺構のみでなく、噴砂の検出や地層の変形が注目された。従来の古文書や古地図の資料とあわせて、地震の発生時期や規模が推定できるようになり、「地震考古学」が確立された[5]。図3は、地中に埋もれた活断層と噴砂跡を検出することで、過去の地震の発生時期を推定するモデルである。最近では発掘現場とともに、工事現場での資料の集積が進み、断層と噴砂の発生時期が判明したものもある。地道に進められた土地に刻まれた歴史を追究する研究の成果である。

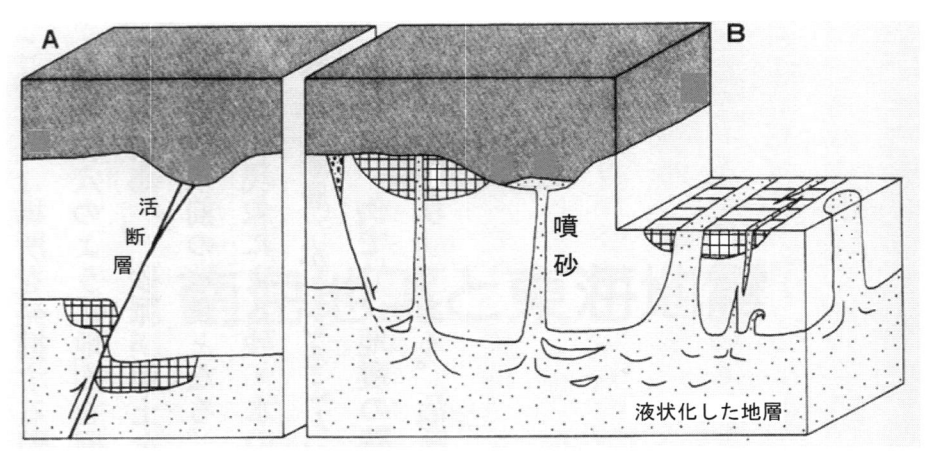

図3 遺跡でみられる地震跡の模式図
A：活断層跡、B：液状化跡。
注5)を一部改変。

写真2　浦安市高洲地区の液状化被害（2012年11月）

4 浦安市の液状化被害と復旧・課題

　東北地方太平洋沖地震では、浦安市は震度6弱を記録し、当時の被害状況は多くの映像や資料で示された[6]。市内の臨海部には東京ディズニーリゾートがあり、今では何事もなかったかのように賑わいを取り戻している。しかし、写真2のように、1年半を経過しても、被災時のままの状態が各地でみられる。そこでの住民（今川地区、2012年11月）の話をもとに、地震時とその後の状況を紹介する。

（1）被災当時の屋内外の状況

　最初の揺れではとくに液状化はみられなかったが、直後の2回目の揺れによっていたるところで液状化が発生した。自宅のガレージでは、数10cmの高さに噴き出した砂が車体の底面に接するくらいになり、タイヤが1/3程度まで埋まっていった。一方、屋内では写真立て一つとぬいぐるみの人形一体が倒れたのみで、本棚や食器棚からの落下もなく、家自体が軟着陸時のような状態で揺れながら傾いてしまった。

（2）止まった日常生活

　液状化により、上下水道、ガスはすべてストップした。ライフラインの停止は住民の日常生活をほぼ不可能にした。とくに下水道の停止は精神的にかなりきつかった。公園などの仮設トイレを使用する日々が続いた。また、噴砂が固まって、市内の至る所ででこぼこになり、強風時には砂が舞い上がって息苦しく、視界不良となった。マスクなしでは外出できなかった。

（3）ライフラインの復旧と住宅の修復

　電気だけは問題なかったが、その後の計画停電により2回停電した（3回目以降は、被災地との判断から計画停電除外地域となった）。ガスは数日後、上水道は約2週間で復旧したものの、下水道は1カ月余（約5週間）使えなかった。

　住宅は大きく傾き、全壊の指定をうけた。約3.5カ月間修復について調査検討し、6月末に工事の契約をした。しかし施工業者のスケジュールが一杯で、実際に着工したのは9月中旬となり、完了したのは10月末だった。とにかく、修復方法がわからず、必要な情報を集めるのに時間がかかった。また、あまり充分な施工法がないことも判明した。個人住宅だけで応急的に傾きをもとに戻す修復は可能でも、地域全体での地盤の補強をどのように進めるかは今後の課題として残ったままである。

（4）復旧に対する要望

　住民からは、以下のことを聞き取ることができた。①ライフラインについては、液状化対策がこれほどまでに不充分だったのは驚いたが、結果的には迅速な復旧だったと思う。②地盤のずれによる敷地の境界の再設定は、2〜3年かかる予定であるが、ライフライン・道路が元通りになるのは未定で、遅すぎると感じる。③個人宅地における

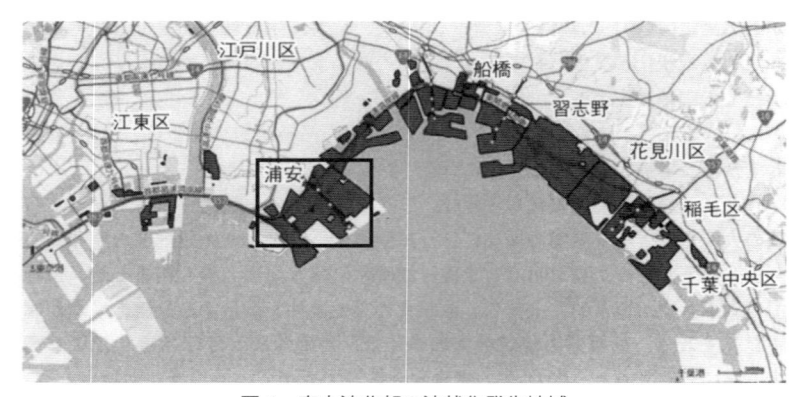

図4　東京湾北部の液状化発生地域
□ は図5〜7の位置。国土交通省関東地方整備局資料（2011）より。

液状化被害からの復旧工法の開発に、企業が研究開発するほど市場が広いと思えないので、国や市はもっと真剣に検討して欲しい。また、液状化の発生の予想される地盤全体の改良は、現状では具体的に進んでいない。

その他として、傾いた家のなかで暮らすことは、個人差があろうが、傾きを無意識に調整しようとして体調不良になる場合も多いこと。また、被災地から都内通勤していたが、通常の生活をしている人とは疎外感のある日々をすごした、などの目にみえない心理的な苦痛を味わったという側面も聞かされた。これに対するケアも充分であったとは言い難い。

5　浦安市での被災地域と埋立地

東京湾岸の北部での発生地点を図4に示した。発生が集中したのは、浦安市から千葉市中央区にかけての臨海部である。明治期の地形図（図5）をみると、現在の猫実付近に集落があるのみで、江戸川デルタに湿田が広がり、海岸近くには江戸時代の干拓地がみられる。東京湾での漁業や遠浅の沿岸でのり養殖も行われていた。

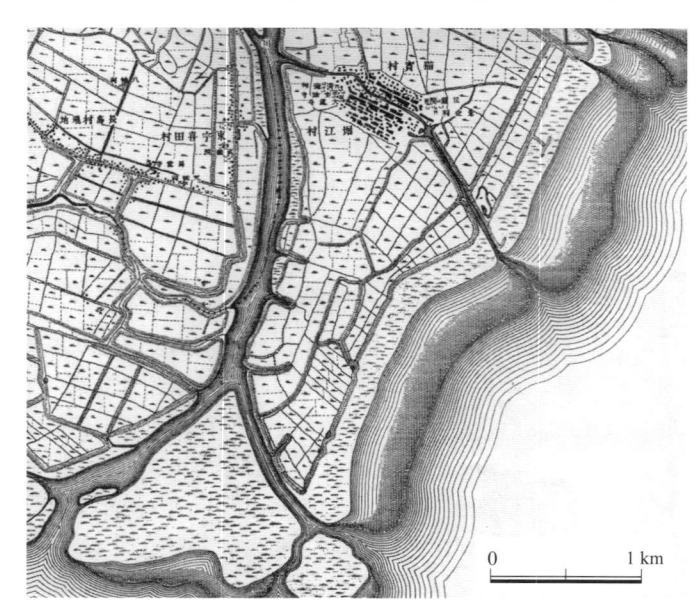

図5　明治13年測量図
北端中央の集落が猫実（図6参照）。
1:20,000「逆井村」（縮小）より。

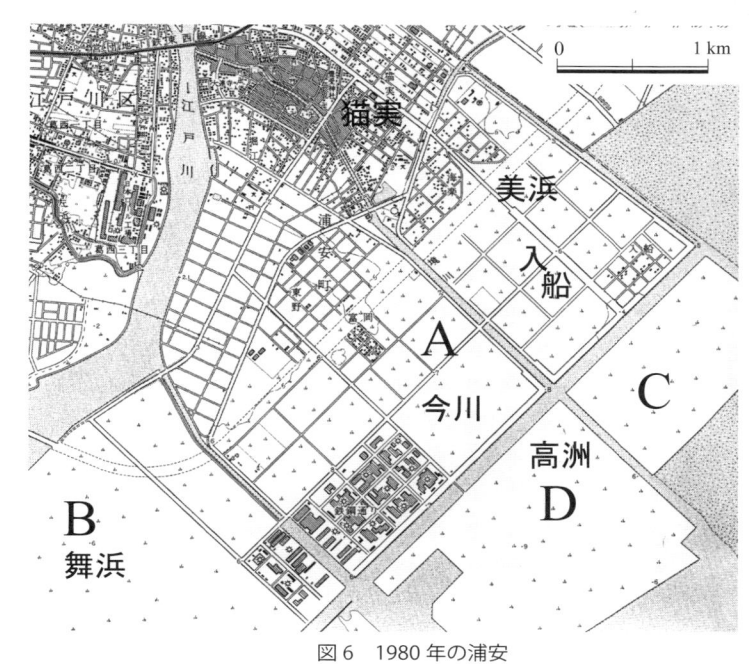

図6 1980年の浦安
1:25,000「浦安」昭和55年修正測量（縮小）。中央のⅠ期の埋立てが完了し、Ⅱ期の造成工事（C、D）が始まっている。

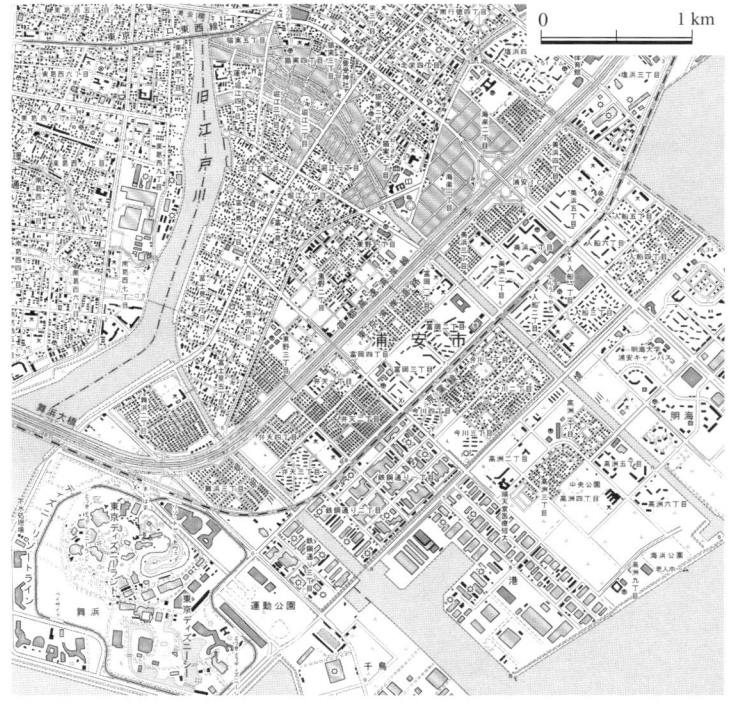

図7 2005年の浦安
1:25,000「浦安」平成17年更新（縮小）。

この海岸に埋立てが計画されたのは、1959（昭和34）年に京葉臨海工業地域に組み入れられてからである。当時は江戸川の汚染が進み、漁業が不振になった一方で、臨海部に遊園地を中心とした土地造成を行う方向性が打ち出された。埋立ては1964年から始まり、住宅地・遊園地用地・鉄鋼流通基地用地の三つを柱にした。第一期工事は図6の北東側の美浜・入船地区から中央部の東野・冨岡・今川地区と鉄鋼通り（図中A）、それに南西側の遊園地予定地の舞浜（図中B）までで、1975年に完了した。市の面積は4.43km^{2}から、11.34km^{2}に広がった。

図6では、第1期の埋立てが完了し、鉄鋼基地の工場群と一部の住宅が建てられ、水路を隔てた第2期の造成（図中のC、D）が始まっていることを読みとれる。当時の入船から今川の海岸につくられたまっすぐに延びる堤防は現在でも残っており、現地でも第1期の埋立て時の海岸線を容易に判別できる。第2期工事として造成されたのは新町地区で、境川を挟んだ明海地区と、高洲地区になる。1980年代には埋立てがすべて完了し、市の面積が16.98 km^{2}と埋立て前の4倍近くになった。人口は1970年には2万人余であったが、1980年に約6.5万人、現在では16.5万人にまで増加している。

図7のように1期の埋立地には戸建て住宅が多いが、2期は高州地区以外では高層住宅が目立っている。今回の液状化の住宅被害は両者

の戸建ての住宅地のほぼ全域である。一方で高層住宅の建物自体の被害はなかったが、写真2のように周辺の道路や公園での液状化被害は各地でみられた。また、高層でない学校などの公共施設では、校舎の破損や校庭・グランドの液状化がひどかった。なかでも海岸近くの浦安南高校（図7の東側範囲外）は敷地全体に被害が及び、8月31日まで船橋市の仮校舎へ一時移転した。これらの被害は市の防災計画の想定をはるかに上まわるもので、2011年3月24日に災害救助法の適用を受けた。

6 授業での実践

　液状化の発生するのは、前記のように、震度5以上の揺れが発生した場所で、臨海部や湖岸の埋立地と、かつての河道や池沼の跡地に多いことがわかった。身近な地域でその場所を探す場合に有効なのは、旧版地形図や過去の空中写真である。

平野部では、明治以降の地形図が入手でき、時代を追って地形改変のようすを知ることができる。空中写真からは戦後の土地利用の変化が判読でき、水田地帯では画像の濃淡から旧河道の復原や地下水位の高低も読み取れる。同時に市役所などにおいて大縮尺の地図（2,500分の1、5,000分の1など）を入手したい。地域によっては、国土地理院から、土地条件図が発行されている。それらから1m間隔の等高線を抜き出すと、旧河道の凹地や、自然堤防の高まりを再現できる。これらの作業を教室で行って、現地でのフィールドワークに向かおう。

　図8は京都盆地の最も低い地域を流れる木津川の下流平野の1m間隔の等高線と、旧河道を図示したものである[7]。左岸の内里から戸津にかけての連続のよい旧河道は、現地でも凹地となっていることが確認でき、古代には有力な流路であったと指摘されている。右岸の生津から淀の方向に

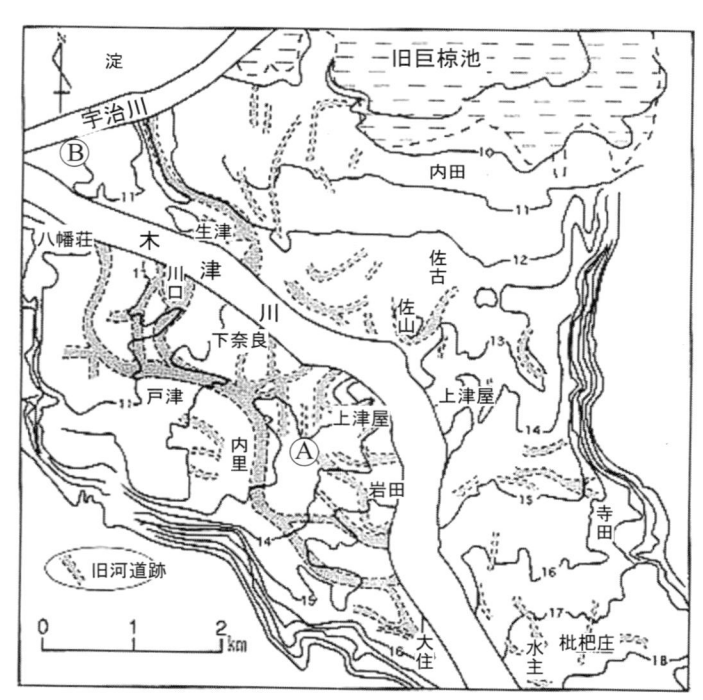

図8　木津川下流平野の旧河道と等高線
等高線は1:25,000土地条件図「京都南部」より20m以下を抜き出す。
Ⓐ Ⓑは噴砂跡発掘地点。注7）より。

向かう幅の広い流路跡は、明治初期までの木津川の本流であった。また、図8中にⒶⒷで示した内里地区と現在の木津川と宇治川の合流点付近の遺跡の発掘現場からは数多くの噴砂跡がみつかり、それが1596（慶長元）年の伏見地震の時に発生したとされている。この地域では、低地にも住宅と工場が進出しており、液状化対策が必要な場所が多いことが判明する。

埋立地や河川の旧河道跡をはじめとして地形に関する学習をすすめる場合、フィールドワークの手法や短時間の巡検に関するテキストも発行されている[8]。それらも参考にして、授業では、読図の基礎から解説し、図から判断できる土地利用や交通網の変化等を指摘させる。等高線や土地利用ごとの着色作業を行うことも有効である。同時に河川や海岸線の変化を、時代を追って調べてみる。現在では市街地となっている場所でも、かつては河川沿いに畑地がみられ、低地は水田が広がり、古い集落は自然堤防や天井川沿いの微高地を利用して立地していることが読みとれる。

それらの作業をもとに、現地を歩いてみよう。市街地を歩いていても、土地のわずかな高低差、街路の形態、古い民家の位置などを手がかりに、自然堤防や、旧河道などを指摘できる。そのためには、教師自身もフィールドワークの手法を身につけたい。日頃から新旧の地形図や空中写真をみて学校周辺を歩き、低地での地形の形成や、変遷を調べておこう。そして、生徒ともにフィールドでの調査を行い、地形を見る目が養成されると、身近な地域に愛着がわき、それが防災意識を高めることにつながっていくのである。

注
1) 若松加寿江（2011）『日本の液状化履歴マップ745-2008』（解説書＋DVD）東京大学出版会．
2) 兵庫県南部地震による液状化被害については以下の文献を参照した。
　・楡井 久・千葉県地質環境研究室液状化・流動化被害調査団（1995）「1995年兵庫県南部地震の液状化・流動化被害—噴れき現象の意味すること」，『阪神淡路大震災緊急合同報告』日本地質学会，109～116頁．
　・日本科学者会議編（1995）『日本列島の地震防災 阪神大震災は問いかける』大月書店．
　・國生剛治（2009）『液状化現象 巨大地震を読み解くキーワード』鹿島出版会．
3) 全国地質調査業協会連合会監修（2012）『絵とき地震による液状化とその対策』オーム社．
4) 辻 広志（1993）「野洲川下流高水敷で発見されたM7.6の地震跡—滋賀県野洲郡中主町・堤遺跡」滋賀考古9，58～66頁．
5) 寒川 旭（1992）『地震考古学』中公新書．
6) たとえば、長尾朋子（2011）「東京湾臨海部埋立地における液状化現象」月刊地理56-6，濱田政則（2012）『叢書 震災と社会 液状化の脅威』岩波書店など．
7) 辰己 勝（1996）「木津川下流平野の地形環境と水害」京都地域研究11，95～109頁．
8) 松岡路秀・今井英文ほか編（2012）『巡検学習・フィールドワーク学習の理論と実践—地理教育におけるワンポイント巡検のすすめ—』古今書院．

4-3　関東大震災における救援と復興

矢野　司郎

事例　神奈川県横須賀市

1　関東大震災の概要

　1923（大正12）年9月1日午前11時58分、関東地方一帯を大きな地震がおそった。大正関東地震である。最初の震源地は相模湾北部であり、地震の規模はマグニチュード7.9であったとされる。相模トラフの西側、北米プレートの下にフィリピン海プレートが潜る境界付近で発生したものと考えられている[1]。

　地震発生が正午近くであったため、それぞれの家庭では昼食の用意をしていた。そのため火災が発生し、関東地方南部の諸都市はさらに大きな被害を受けた、というのが定説である。とりわけ東京は火災の被害が大きく、市街地の大部分は焼け野原となった。死者9万9千人のうち焼死者は7万6千人を占めた。これを関東大震災とよんでいる。

　ところで、関東大震災といえば、このように東京の被害が大きく語られるが、じつは図1のように地震による直接の被害は、東京府よりも震源地に近い神奈川県ではるかに深刻であった。東京府の被害がいわば2次災害である火災であるのに対して、三浦半島東にある横浜市や海軍の鎮守府のあった横須賀、相模湾にある小田原など諸都市では、1次災害である激震による建物の倒壊な

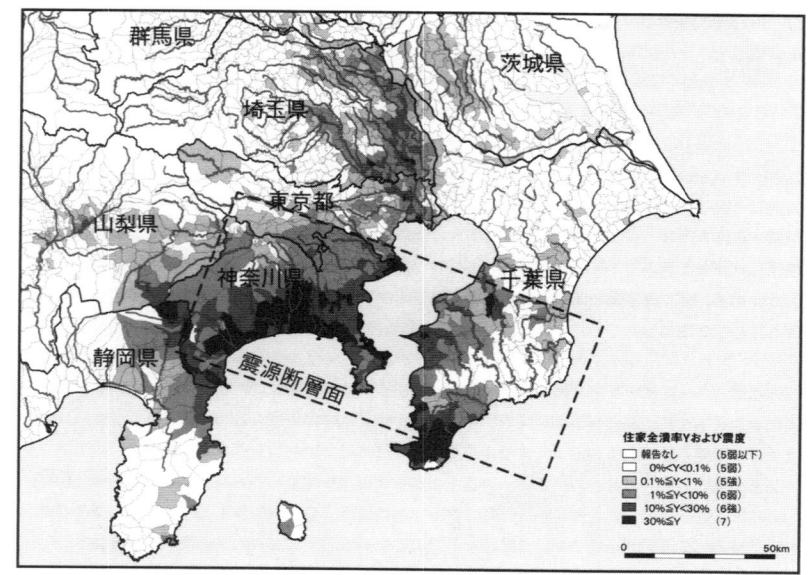

図1　関東全域にわたる住家全潰率および推定震度分布図
注2）より。

どの被害が甚大であった。

ここでは従来、取り扱われることの少なかった関東南部の現在の中核都市横須賀を中心として、関東大震災の被災状況と救援、都市の復興についての過程を紹介する

2 軍港都市横須賀の被害

東京湾の入口にある横須賀は、幕末におけるフランス人の技師レオン・ウェルニーの設計による横須賀製鉄所の建設以来、海軍の街となった。大正期に入ると、海軍工廠は飛躍的に膨張し、次々と大型艦が建造されるまでに至る。全国から集まった工員数も2万人を超え、そのための病院などの福利厚生施設がつくられ、繁華街も形成された。リアス式の海面は埋め立てられ、下町地区は大きく拡充し、外縁部へも発展拡大した。第一次世界大戦後日本では、いわゆる戦後恐慌がおこり、大商店や銀行などの倒産が相次いだが、海軍の街である横須賀は世の不景気とはかかわりなく安定した発展をとげていた。

そこに起こったのが、大正関東地震である。歩くこともできないほどの大きな上下の揺れとそれに続く余震、地割れのために道路や鉄道も寸断された。家は傾き、1890（明治23）年に竣工した海軍自慢の煉瓦造二階の海軍鎮守府庁舎も倒壊した。そればかりではない。軍事施設の被害も大きく、工廠の船台にあった建設中の空母天城や潜水艦なども大破、後に解体された。全市1万6,315戸のうち全壊7,227戸、焼失4,700戸という被害が生じ、ほとんど全滅してしまった。

地盤災害も生じた。横須賀市は半島の台地を切り開いて市街地として発展したために、崖崩れが各所で起こり、家屋が道路にむかって倒壊した。地震発生の8分ほど前に横須賀駅に到着した列車から500人ほどの乗客が降りており、そこに鎮守府給品部横の崖が崩れ落ちてまたたく間に生き埋めにされた。そのなかの60人余は軍港見学に訪れた修学旅行の女学生だったという。また、

写真1　現在のJR横須賀駅

写真2　横須賀駅構内の崩壊現場
大正関東地震で背後の崖が崩壊し、多くの犠牲者を出した。現在も急斜面に家屋が密集している。

始業式のために登校した生徒が教員とともに倒壊した校舎の生き埋めになり、そこに火災が襲うという悲劇も生じた。

火災は飲食店街などで地震直後から起こり、おりからの南西からの強風にあおられ、図2のように海岸通り一帯やドブ板通り一帯に延び、翌2日午前5時まで燃え続けて、焼失面積は12万坪に及んだ。軍事施設関係の損害も大きく、箱崎にあった重油タンクは8万トンの重油が横須賀港内に流出し、黒煙をあげて9日まで燃え続け、付近の漁業にも大きな被害を与えた。

これだけ大きな地震であるから、当然心配されたのは津波である。津波が来るという風評はすぐに起こり、避難民たちは山の手へと逃げた。三浦半島西側の相模湾沿岸では5mに達する津波がおしよせて大きな被害を出した。東側の東京湾の最

図2　1923年の関東地震による横須賀付近の被害
注3）より。

奥部でも1mの津波がみられたという。

　横須賀でも若干の影響を受けた。港内には、日露戦争の時の旗艦三笠が錨泊しており、艦艇の一部が岸壁に乗り上げて破孔が生じたので、後に港外の現在三笠公園になっている海岸まで曳航し、岩盤上に沈礁させた。

　ちなみに現在、横須賀市が発行している「津波ハザードマップ」では、海岸に接するほとんどの市街地が、ランク1の津波警報（3m）が発せられた場合の浸水予想区域にはいり、さらにランク2の大津波警報（5m）の浸水域は京浜急行の汐入駅を越えて、さらに谷をさかのぼって浸水域に入ることになっている（図3）。

3　大震災直後の救援活動

　地震発生時、軍港にもかかわらず艦艇の被害はあまりなかった。聯合艦隊の旗艦長門をはじめとした主力は、渤海湾に集結して大連沖で演習中で

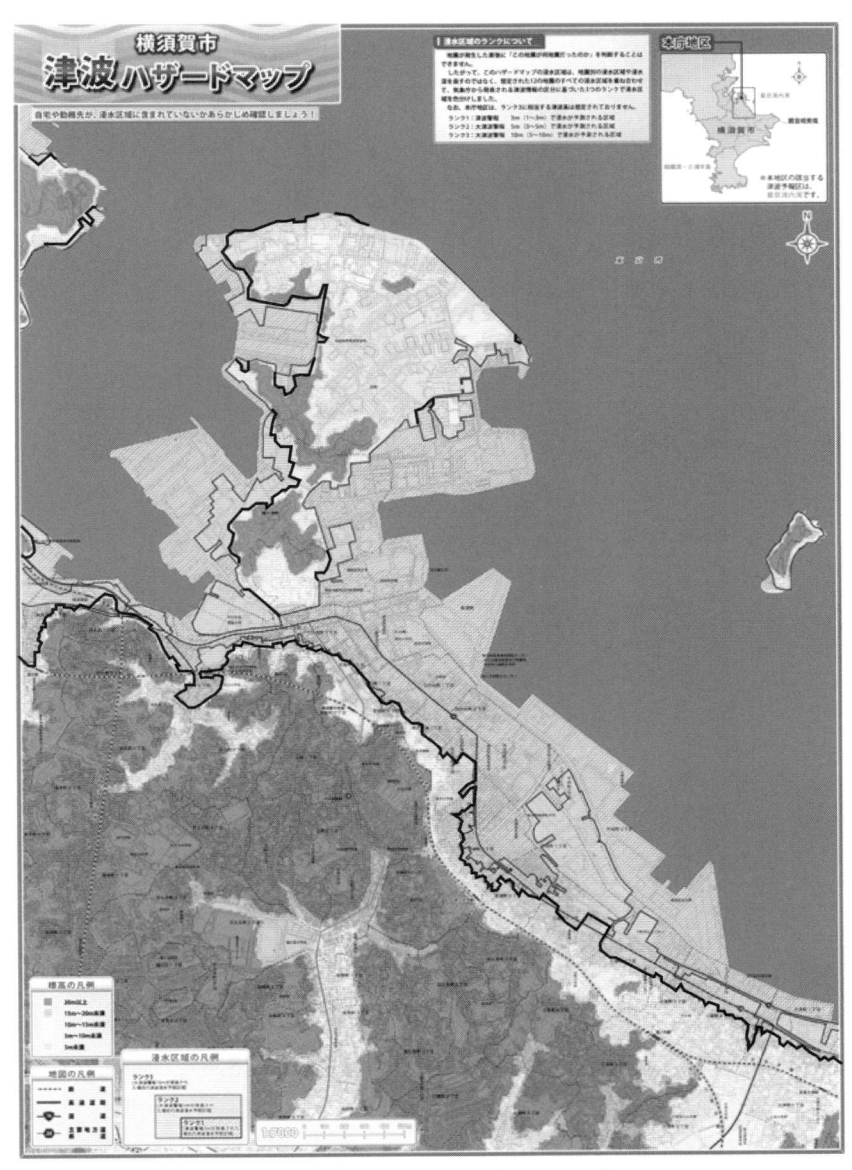

図3　横須賀市本町地区ハザードマップ
浸水区域の凡例が色線で示されている。横須賀市のHPより。
濃い太線：ランク2　大津波警報　5m（3〜5m）で浸水が予想される区域。
薄い太線（海側）：ランク1　津波警報　3m（1〜3m）で浸水が予想される区域。

あった。

「東京・横浜・横須賀が震災で全滅したらしい」という緊急電が午後3時に受信されると演習を中止し、翌日の2日午後4時ごろには、各艦は救援物資を満載して東京へ向かった。そして、5日午後4時20分には、品川沖に第1陣が到着した。司令部は陸上の海軍省内に移設され、救援活動や救援物資の運搬などにあたっている。救援活動のために発信された無線を傍受したアメリカ海軍の艦艇も、救援にかけつけた。海軍省内に設置

写真3 震災の救援活動から帰阪した大阪府救護団のうちの一班
個人蔵。裏書には、「九月十九日午前四時三十分梅田駅着帰阪、午前八時撮影、班長細川技師、酒井防疫監、以下七名看護婦十名」とある。

された陸上司令部が撤去されたのは9月21日になってからのことであった。

演習中であったことが幸いして艦船が無傷であったことは、横須賀のみならず震災の復興に力となった。とくに食糧や救援物資、避難民の移送、罹災地の調査、測量、水の供給などである。合計150隻もの艦艇、3万人余の乗組員によって年末近くまで救援活動が行われた。地震発生翌日の9月2日には航空隊による罹災地の撮影飛行が行われた。復旧活動の重要なデータを提供するためである。

当時の政府は社会主義者・犯罪者などの暴動を恐れた。被災地域には多くの刑務所などがあった。また、地震と同時に刑務所の建物も倒壊したので、囚人たちの脱走の危険性が生じた。そこで、震災で動かなくなっていた三笠や朝日などの旧式軍艦も仮収容所として使われ、治安にも一役買うことになった。

また、9月3日以降、公式に鉄道無賃乗車が認められていたものの、地震によって東海道線が寸断され不通となっていた地域では、鉄道に代わって到着した艦艇が往復し、被災者たちが地方へ移動することを助けた[4]。

4 震災地域への救援活動

東京・横浜、そして横須賀は、震災で瓦礫の山と焼け野原となったが、やがて震災地と被災者への救援活動が本格的に始まった。内務省は9月3日に次官名で各府県知事宛に救護を命じている。近畿地方では京都府がいち早く9月2日午前11時40分舞鶴要港部発、京都府知事宛のものを受信し、医師・看護婦・薬剤師や警察官を派遣している。大阪府では、3日には大阪商船「シカゴ丸」で第1班を派遣、以後、戦艦扶桑などに分乗して救援に駆けつけた。上陸した救援隊は、帝都東京や横浜などの主要罹災地に赴いて不眠不休の救護活動を開始した[5]（写真3）。

5 軍港都市横須賀の復興

横須賀は、幕末の混沌とした町に近代化が推し進められた都市であった。もともと幕府の造船所であった場所を中心に発展し、たび重なる諸施設

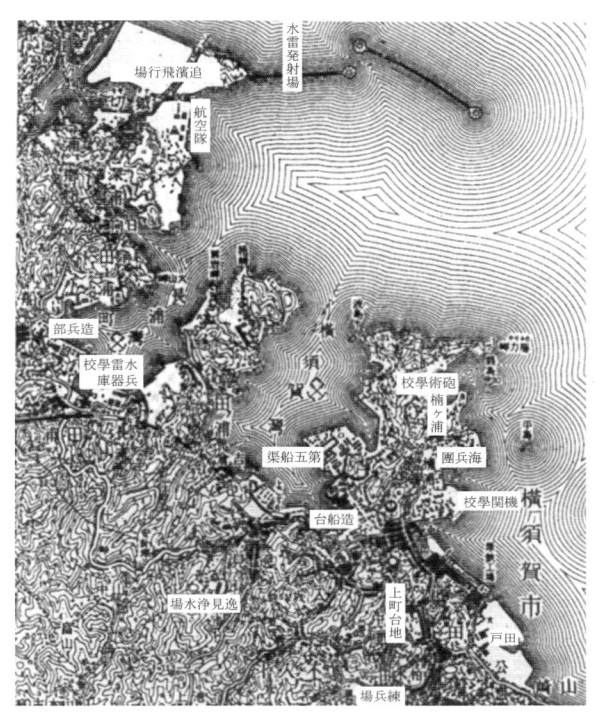

図4　横須賀鎮守府拡大期（1921年）
注6）より。

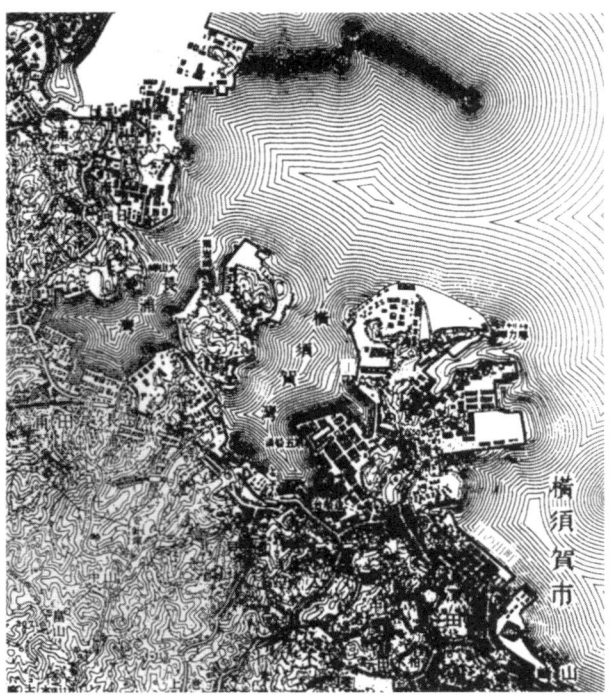

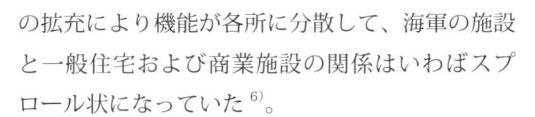

図5　第二次世界大戦終戦頃（1944年）
注6）より。

の拡充により機能が各所に分散して、海軍の施設と一般住宅および商業施設の関係はいわばスプロール状になっていた[6]。

市街地は、市の中心部から海岸沿いに北の楠ヶ浦方面に伸び、機関学校や海兵団のある海軍施設のなかに入り込むようなかたちとなっていた。

震災後は、上町台地に散在していた海軍の施設と民間の土地が交換され、整理が行われ、軍港都市としての集約化がはかられていくことになった（図4、5）。

関東大震災で壊滅状態となった横須賀の復興は、首都に最も近い海軍の鎮守府ということもあって急ピッチですすめられた。後藤新平の帝都復興のように、近代都市が誕生するきっかけとなったことも、震災復興の重要性として特筆すべきことである。

注
1) 震源地については異説があり、2カ所の震源があったという説もある。当時は陸地にしか観測が行われておらず、しかも想定外の震動から地震計が破壊されたこともあって不明な点も多い。
2) 武村雅之（2003）『関東大震災―大東京圏の揺れを知る』鹿島出版会.
3) 横須賀市編集（1988）『横須賀市史市制施行八十周年記念（上巻）』.
4) 倉谷昌伺（2011）「関東大震災における日米海軍の救援活動について―日米海軍の現場指揮官の活動を中心に―」, 海幹校戦略研究第1-2（特集人道支援・災害救援　東日本大震災を経験して）106～138頁.
5) 鈴木淳（2004）『関東大震災―消防・医療・ボランティアから検証する』ちくま新書.
6) 上杉和央編（2012）『軍港都市研究Ⅱ』清文堂.

4-4 阪神・淡路大震災と住宅復興

小橋 拓司

事例　兵庫県神戸市・淡路市

1 阪神・淡路大震災

　阪神・淡路大震災は防災を考えるうえで、避けて通ることができないテーマである。それは、①戦後有数の都市直下型地震により甚大な被害をもたらしたこと、②高速道路の倒壊が示すように安全神話が崩れたこと、③震災復興に多くのボランティアがかかわりボランティア元年とよばれること、④防災教育が注目されるきっかけとなったこと、など枚挙に暇がない。

　この震災に関する資料は膨大で、検討すべきテーマは多岐にわたる。ここでは震災後の復興に焦点をあてたい。一般に地理教育における防災教育では、「自然環境と災害とのかかわり」や「自然災害への対応」が重視されている。また「災害史をたどる」ことも注目されるテーマである。しかしながら、防災教育ではその中間にあたる災害後から数十年にわたる経過については、あまり報告がみられない。

　ここでは、地元紙である神戸新聞記事を資料として復興経過の特徴を明らかにする。次に現在の課題として復興住宅をとりあげる。また被災地と周辺地域の災害に対する「まなざし」の違いにも触れたい。この点は防災教育において、重要な観点となる可能性をもっているように思われる。

　まず最初に阪神・淡路大震災の概要をみていこう。1995（平成7）年1月17日午前5時46分、明石海峡を震源とするM7.3の地震（兵庫県南部地震）は神戸市・西宮市・芦屋市・宝塚市・北淡町・一宮町・津名町（市町村名は合併前）の一部で震度7（激震）を記録し、淡路島から神戸市・阪神地区に大きな被害をもたらした（表1）。とくに神戸市から西宮市にかけての幅約1km、長さ約20kmの「震災の帯」とよばれる震度7の地帯に大きな被害が及んだ（図1）。この災害は、2月14日に「阪神・淡路大震災」と閣議決定された。

　明石海峡にある震源は、淡路島北部にある野島断層の延長線上にあり、この断層が動いたためと考えられる。淡路島北部では約9kmにわたって、水平方向で最大210cm、上下方向で最大120cmのズレがみつかっている。前述の震災の帯はこの延長線上に位置している[1]。

2 新聞報道からみる大震災

　阪神・淡路大震災とその後の記録は膨大なもの

表1　阪神・淡路大震災の被害状況

	人的被害			家屋被害		被害総額
	死者数	行方不明者数	負傷者数	世帯数	棟　数	
兵庫県	6,402	3	40,092	439,608	240,956	99,268億円
全　国	6,634	3	43,792	460,357	249,180	―

平成17年現在。注1）より。

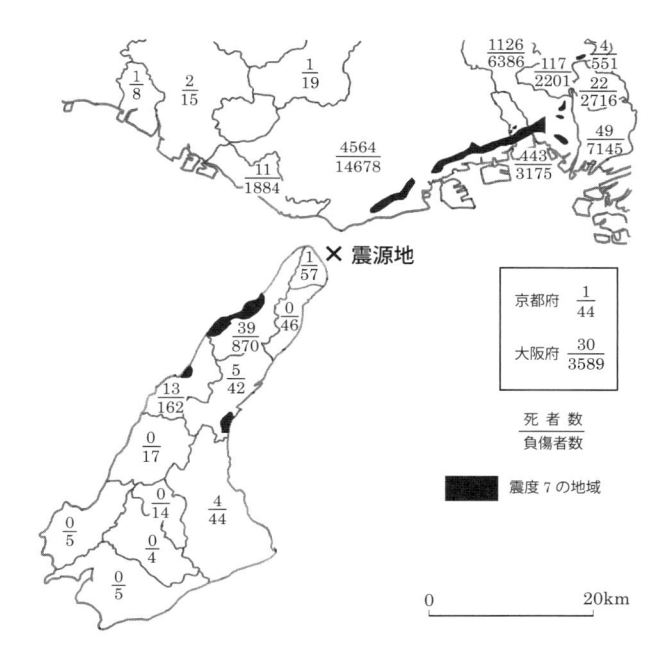

図1 阪神・淡路大震災の地域別被害状況
行政区界は震災当時のもの。
注1）より。

である。たとえば、新聞記事を検索してもあまりにも多く、全体像をつかむことさえ難しい。そこで、神戸新聞のWebサイト[2]の震災特集を活用することにした。この特集コーナーは震災1年目から18年目までの主要な震災関連239記事を掲載したもので（その一部を表2に示す）、神戸新聞がそれぞれの時点で重要と考えられる報道記事を選択し、Webサイトにアップしたものである。記事の変化は、人々の震災に対する関心の変化ともいい換えられる。復興の経年的概要をつかむため、これら239記事のタイトルと内容から、特徴的な項目を抽出し、その時間的傾向をみていきたい（図2）。

項目別にみていく。まず、交通機関・ライフラインなどの復旧については、1997年までにほとんどが終わっている。最後の新聞報道は、1999年3月の阪急電車伊丹線の復旧を伝えるものである。避難所や仮設住宅についても、2000年1月に最後の仮設から転出があったことを伝えており、仮設住宅の事業はほぼ5年で終了したことがわかる。

都市計画や区画整理については、震災直後のかなり早い段階から計画が考えられている。そして、一部地域を除いて、2013年ではほぼ事業は一段落している。また、行政における復興関係の報道では、兵庫県が復興予算の新規事業をゼロにしたのが2007年、兵庫県が復興局を廃止したのが2008年である。こうしたことから、行政が予算を組む新規復興事業は2008年には収束したといえる。その一方で、災害復興住宅に関する報道

表2 震災復興関連記事タイトルの事例

1995/1/24	神戸・阪神間の鉄道網　着々と復旧へ
1995/1/24	被災全地域で停電解消　阪神・淡路大震災
1995/1/31	仮設住宅7万戸確保へ　兵庫県
1995/1/31	仮設住宅、3月末には3万戸完工　政府決定
1995/2/2	仮設住宅への入居始まる　淡路・五色の1次分
1995/2/2	加入電話が10万回線復旧　ＮＴＴ
1995/2/7	神戸市、罹災証明受け付け　被災判定に異議相次ぐ
2012/1/7	西宮市、震災時の球児に記念品贈呈へ　2月甲子園
2012/1/13	災害援護資金、未返済1万3千人に　阪神・淡路大震災
2012/1/13	「東日本」発生、遺族9割「心境に変化」震災17年
2012/1/24	借り上げ兵庫県営復興住宅　入居継続求め署名提出
2012/2/24	南米、アジアなどの記者、阪神・淡路の教訓取材

注2）より。

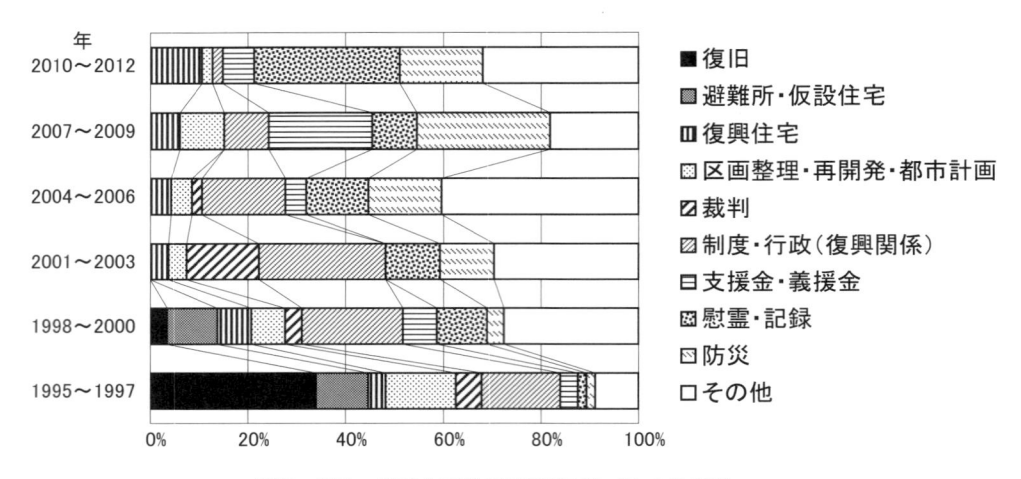

図2 阪神・淡路大震災の関連記事タイトルの変遷
注2) を元に筆者作成。

は増加している。具体的には「復興住宅の独居死」や「県の借り上げ復興住宅入居延長」といったタイトルがあげられる。現状ではこれが喫緊の課題であり、次の節で考えたい。

次に震災の慰霊や記録に関する報道についてみると、こうした報道は時代が下がるにしたがって、比重は徐々に増えている。このことは、時間が経過するにしたがい記憶が薄くなることへの危機感や、次の世代へ伝えることの意義が大きくなったことが背景にあるものと想像される。この過程は、評価は別として、阪神・淡路大震災が「歴史化」していく過程とみることもできよう。

裁判という項目は、震災復興においてトラブルがあり裁判に訴えたり、判決が出たことを報道したものである。また、復興の過程において多くの支援や義援金を受けているが、その報道割合も示してみた。これら二つの項目は復興過程における一断面を示すものと考えたい。

その他に分類される報道は、被害の状況や復興のトピックをとりあげるものが多い。最近では阪神・淡路大震災について、東日本大震災と関連づける報道も目立っている。

こうした新聞報道の経過をまとめると、震災後の復興の流れは復旧から物理的復興、ついで慰霊・記録および防災へと徐々にシフトしていることがわかる。復興がハードからソフトへ移行している結果ともいえよう。

3 災害復興住宅の課題

災害復興公営住宅は、自力再建が困難な人々に良好な住宅ストックを早く提供することを目的として建設された。震災時に木造アパートや長屋形式の住居に住んでいた人たちに対し、大きな支えとなった。兵庫県では約38,600戸が供給された。この災害復興公営住宅団地の建設主体と規模は、表3に示した通りである。

災害復興住宅の課題は、「高齢化」と「独居死」である。災害復興住宅団地（265団地）において、入居者は38,533人（2012年）であるが、このうち高齢者は18,589人であり、その人口割合は48.2％にのぼる。日本の高齢者人口割合が23.4％（2012年）であることから、その割合は2倍以上になる。

高齢者の多くは、住み慣れた住宅から避難所へ、仮設住宅へ、さらには災害復興住宅へと移動している。これにより顔見知りや友人と離ればなれになり、地縁が分断されることになった。この傾向は今後もずっと継続することになる。

表3 団地規模別の災害復興住宅の供給方法

		直接建設	公団借上	民間借上	その他	合　計
団地内戸数	20戸未満	12	2	41	1	56
	20〜49戸	45	9	29	2	85
	50〜99戸	30	12	1	1	44
	100〜199戸	26	7			33
	200〜299戸	21	1			22
	300〜499戸	13				13
	500戸以上	10				10
	合　計	157	31	71	4	263

注3) より。

こうした事態は、独居死の問題へとつながっている。独居死とは誰にも看取られずに亡くなることであるが、災害復興住宅における独居死は、2012年は61人（男性41人、女性20人）にのぼり、2011年より25人増加している。このうち60歳以上は56人である。また2000年以降の13年間では778人が独居死したとされている[4]。

大災害においては、物理的な被害に目がいきがちであるが、その後の復興にかかわる問題も深刻である。息の長い支援、顔と顔を合わせた支援が必要であることを理解したい。

4 被災地域と他地域の温度差

最後に防災教育を行うにあたって、被災者とそうでない者との間にある温度差について考えたい。

堀井は2つの事例を取り上げており、これを紹介する[5]。読売新聞の1995年1月18日朝刊の東京版社会面で、「もし東京で起きたら…」という記事が掲載された。震災から1日しか経っておらず、神戸からの情報が入りにくかったものと想像される。東京都の防災担当や消防庁職員を取材しての記事だが、東京からの視線を伺うことができる。もし、被災者がこれをみたとすれば、「それはないだろう」という感情を抱くだろうことは想像に難くない。

また、読売新聞の1月20日朝刊のがれきから救出された小3児童の見出しを比較すると、大阪版が「小3頑張った58時間、ガレキの下母の死知らず」とあるのに対し、東京版では「9歳生還、お母さんは？」である。同じ記事であっても見出しの付け方がこのように違うのは、大阪版では住民としての当事者意識をもち、被災者に寄り添った報道をしようとしたのではないかと思われる。

これらの事例のように、被災地とそれ以外の地域において、微妙な温度差があるのは、当然であって、善悪の問題ではない。しかしながら、災害時にはこのような温度差があることを認識することが重要であろう。このことは災害地を眺めたり、ボランティア活動をするとき、上から目線にならず、いかに当事者に寄り添う「まなざし」をもてるかが肝要である。このことは、防災教育において人権教育的視点も必要であることを意味している。

注
1) 阪神・淡路大震災記念協会・人と防災未来センター（2005）「阪神・淡路大震災記念 人と防災未来センター図録」.
2) 神戸新聞のHP（神戸新聞NEXT）http://www.kobe-np.co.jp/rentoku/sinsai/
3) 越山健治（2003）「阪神・淡路大震災後の災害復興公営住宅の現状」, 日本都市計画学会第1回関西支部研究発表会講演概要集.
4) 神戸新聞2013年1月12日付.
5) 堀井宏悦（2011）「阪神・淡路大震災報道の検証―東京の記者の記憶から―」, 所収『阪神・淡路大震災像の形成と受容』岩田書院.

4-5 阪神・淡路大震災の震災モニュメントを歩く

立川 稠士

事例 兵庫県神戸市

1 震災モニュメントを見学する

1995年の阪神・淡路大震災で大きな被害を受けた神戸では、時が経過し復興が進むのに伴い、街のあちこちに震災を記録する石碑や施設が設置されてきた。近ごろ、その分布を網羅的に示す試みがウェブ上にもみられ[1]、新聞にも同様の分布図が掲載されることがある[2]。ここではこれらの碑や施設を分布図にならって「震災モニュメント（あるいは単にモニュメント）」とよぶ。

震災モニュメントにはどんなタイプがあるのか。復興した街のどのようなところに設けられるのか。設置されたモニュメントを人々はどのように利用し、維持しているのか。これらを知る目的で、半日程度でモニュメントや街をみてまわる小巡検を考えてみた（紹介するコースは2012年12月と2013年1月、神戸市東灘区および中央区で行った観察に基づく）。

2 神戸市東灘区

震災では市街地の大部分が震度7となり、木造家屋の倒壊が多く発生した。そのなかでも東灘区は、神戸市内で最も死者の多い区であった[3]。同区の巡検は図1の①→⑤の順に見学し、阪神深江駅で解散すれば2時間程度のコースとなる。

①阪神青木駅

普通列車のみ停車する駅。震災後しばらくの間、梅田方面からの電車は青木駅で折り返し運転されており、臨時の終点駅だった[4]。神戸から大阪へ向かう通勤通学者や被災地へ向かうボランティアで賑わっていた。現在、高架工事が進行中。完成すれば風景は一変し、当時を思い出すのは困難になると思われる。モニュメントは見当たらない。

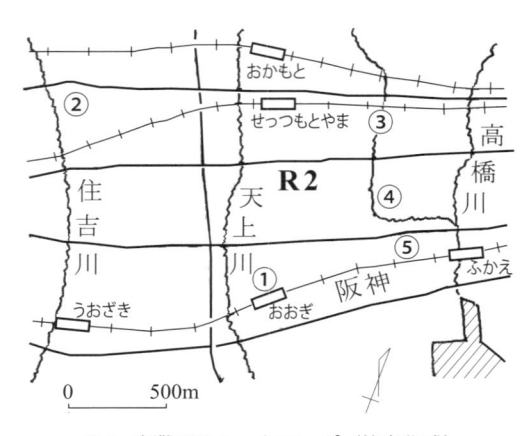

図1 東灘区のルートマップ（筆者作成）

②市立神戸商業高校跡地（西岡本5丁目）

震災後、ここは体育館が避難所になっていた。校舎の一部は倒壊・破損し、立ち入り禁止だったが、使える教室をボランティアが使用していた。グランドには自衛隊が設置したテント群があり、そこに入った被災者もいた。現在高校は移転し、跡地にマンションや特養ホームなどが建ち、当時の面影はなくなっている。モニュメントは見当たらない。

③中野北公園（本山中町2丁目）

公園内の自治会館前に碑がある。裏面には当該3自治会の震災犠牲者名が、小さな文字で多数刻まれている。東灘区のなかでも、死者の多く出た地区のひとつであるという。

④中野南公園（本山南町7丁目）

公園入口のすぐ脇に碑がある。裏面の文末には「発起人　中野南公園テント村自治会」と記されている（写真1）。「テント村」という語が震災直後の被災地のようすを想起させる。ここに限らず、被災地ではあちこちの公園や学校グランドにテント村が設置されていた。

⑤本庄墓地（深江北町5丁目）

墓域の一画に、忠魂碑を中心に並べられた慰霊碑群がある。震災の碑は空襲の碑と隣り合わせである。この地区は1945年の空襲被害が大きかったという。

写真1　中野南公園の碑の裏面

3　神戸市中央区

多数のビルが被災した神戸の都心部を含む区である。⑦〜⑩は三宮（さんのみや）に近接しており、⑥は東にやや離れている。2時間程度。東灘区と通しで行えば半日巡検コースとなる（図2）。

⑥人と防災未来センター

神戸製鋼・川崎重工などの大工場跡地の再開発地区（HAT神戸）の一画にある。最寄り駅は阪神春日野道（かすがのみち）駅または岩屋駅。兵庫県が防災・減災の研究・啓蒙拠点として設立（2002年開館）。入館して各種展示の見学や学習メニューを行うならば、それだけで半日を要するので、ここでは外観を観察するだけとする。建物の西側壁面には、地震発生時刻の5:46amが大きく書かれている。

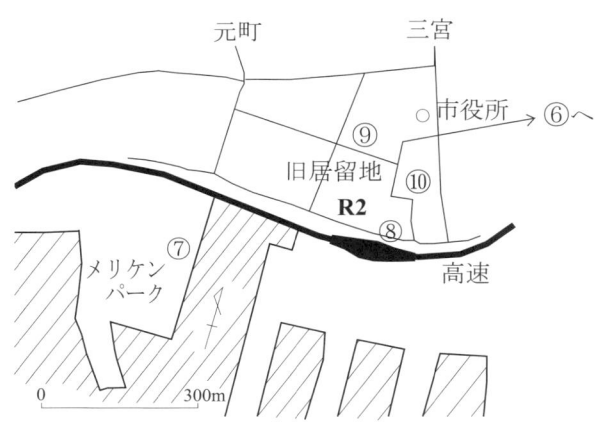

図2　中央区のルートマップ（筆者作成）

写真2　神戸港震災メモリアルパーク

⑦神戸港震災メモリアルパーク
　メリケンパークに、液状化して破損した岸壁の一部がそのまま保存されている（写真2）。そのわきには説明板が設置されている。
⑧阪神高速の橋脚
　東遊園地の南、京橋出入口の北側、国道2号線沿いにある。折れて鉄筋がむき出しになった橋脚と、変形した継ぎ目板が道路脇にあり、説明板も設置されている（写真3）。

写真3　阪神高速の橋脚

⑨神戸ルミナリエ
　1995年以降毎年12月に旧居留地・仲町通と東遊園地を会場に開催。訪れた日はちょうど今年度の最終日で、夜の点灯に向けて準備が始まったところ。豆電球の支柱の下を車が通過している昼間のようすを観察できた。
⑩東遊園地
　神戸市役所の南側に隣接する都市公園。園の南端には、⑩-1「慰霊と復興のモニュメント」と⑩-2「1.17希望の灯り」が設置されている[5]。⑩-1の噴水池の地下には、震災犠牲者の銘板があり、慰霊の空間に水底からの日光が注ぐ。⑩-2には昼夜を問わず灯りがともし続けられている。園の北端にある⑩-3「マリーナ像」は女神の掲げる時計の針が5時46分を指したまま止まっている。1月17日には「1.17のつどい」がここで開催される。

4　実物モニュメントと慰霊碑

　震災モニュメントにはさまざまな性格・目的のものがある。多くは慰霊・追悼を目的とするが、そればかりでなく、被災状況の保存・被災生活の記録・自然現象の痕跡保存を目的とするものもある。後者のように、被災した実物（の一部）をモニュメント化したものを「実物モニュメント」と仮称する[6]。観察した⑦と⑧は、都市のインフラストラクチャーの被災状況を保存したモニュメントである。両者にはコンクリートの構造物という共通点もあり、もともとみえやすい場所に立地することや敷地に余裕があったことが、モニュメント化の契機であろう。
　他方、種類によってはモニュメント化しにくいインフラもある。鉄道には、実物モニュメントは見当たらないし、上下水道・ガス・電気施設も同様に被災した実物は残らない。建築物にも実物モニュメントはない。数多く倒壊した木造家屋は素早く解体され、がれきとともに撤去されて更地となったし、被災したビルも程度に

よって解体あるいは補修されて被災の姿は残らない。ただ、更地のまま取り残された土地も復興した市街地のあちこちに散在しているが、これらは意図しない実物モニュメントとみることもできるだろう。

被災生活の記録はモニュメントとしては残りにくい。被災直後のさまざまな応急処置・施設は残らないのが当然でもある。部分損壊の家屋の屋根にかけられたブルーシート、避難所やテント群、臨時の終点駅（観察した①と②）、仮設住宅もそうである。そんな中、④の碑文に「テント村」と刻まれているのは注目したい。

自然現象の痕跡を保存して実物モニュメント化したものとして、地震断層が保存され博物館になった淡路島の例[7]をあげておく。

大部分の震災モニュメントは慰霊・追悼が目的の碑や施設である。観察した③、④、⑤、⑩-1、⑩-2が該当する。市、自治会、NPOなど公的・準公的団体が設置に関与する。今回観察していないが、学校に建てられた碑も多数ある。

5 日付・時刻の数字の意味

地震発生の日付である1.17や時刻の5:46という数字はモニュメントに大きな意味をもっている。時計を掲げる女神像の⑩-3は震災前から公園にあり、地震で倒れた際に時計が止まった。再建の際に時計を止めたままとしたので、像の機能は時を示すものから震災を記憶するものに大きく変化した。先述したように、兵庫県が防災・減災の研究・啓蒙拠点として設立した⑥は、ビルの壁面に大きく5:46amと書かれており、ビル自体がモニュメントにもみえる。

モニュメントではないが、開催期間が12月半ばで、1.17より1カ月ほど早いにもかかわらず、⑨は震災関連行事のひとつと認識されている。震災からの復興を願って1995年に始まったことや、会場の終端が⑩-1のある東遊園地であることも、この認識を支えている。しかしなによりも冬の夜、光のイベントという共通性が1カ月後の「1.17のつどい」を連想させる。

6 「1.17のつどい」に参加する

「1.17のつどい」は震災発生日時に合わせ、市民団体と神戸市が共催して東遊園地で行われる追悼行事である。そのため無宗教だが、行事の細部を観察すると、いろいろな道具立てに宗教色もみえる。また、モニュメントと行事の関係も、人々がモニュメントにどのような意味を与えているかが見えて興味深い。それらを順にみていこう。なお、開始時刻が早朝なので神戸市以外から参加するには前夜から宿泊するなど工夫が必要である。

前日から園内グランドに並べられた何千本もの竹灯篭（たけとうろう）のローソクに5時ごろから点灯する。⑩-2「1.17希望の灯り」から分けた火で、多数の人々の手によりローソクは点火され、まもなくすべてのローソクは光を放つ[8]。竹灯篭は、上空からは1.17の数字にみえるが、そばでみると、まるで万灯会と変わらない。

5時46分黙祷が始まる。スピーカーから「1.17希望の灯り」の台座に彫られたメッセージが流れる。竹灯篭のまわりの人々は大部分炎に向かって手を合わせている。

黙祷が済むと、⑩-1「慰霊と復興のモニュメント」で献花が始まる。しだいに夜が明けてくる。茎を取った花弁だけの白菊を池に浮かべる。日がのぼると花弁が水面を漂うようすがはっきりみえてくる。地下の慰霊の空間にも花弁の影が漂う。

グランド北隣にある石畳の広場の北辺に、前日に但馬（たじま）地域から運ばれてきた雪で雪像が8体つくられ、並ぶ。また東辺には黄色いカザグルマ（5弁の花？）も置かれている（写真4）。広場中央には3.11の数字の形に竹灯篭が設置され、東日本大震災を念頭に14時46分にも黙祷し、夕方には竹灯篭に点灯している。

写真4　カザグルマ

注
1) HANDS 災害モニュメントマップ。ここでは、阪神・淡路大震災のモニュメントに加えて、東日本大震災関連のそれもグーグルマップ上で検索できる。
2) たとえば、神戸新聞 2013 年 1 月 17 日第 2 朝刊 4-5 面「震災モニュメントマップ」.
3) 神戸市の死者 4,654 名のうち、東灘区は 1,468 名で、うち窒息・圧死が 1,041 名であった（2005 年 10 月現在）。神戸新聞社編（2005）『守れいのちを完結編―阪神・淡路大震災 10 年報道』による。
4) 1995 年 1 月 26 日から 2 月 10 日まで。朝日新聞社編（1996）『阪神・淡路大震災誌』、693 頁、697 頁による。
5) 神戸市 HP によれば、⑩-1 は、「…震災を記憶し、復興の歩みを後世に伝え、犠牲者の慰霊と市民への励まし、…を目的」として設置実行委員会の募金活動を経て 2000 年に設置され、一方、⑩-2 は、「やさしさ・思いやり・生きている証としての灯をともしたい」という提案により追加設置されたという。
6) 新聞では、東日本大震災の津波で打ち上げられた漁船や被災した役場庁舎の保存の賛否を伝える記事で、それらを「震災遺構」と表現している。朝日新聞 2013 年 3 月 12 日より。
7) 淡路市の北淡震災記念公園にある野島断層保存館（1998 年開館）。公園内には断層によって塀がずれた民家も保存されている（メモリアルハウス）。なお、岐阜県本巣市の地震断層観察館は、1891 年の濃尾地震でできた根尾谷断層を観察できる施設（1992 年開館）。
8) 他の地域への分灯も行われる。たとえば、3 月 7 日には宮城県川崎町に設けられたガス灯点火の種火として分灯された。朝日新聞 2013 年 3 月 8 日による。

5章 津波と防災教育

5-1 南海地震津波と「稲むらの火」

岩田 貢

事例 和歌山県広川町

1 津波の発生の原因と特徴

「津波」とは、波の静かな"津"に突然おそろしい災害をもたらす"波"という意味[1]で、「tsunami」の語は国際的にも使用されている。多くの津波は、海底地震の発生に伴う広い海水面の急激な上下変動が原因となって生じる[2]。台風などによって発生する高潮を風津波や暴風津波と表現することがあり、それらと区別する意味で地震津波ともいう[3]。この他、津波は海底火山や海底地すべりなどによっても生じる。

通常の波は水の上下運動が表面を伝わるだけであるが、海底地震による津波では、震源が比較的浅いと海底自体が上下することになり、海面も連動して上下して、それが波となって周囲に広がっていく（図1）。また、人が感じる振動は小さいのに断層運動の規模が大きい地震が大きな津波を発生させることがあるが、この地震のことを津波地震とよぶ。

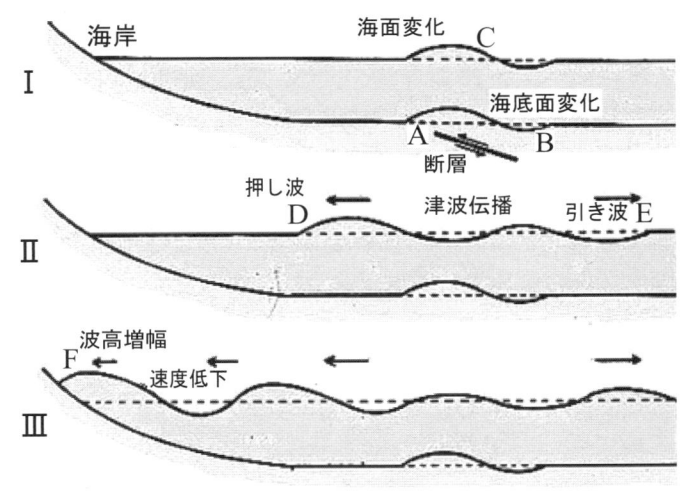

図1 津波発生模式図
海底面の変化（A-B）がそのまま海面の変化（C）に置き変えられ、海面が上がった方向へは押し波（D）が伝わり、海面が下がった方向へは引き波（E）が先行する。
水深の浅い海岸の近くにきて速度が遅くなると、後からくる波が追いついてきて重なり（F）、波が高くなる。
注4）より。

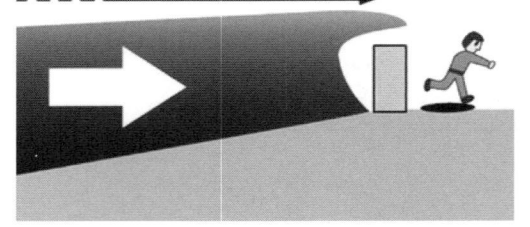

津波：海底から海面まで海水全体が押し寄せる。　　　　　波浪：海面付近の海水だけが押し寄せる。

図2　津波（左）と波浪（右）の違い
注5）より。

　風によって起こされる風やうねりなどの波を、合わせて波浪という。津波が波浪と異なるのは、波長である。波浪の波長はせいぜい数m～数百m程度であるが、津波の波長は数km～数百kmにもなる。したがって津波の場合は、波高が50cmであっても膨大な量の海水が押し寄せてくることになる（図2）。

　津波の高さは海岸付近の地形で大きく変化する。V字型の湾の奥などでは局地的に高くなることがあり、平坦な海岸平野なら津波が陸地に広く侵入することや、河川沿いでは大量の海水が遡上することもみられる。発生した海水の上下動がとくに規模の大きなものであれば、津波は巨大化する。

　津波には、押し波と引き波とがある。海の沖合から海岸に向かう場合を押し波といい、逆に海岸から沖合に向かう場合を引き波という。海岸に到達する津波の第1波が、押し波になるか引き波になるかは、津波発生の原因となる海底の振動の性質や、周辺の海底地形によって異なる。

　津波が伝播する速度は、水深が深いほど早い。たとえば太平洋のような水深5,000m程度の海洋なら時速約800kmとジェット旅客機並みの速度に達し、水深500m程度なら時速約250km、水深50m程度なら時速約80kmというように、予測がつく。そこで気象庁は、発生した津波が任意の海岸に到達する時間を、発生場所とそこから海岸までの水深分布を基に数千通りものパターンを想定したシミュレーションから算出している。その流れを整理すれば、［地震発生］→［地震発生時刻・発生位置・規模の決定］→［データベースの読み出し］→［沿岸地域に津波警報・注意報発表］ということになる。

　津波が襲来した海岸では、押し波の際には膨大な海水の圧力にさされ、その後しばらく水に浸かり、再び引き波にさらされるため、大きな破壊力によってあらゆるものが巻き込まれて流失してしまう。被害としては、人命が失われるだけでなく、広範な沿岸部にわたり集落や港湾施設・工場施設などが破壊されたり、各種漁業施設が流失させられたり、船舶が陸上に打ち上げられたり、耕地に海水が入って塩害が生じたりするなど、広範なものへの影響がみられる。

2　南海地震のメカニズムと発生の可能性

　地球の表層部は、数10～200kmの厚さをもつ十数個のブロック状の固い岩石の層で覆われている。この板状の岩石の層はプレートとよばれる。とくに日本列島周辺の海洋では、地球の表面を構成する複数のプレートが押し合って引き込まれるところに海溝が形成されている（図3）。

　海溝とは、細長く深い溝状で両側が急斜面の地形をさす用語で、ふつう最深部が6,000m以上のものをいう。海溝に比べて浅くて幅が広い地形は、トラフ（舟状海盆）とよばれる。海溝とトラフは、

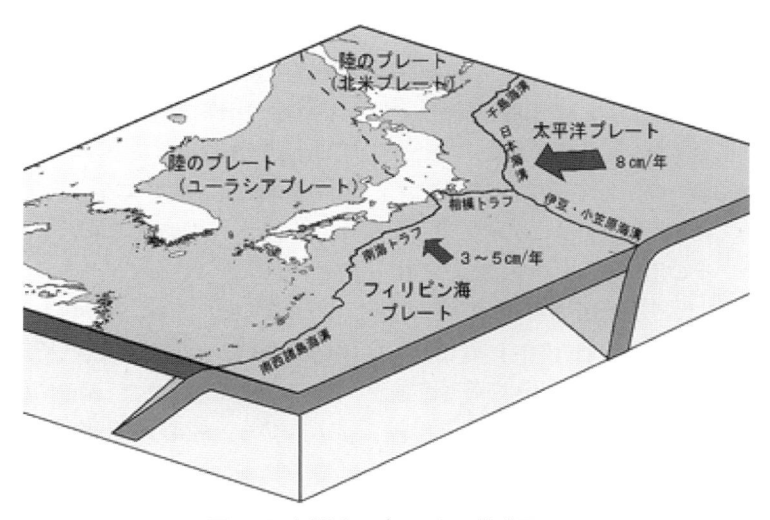

図3 日本付近のプレートの模式図
注5) より。

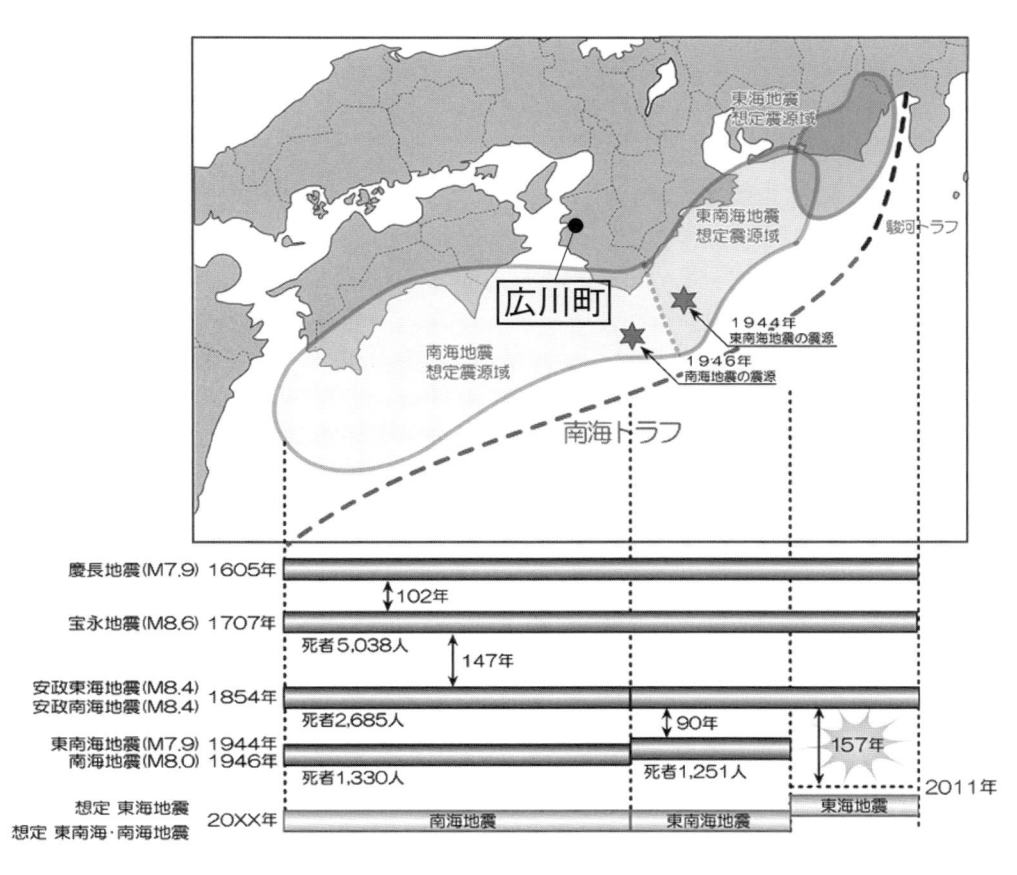

図4 南海トラフから駿河トラフに沿った領域で発生した過去の巨大地震の震源域と広川町の位置
注5) より。

海洋部で一つのプレートに別のプレートが沈み込む位置に生じる。また「海溝型地震」という用語は、発生原因の種別を問わず、海溝付近で発生する地震を総称する言葉として使用される。

　日本列島の東南側では、北西側のユーラシアプレートに向かって南側からフィリピン海プレートが下に沈み込み、その境に南海トラフが形成されている。同トラフは、駿河湾から潮岬沖を通り九州沖に細長く延び、海溝型地震のきわめて活発な発生帯となっている。このうち東側の駿河湾部は駿河トラフとよばれている（図4）。

　ここでの海溝型地震は次のようなメカニズムをもつ。

　①フィリピン海プレートが年3～5cmの割合で陸側のプレートの方に移動し、その下に潜り込む。②陸側のプレートの先端部が引きずり込まれ、ひずみが蓄積される。③ひずみが限界に達した時、陸側のプレートが跳ね上がり、地震が発生する。その際、津波が発生しやすくなる。

　南海トラフ域内で発生する地震のなかでは、四国室戸岬沖から紀伊半島潮岬沖までを発生源とする場合を「南海地震」、潮岬沖から静岡県浜名湖沖までの場合を「東南海地震」、それ以東の駿河トラフの場合を「東海地震」とよぶ[6]。

　3地域の地震は記録上明らかなものだけでも、図4のように周期的に発生している。

　このうち東海地震の想定震源域では、150年以上蓄積されたひずみにより、いつ大地震が発生してもおかしくないとされている。また活動歴を約100～150年周期と想定した場合、1940年代以降発生していない南海・東南海地震についても、今世紀前半での発生が懸念されている[7]。

3　教材「稲むらの火」について

　「稲むらの火」とは、大地震とその後の引き波により海底が現れるのをみて津波の襲来を予測した庄屋五兵衛が、高台にある自らの田の稲むらに火を放ち、消火のために駆け上がってきた多くの村人の命を救ったという物語である。小泉八雲が1897（明治30）年に出版した著作集『仏の畠の落ち穂』のなかの「生ける神」を、和歌山県有田郡湯浅町出身の教員中井常蔵が書き改めて文部省の教材に応募した結果、1937年から10年間にわたり小学国語読本に掲載されて、多くの人に感銘を与えたとされている[8]。

　五兵衛のモデルは、紀伊国有田郡広村（現和歌山県広川町）の濱口家7代目当主にあたる梧陵である。濱口家は今の千葉県に出て醤油の醸造を営んでいた。梧陵は、仕事で関東と広村を行き来していたが、1854（安政元）年暮れには帰郷していた。その時に、安政南海地震とよばれる大地震が発生した。大地震発生の直前、当地では12月23日（旧暦11月4日）に地震を感じており、これは駿河湾岸沿いの地域に大きな被害を与え、後に安政東海地震とよばれるものであった。そして32時間後の24日夕刻になって、激震が生じた。当地の人々は言い伝えに従い、津波を避けて高台に逃げた。大津波は広村の集落を襲ったが、梧陵は救助活動を行うとともに、暗闇になり逃げ道を見失った人々のために田の稲藁に火を付けさせた。これにより避難先の広八幡神社までの道筋が示され、9人もの命が救われた。

　直後、梧陵が中心となり、広村の1,400人にも及ぶ被難民のために食料を調達したり家屋の復旧作業を行うなど、緊急対応に奔走した。さらに、同族の濱口吉右衛門らと計り藩に許可を願い、濱口家の財産から巨費を投じて海岸に高さ約5m、全長約600mもの堤防を築き、海側には数百株のクロマツ、堤上と内側には木蝋が採れるハゼノキを植樹した。この建設には、津波の翌年から3年10カ月の歳月と延べ5万7千人近くの労力を要した。このような雇用対策を兼ねた大規模な復興事業は、村人の離散を防いだのである。濱口梧陵の犠牲的かつ献身的な活動に対して、村人たちは濱口大明神として祀りたいと申し出たが、梧陵に強く辞退され、まさに「生ける神」として崇拝

したという[9]。

この堤防は「広村堤防」とよばれ、1938（昭和13）年に国の史跡に指定された。その5年前には、津波防災に対する中世の領主畠山氏から濱口梧陵に至る村の先人の遺業を顕彰するため、「感恩碑」が堤防の中央部に建設されている。

小泉八雲の「生ける神」は、1896年6月に生じ約2万2,000人もの犠牲者を出した明治三陸地震津波による被害の惨状と、その約60年前に起こった安政南海地震時の感動的な逸話を基に創作されたようである。地元の先人の偉業に感動した中井常蔵も、「稲むらの火」では史実より八雲の著作に沿った記述をしている。「稲むら」とは脱穀用の稲を乾燥するために積み重ねた束をさし、貴重な稲が燃やされたというイメージを与えたが、実際には脱穀後の稲藁が燃やされている。また、異常な引き潮の後で津波に襲われたという表現からは、引き潮がなければ津波は襲来しないという誤解を与えることになった。

地震学者の今村明恒（東京大学教授）は、防災教育の重要性からこの教材に着目し、1940年に「『稲むらの火』の教方に就いて」を著した。そこでは、史実との相違点を指摘しつつ、安政地震津波の実状、梧陵の津波襲来時とその後の活躍、村人の梧陵への尊敬の念などが記され、文部省（当時）下の震災予防評議会発行の資料として配布された。この冊子が、「稲むらの火」の教材としての効果をより高めたといわれている。

4 広川町広地区の津波防災活動

津波防災面で、教材「稲むらの火」の教えは、人命尊重の他、自助・共助・公助の三側面からとらえられる。「自助」の面では、地震津波発生の知識、地域伝承の重視、状況判断、対処方法の熟知などを、「共助」では、地域のなかでの役割分担、相互扶助などを、さらに「公助」では、防災教育の重視、危機管理意識高揚策と防災のしくみづくりなどを重視すべきであることが指摘できる。

そのなかでも、教えの第一は、津波の到達までに浸水地域外や高台に避難することがあげられよう。ここでは、現地での津波「防災活動の実践」について、広川町広地区の旧集落近くにある学校の避難経路を例にみていこう。

図5は、安政南海地震津波と1946年の昭和南海地震津波による浸水域を示している。広地区にはただちに避難できる高所が近くにみあたらない。古くから現在に至るまで、避難先は広八幡神社となっている。同神社は現在も15世紀の建物が残されている古社で、社殿は標高約12mに建てられており、標高30mを超す裏山がある。

濱口梧陵主導で建設された広村堤防は、昭和南海地震津波で集落への直撃を防いだが、それでも22名もの死者がでた。津波は堤防のない南側地域に向かい、その地にそそぐ江上川を逆流して傍の中学校や紡績工場やその社宅に襲いかかり、その周辺だけで20名の死者を数えることになった。地元の人々には地震があれば津波に用心するという意識が共有されていたが、社宅には他地域から働きに来ていた人々が多かった。防災の観点から地域の特性を知り、先人の事蹟を尊び、被災の伝承を大切にすることの重要性が強く認識させられたのである[10]。

現在、広地区の広小学校と耐久中学校は、被災の歴史を念頭に置いた避難路を設定し、神社まで実際に避難する訓練を繰り返し実施している。南海トラフを発生域とする地震津波の当地への到達時間は35〜40分と想定されている。2011年6月に広小学校で実施された訓練では、全校児童が、広八幡までの約800mを8分40秒、地震発生時刻からは12分で神社境内に移動しており、想定時間内での避難を達成できている。耐久中学校も同様な訓練を実施しており、約1,200mの距離を10分余りで避難する成果をあげている[11]。

また町主催では、小・中学生も参加し、参加者一人一人が広村堤防に新しい土を盛って補強するなどして、梧陵の遺徳を顕彰する「津浪祭」を毎

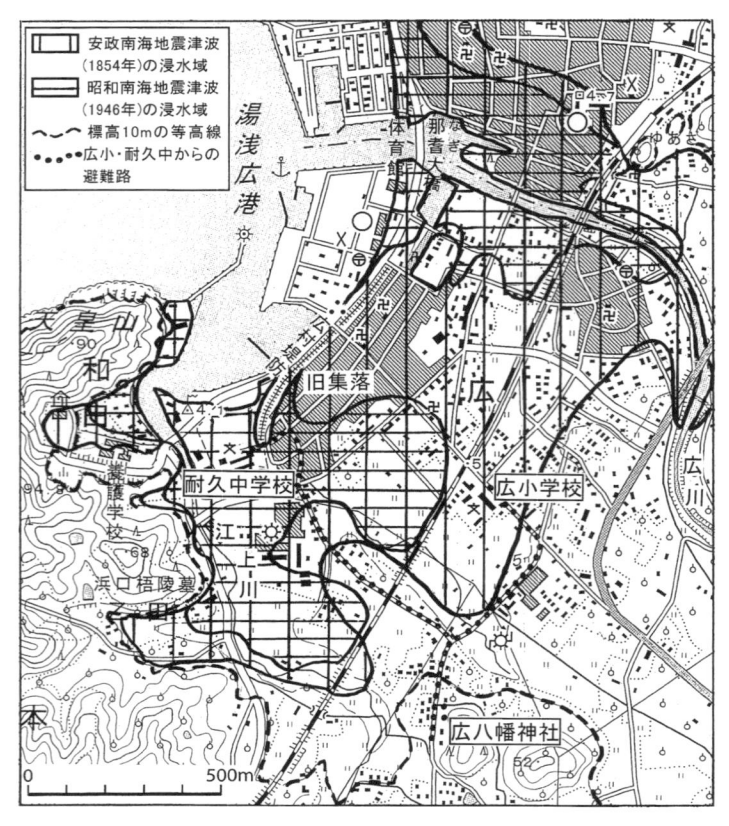

図5 広川町における安政および昭和南海地震津波の浸水域
注9)を基に作成。原図は1:25,000地形図「湯浅」平成18年（拡大）。

写真1、2 広川町内にみられる津波注意の掲示
2011年9月6日撮影。

年実施している[12]。これは、1903年に安政南海地震50回忌を記念して、旧暦の11月5日に山から土を採取し、堤防へ土盛りを始めたことが現在まで続けられているものである。さらに2003年からは、住民主導行事として、夕刻に松明を灯して広八幡神社まで歩く「稲むらの火祭り」も行われている[13]。

当地域では、町中に避難路や津波注意の掲示（写真1、2）が多くみられるほか、2007年には濱口梧陵記念館・津波防災教育センター併設の「稲むらの火の館」が開館した。また、行政だけでなく、地域主体で避難訓練が実施されるなど、自助や共助に留意し、学校や地域が一体となって津波防災に取り組んでいるようすがうかがえる。

かつて建設された広村堤防は、その後の大津波から村の居住地を守った。いっぽう広川町の現状をみれば、同堤防の外側にあたる海岸埋立地に3

写真3　広湾上空からみた広川町広地区の海岸
注9) より。

階建ての町役場や新しい住宅地が建設されている。埋立地の大部分は 6.5m の堤防で囲まれているとはいえ、地震で一瞬に停電するなど想定外の事態が起これば、防潮堤の閉め切りや各種防災設備が設計通りに機能するかはわからない（写真3）。

また、15世紀末の明応地震津波の際には、避難地の広八幡神社の石段下部まで浸水したという伝承が残されている[14)]。そこは標高 10m を少し超える地点である。これは旧集落や埋立地で指定された避難ビルの高さ約 13m に近い数値であり、充分な安全確保には不安が残る。

さらに、仮に地震津波が発生すれば、訓練時とは比べものにならないほどの不慮の事態の発生が懸念される。

旧集落の南西にある耐久中学校の校門から神社までの避難路を、通常の速度で実際に歩くと約 15 分を要する。途中で旧集落内の道路を通過する。家屋や電柱が迫り幅員も最狭 4m 程度で、地震直後には道路がふさがれる可能性もある。津波が襲った江上川を渡ることへの抵抗感も大きい。中学校側では、旧集落や江上川沿岸部を避けて、高台に少しでも早く逃れられる橋の建設を要望するなど、津波避難に関する環境整備への願いは強い。

5　防災の基礎知識の育成

学校における地震津波に対する防災教育は、過去に悲惨な津波被害を受けた地域だけに必要なものではない。

ここで、地震津波の被害を極力少なくすることを念頭においた防災教育について、①防災の基礎知識（自然現象・地域の特性・避難などに関する知識を身につけること）と、②防災活動の実践力（助け合う意識を高めたり適切な避難行動をすること）の育成という面から整理してみよう。

このうち②に関しては、実際の訓練が必要なことから、学校行事や総合的な学習の時間、および地域行事との関係が深くなると考えられる。

学校の生活場面で地震津波に遭遇する場合は、

児童生徒は指導者の下で集団行動するため、校区内外を問わず、日頃の②の成果が発揮されやすい。

しかし、私的な生活場面で、とりわけ校区外で地震津波に遭遇する場合は、日頃の①・②の教育の成果を発揮することは、きわめて難しくなる。

以上を踏まえると、地理教育で必要なことは、校区外での私的な生活場面でも活かすことができる①の「防災の基礎知識」の中身をいかにつけるかということになろう。

6 地理学習において

東日本大震災においては、津波の襲来に対して、各々が判断してただちに避難する「津波てんでんこ」の考え方が再認識された[15]。また、「釜石の奇跡」とよばれる避難行動では、「想定を信じるな」「最善を尽くせ」「率先避難者であれ」の「避難三原則」を徹底した防災教育が成果を発揮したと報道されている[16]。さらに、防災教育に関しては、瞬時の判断力を育成することの重要性があげられている。

もし当地域で地震津波が発生した際には、昼夜問わず今いる地点から高台に少しでも早く避難することが必要となる。海や河川の方向に逃げてはいけないという教訓は、昭和の大津波を経験した古老から厳として伝えられている。いざというときには、校区のどこにいても海岸や河川との位置関係がわかり、さらに少しでも安全な場所への移動を考え実行する力が要るのである。

これに備えるために、地理学習においては、地形図を用い、現地の地形と見比べさせたり、標高10mや20mの等高線をなぞって土地の高低差を把握させたり、橋など危険な状況を予想される地点を探させるような活動や、現地観察の時間を極力充実させることが必要であろう。さらに、地震津波の発生域と広川町との位置関係や津波到達時間などについても、地図上で確認しておくことが重要になろう。

加えて、見知らぬ海岸地域へ出かけた際にも、その土地の地形や標高、海岸や河川の位置などに気を配り、迅速に避難できる場所を探せる力を養っていくことも肝要である。身近な地域で養う「防災の基礎知識」を他の地域でも発揮できるものにしなければならない。今や防火面からは、建物に入れば、非常口や避難階段の位置を確認することは常識となっている。同様に、今後見知らぬ地域に赴いた際には、地形環境と自分の位置に留意すると共に、災害注意や避難経路の掲示を探す意識の育成も大切になるであろう。

注
1) 下中弘編（1988）『世界大百科事典 18』平凡社.
2) 町田貞他編（1981）『地形学辞典』二宮書店.
3) 日本地誌研究所編（1989）『地理学辞典 改訂版』二宮書店.
4) 防災科学技術研究所 HP.
5) 気象庁 HP.
6) 気象庁 HP「東海地震について」に詳しい。
　http://www.seisvol.kishou.go.jp/eq/tokai/index.html
7) 内閣府 HP「防災」に詳しい。http://www.bousai.go.jp/index.html
8) 「稲むらの火」は、2011年より光村図書出版の小5用国語教科書、「濱口梧陵」については、日本文教出版の小3・4用社会教科書に載せられている。
9) 気象庁 HP「稲むらの火」に詳しい。
　http://www.seisvol.kishou.go.jp/eq/inamura/p1.html
10) 前掲9)
11) 2011年9月6日の広小学校と耐久中学校でのヒアリングによる。
12) 2011年6月成立の津波対策推進法により、「津波防災の日」が「稲むらの火」に因む11月5日と定められた。そこで、当地で従来から11月3日に実施されてきた津浪祭は、同年から5日に変更された。
13) 「稲むらの火の館」HP に詳しい。
　http://www.town.hirogawa.wakayama.jp/inamuranohi/gaiyo.html
14) 朝日新聞 2011年4月25日（夕刊）.
15) 村井俊治（2011）『東日本大震災の教訓－津波から助かった人の話』古今書院.
16) 産経新聞 2011年4月13日他.

5-2 石垣島の「津波大石」

大西　隆

事例　沖縄県石垣市

1 「津波大石」と明和の大津波

　地理の授業で、生徒たちに「この写真をみてごらん」と問う(写真1)。生徒から思わず「大きい!!」と声が挙がる。タクシーと比較しても、その大きさはわかってもらえるだろう。

　これは沖縄県の石垣島南部、大浜集落にある崎原公園に鎮座する「津波大石」である。この巨礫は、1771(明和8)年3月10日午前8時頃に発生した明和地震(M 7.4)に伴う「明和の大津波」で打ち上げられたとされている。明和地震の震源は、現在津波大石が鎮座する場所から南南東に約40km離れた、北緯24.0度、東経124.3度の地点である(図1)。津波は三回にわたって押し寄せ、重なったことにより高くなり、島の西岸にある名蔵湾に達したという言い伝えもある。その津波は28丈(約85 m)に達したとも伝えられ、石垣島東部と南部の十三カ村が全半壊、死者・行方不明者8,439名を出した[1]。

　全壊した8カ村では77〜100%の死者・行方不明者が出ており、その被害の大きさがうかがえるが(表1)、被害の詳細についてはほとんど記録が残されていない。しかし、当時の八重山の行政庁が琉球王府に提出した記録である『大波之時各村之形行書』が、貴重な記録として現代に伝わっている。

　曰く「(あらゆる階級の島民が)親子兄弟夫婦之見分ケモ不罷成及半死、諸木ニ掛リ海中漂流仕候(略)」、また「右災殃ニ付テ頭両人奉公人百姓等迄都合男女九千三百十三人及死亡或親子ヲ失或妻ヲ失或兄弟姉妹ヲ失朝夕痛哭仕身之置所

写真1　大浜集落の「津波大石」

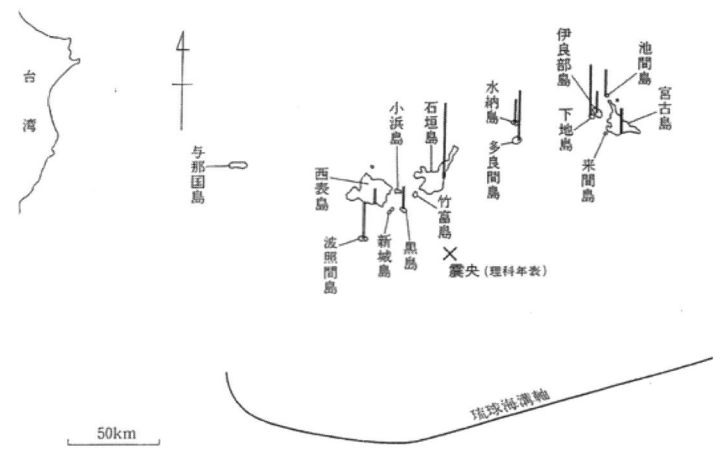

図1 明和地震の震央と津波の高さ
注2）より。

無之獨立罷成（略）」[3]と伝えている。
　地震予知はおろか、震源速報や大津波警報のない時代である。突然大津波に襲われた各村でこのような悲劇がたくさんあったことであろう。時代は違えど、自然災害の前における人間の無力さを思い知らされる記録である。
　一方、前掲の記録は、こうも述べている。曰く「大地震有之右地震相止則東方鳴神ノ様轟キ間モ無ク外ノ瀬迄潮干」つまり、地震のあと引き波が起こったこと、さらに「東北東南ニ大波黒雲ノ様翻立一次ニ村々ヘ三度迄寄揚」ったことを伝えている。これは、現代の我々に地震直後の引き波は津波の前兆の一つであることや、津波は第一波のあとも、引き続いて襲ってくることを教えてくれているのである。
　この地震は、石垣島をはじめ八重山の島々に多数の津波石を打ち上げたとされる。図2は、その分布を示したものである。

図2　石垣島南部に分布する津波石
琉球石灰岩の分布域に多くみられる。
注5）より。

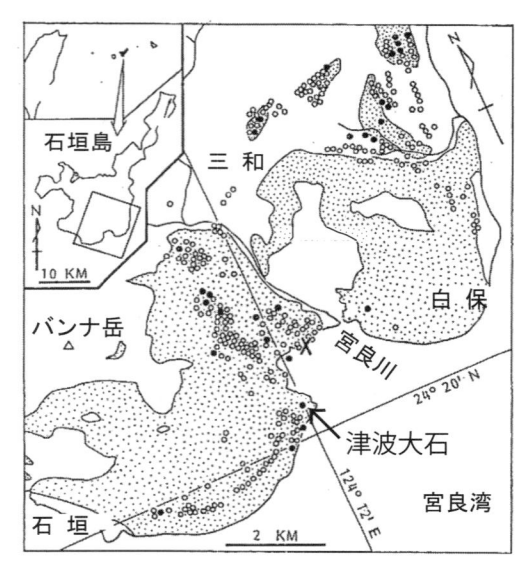

● 100トン以上の津波石
○ 10トン以上、100トン未満の津波石
▫ 琉球石灰岩の分布域
X 年代測定試料採取位置

2 明和の大津波の進入状況

　図1において、震源地の位置をみれば、大津波は石垣島の東部や南部から押し寄せたことは容易に想像できる。表1の全壊した各村は、島の南東部に位置していることからも、その被害の甚大さは明らかであろう。また南東部には、河口を南東に向けた宮良川が流れ込んでおり、大津波がこの川を遡上したであろうことも推定できる（図2）。延長12kmの宮良川は、途中でいく

表1 明和の大津波による村別死者・行方不明者

全半壊	村名	津波前の人口	死者・行方不明者	死亡率
△	大川村	1,290	412	31.94%
△	石垣村	1,162	311	26.76%
△	新川村	1,091	213	19.52%
△	登野城村	1,141	624	54.69%
△	平得村	1,178	560	47.54%
●	真栄里村	1,173	908	77.41%
●	大浜村	1,402	1,287	91.80%
●	宮良村	1,221	1,050	86.00%
●	白保村	1,574	1,546	98.22%
	桃里村	689	0	0.00%
●	仲与銘村	283	283	100.00%
●	伊原間村	720	625	86.81%
●	安良村	482	461	95.64%
	平久保村	725	25	3.45%
	野底村	599	24	4.01%
	桴海村	212	23	10.85%
	川平村	951	32	3.36%
	崎枝村	729	5	0.69%
●	屋良部村			
	名蔵村	727	50	6.88%
	合計	17,349	8,439	48.64%

●は全壊　△は半壊を表す。
注1）より。

つかの支流を合わせているが、そのうちの一本は嵩田集落の手前が水源となっている。一方、島の西側に流れ込む名蔵川の水源までは直線距離で約600m。この間の分水嶺は約30mと読みとれる。

言い伝えでは、大津波はこの分水嶺を超えて、西の名蔵湾まで到達したといわれており、宮良台地を襲ったものは、標高85mまで達したともいわれている。

あの大きな「津波大石」が打ち上げられたのだから、これらの言い伝えの信憑性も疑う余地はない、と考えられてきた。

しかし、前述の「津波大石」は明和の大津波で打ち上げられた津波石ではない、という研究成果が発表されるようになった。

3 「津波大石」の年代は明和ではない？

明和大津波研究会が「津波大石」に付着しているサンゴ化石を年代測定したところ、最上部で1980年前、下から1mのところで3,480年前との結果が出た[4]。この結果は、「津波大石」はかつて海中にあったのは間違いないものの、明和の大津波で打ち上げられたものという言い伝えとは、矛盾することを示している[5]。

とはいえ、「津波大石」がかつて海の中にあり、過去の津波によって今の場所に運ばれたことは間違いないことであり、明和よりもさらに昔の地震津波の存在を示唆している可能性がある。

また、「津波大石」が明和の大津波で打ち上げられたものではなかったとしても、近くの集落で津波の被害を目のあたりにした人々が、後世にその甚大な被害を教えるために語り継いでくれたメッセージだとすれば、われわれが学ぶべき教訓として知っておく価値のあるものだと考える。

4 教材化の視点

津波石を教材化するにあたり、石垣島を含む南西諸島という地域について考えてみる。

津波石は全国各地に分布する可能性があるが、詳細はまだ充分解明されていない。南西諸島の津波石はサンゴ礁（琉球石灰岩）由来のものが多いので、他の地域の津波石よりも体積のわりに重量が軽く、津波によって比較的容易に内陸まで運ばれ、大きな津波石が打ち上げられる可能性も高い。とくに石垣島は学術調査もなされている（図3）ので、津波石の実物を観察する絶好の適地といえる。

また、宮良川を遡った大津波が、西側の名蔵川に流れ込んだことも津波石の分布から確認することもできる。津波が河川を遡ることは、東日本大震災時の大津波で日本全国の人々に知られるところとなった。生徒たちの身近な地域の防災・減災を考えるための教材となろう。

石垣島は、修学旅行の目的地として、確固たる地位を築いている。2013年3月7日に「南ぬ島石垣空港」が供用開始され、中型ジェット機の乗り入れが可能になった。多くの学校がサンゴ礁の

写真2　明和大津波遭難者慰霊之碑
宮良集落近くのタフナー原にある。

図3　明和大津波に関する最近の新聞記事
注4）より。

広がる海でのシュノーケリングやダイビング、マングローブ林でのカヤックツアーなどを実施しているのだが、防災・減災の観点から、津波石を見せないのはもったいない。

生徒たちが驚くに充分な大きさを誇っている「津波大石」と、津波の恐ろしさを後世に伝える「明和大津波遭難者慰霊之碑」（写真2）は、生徒たちの訪問を待っている。

注
1）牧野 清（1968）『八重山の明和大津波』自費出版.
2）加藤祐三（2012）明和八重山地震津波、北原糸子・松浦律子・木村玲欧編『日本歴史災害事典』吉川弘文館.
3）前掲1）.
4）『八重山毎日新聞』2011年11月2日6面.
5）加藤らは、Omotoが1979年に測定した1,810±100y.B.P.という値を挙げており、ここでも明和八重山地震の時代と大きなズレを確認できる。加藤祐三・木村政昭（1983）「沖縄県石垣島のいわゆる『津波石』の年代と起源」、地質学雑誌89-8.

5-3　津波防災に活かすGIS

杉本 昌宏

事例　宮城県仙台市・石巻市、静岡県沼津市

1 GIS教育の意義

　1995年の阪神・淡路大震災発生時から活用され始めて、現在ではさまざまな分野で利用されているGeographic Information Systems（地理情報システム、以下GISとする）は、防災教育においてもその有用性を発揮できると考えられる[1]。

　教育現場におけるGISの利用に関して、高等学校学習指導要領「地理A」では、次のように位置づけられている。

　　地理的な見方や考え方及び地図の読図や作図、衛星画像や空中写真、景観写真の読み取りなど地理的技能を身に付けることができるよう系統性に留意して計画的に指導すること。その際、教科用図書「地図」を十分に活用するとともに、地図や統計などの地理情報の収集・分析には、情報通信ネットワークや地理情報システムなどの活用を工夫すること。

　このことから、防災教育において教員が授業内でGISを用いて教材を提示する機会は増大すると思われ、GISを扱うことができる人材の育成も重要な課題とされる。

図1　電子国土ポータルによる震災前と震災後の比較
　　　仙台市荒浜地区の震災前（左上）と震災後（右下）のようす。

防災教育は机の前に座って災害の事象を知るだけではなく、実際に災害が発生した際にどのように対処するべきか、過去の教訓も踏まえて考えることが重要である。GIS を中心としたデジタル教材を利活用し、生徒と教員の議論、あるいは生徒同士の議論を促すことは有効であると考えられる。また、机上での GIS の操作のみならず、たとえば、GPS 機能付き携帯電話を用いたフィールド調査との連携も考慮する必要がある。

　防災教育においては、フィールドで生徒に体感や共感を呼び起こすような刺激を与えたり、自然的・社会的環境について考えさせたりすることが重要であり、加えて GIS が潜在的にもっている表現力を駆使することが効果的である。では、具体的にどのようにして GIS を防災教育で利活用するべきか、本稿では津波学習にかかわる学習を例に述べてみたい。

2　GIS を活用した防災教育の事例

　「電子国土ポータル[2]」は、すでに発生した災害について考えるうえで有効に利活用できるデジタル教材である。電子国土ポータルでは、空中写真を閲覧することが可能であり、東日本大震災被災地周辺写真（2011 年 5 月～ 2012 年 4 月撮影）なども表示することができる。

　図 1 は、東日本大震災時に津波で大きな被害を出した仙台市荒浜地区を示した 2 枚の空中写真である。ニュースなどで映し出される被災直後の家屋が流出してしまった後の情報だけでなく、震災前と震災後の写真を切り替えて提示することにより、これまでの日常生活が津波によって一瞬にして消え去ってしまうという深刻な状況を、把握させられるのである。ただし、このような現実の被災地の情報を提示する際は、とりわけ地域の方々の心情に十分配慮すべきことは言うまでもない。

　図 2 は商用の GIS ソフトの一つである ArcGIS[3] を利用した例である。静岡県の東部に位置する沼津市は、東海地震発生時に津波被害が想定される都市であり、津波に対する防災まちづくりが積極的に行われている。この沼津市の市街地付近を、GIS を使用して標高ごとに色分けすれば、同じ高さの標高を把握しやすい図が作成でき、地形の全体像を瞬時に理解することができる。図 2 をみれば、沼津市の市街地のほとんどは海抜高度が 6m 以下であることが判明し、津波が襲来した際に津波避難ビルなど高い建物に避難しなければ危

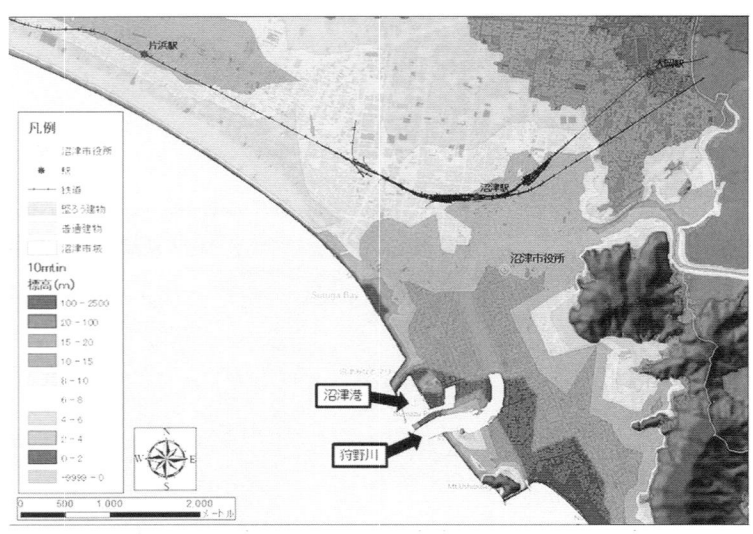

図 2　沼津市街地における標高ごとの地図
ArcGIS にて作成。背景に Bing Maps を使用。

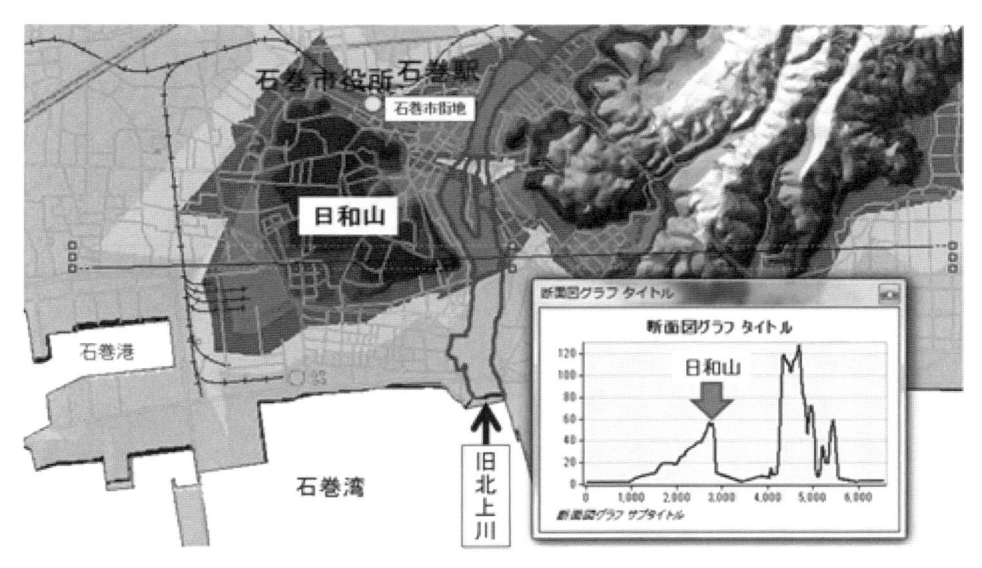

図3 石巻市における地形解析および日和山付近の断面図（右下のグラフ）
ArcGISにて作成・加筆。

険な地域であることが把握できる。このように、GISにより作図した地図から読み取った内容を議論することで、災害に関してさらに深い知識を呼び起こすことができる。また、地形図とGISを組み合わせた両方の地図を活用すれば、地形図の読み方を指導するうえでも効果的となる。

図3は、東日本大震災の被災地である石巻市の中心部の数値標高を示した主題図である。同じく、ArcGISにて作図を行った。石巻の海岸付近や旧北上川の周辺は津波の遡上による多大な被害が出たが、高台にあたる日和山に避難した人々は津波から難を逃れた。この図を通しては、数値標高データ[4]をもとに作成した断面図を同時に示しており、この図を通して津波が来た際に高台に逃げることの重要性を議論することができる。

GISを利用した防災教育では、すでに発生した災害を扱うだけでなく、これからの災害をテーマとした教育においても有効である。

図4は、東海地震津波災害の危機に備える静岡県沼津市をフィールドとした防災・減災に関する例である。この図は沼津市街地にあたる部分で

あり、津波避難ビルの地点から一定の距離圏（バッファ）を描いている。基盤地図情報から2,500レベルの建物データをダウンロードすると、データの属性情報のなかに、3階未満の建物および3階以上の木造などで建築された建物である、普通建物の分類がある[5]。そこで建物が3階以上である津波避難ビルからバッファを発生させることで、津波発生時に各津波避難ビルが、周辺の非津波避難建物で活動している人々を潜在的に収容できる範囲を示している。たとえば、津波避難ビルからバッファ300 m圏内であれば一般避難者は津波が到達する前に避難できると考えられる範囲であるが、沼津市域にある68,966棟[6]の普通建物のうちおよそ43％にあたる29,537棟をカバーしていることがわかる。さらに、高齢者の避難を想定した100 mバッファでは、8,420棟をカバーしているが、観光客が多い沼津港などではカバーしきれていない[7]ことを生徒に読み取らす作業を行わせる。

このように、今後の防災に関する課題についても、空間的な検索を行うことで、具体性のある議

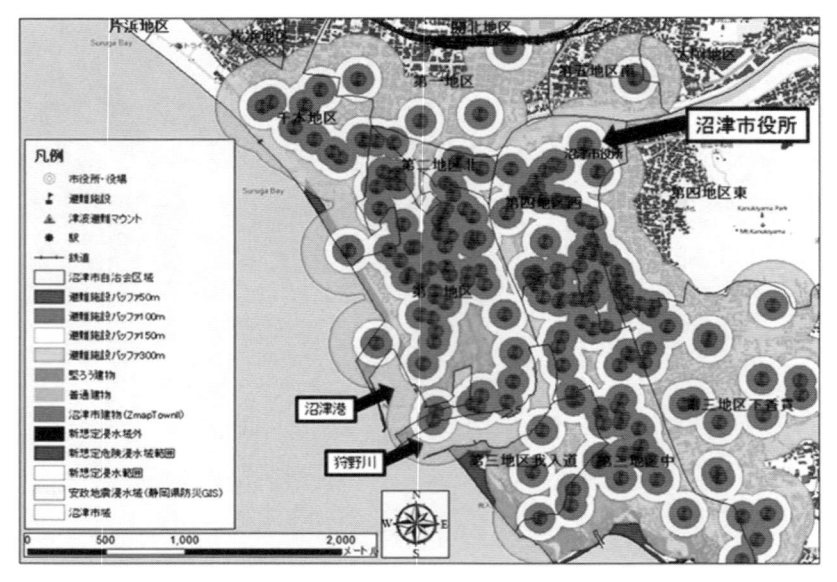

図4 沼津市街地の津波避難ビルの収容範囲を示した空間解析図
津波避難ビルそれぞれからバッファ（円）を発生させた普通建物の収容範囲を示したもの。
ArcGISにて作成。背景にBing Mapsを使用。東京大学CSISとの共同研究のうえ作成。

表1 沼津市における津波避難ビルからのバッファ距離に該当する普通建物数

バッファ距離（m）	普通建物数（棟）
300	29,537
150	14,463
100	8,420
50	2,668

該当する普通建物数 = 68,966棟

論を展開させることができる（表1）。また、ArcGISに限らず一般的に普及しているGISを用いることで、津波避難ビルの充足度や立地の適正についても議論でき、結果として、生徒とともに防災対策やまちの安全性について考えることができる。

GISを中心としたデジタル教材に関しては、既存の地理空間データを利活用するだけではなく、教員と生徒が協力して地理空間データを作成することも重要である。具体的には、GPS機能付きのカメラや携帯電話を用いた地域調査の実践や、より基礎的な作業として詳細な地域の地図データを作成するといったことである。自分たちで作る地図に関しては、OpenStreetMap（OSM）[8]とい

うものがある。OSMは、ボランティア・ベースの地図作成活動であり、OSMにユーザー登録すると、誰もが「地図作成者（マッパー）」となり、自由に地図を作図し、編集して共有することができる。ウィキペディアの地図版を想像すると理解がしやすい。OSMは、世界的な大規模災害が発生した際に、非常に有用な情報源として利用されることもある。たとえば、2010年に発生したハイチにおける大地震の際に、現地の地図が曖昧で被災状況が把握できないなか、OSMを活用したボランティアの世界中のマッパーがハイチをマッピングして被災地の地図を作成して支援した[9]。同じく、東日本大震災においてもOSMを活用した被災地支援が行われた。被災地が混乱して地図や情報がない状況下で、避難所の情報や利用可能な道路情報などを提供し、地図の観点から被災地支援に貢献した[10]。

防災教育との関連においては、授業の一環として、教員と生徒による地域調査を行い、その際に取得した情報や航空写真、衛星画像などを用い

てOSMの作成を行うことも考えることができる。このように、地図作成を実習に取り込み、日常的に地図を通して災害と向き合うことで、災害リテラシーと地理情報スキルの両方を高めることもできる。

3 GIS導入の課題と近年の状況

以上の防災教育に関する事例をみれば、GISを中心としたデジタル教材は、地理教育全般においてもきわめて有用であることがわかる。しかしながら、実際に教育現場にGISを導入する際には、さまざまな課題が存在する。

まず、「費用」の問題は、多くの教育機関において最大の懸念問題であると考えられる。商用ソフトを生徒全員が使える環境を整えるのは、初期費用が大きくなりすぎ、教育現場には不向きである。また、コンピュータ本体やGPSなどの機材の準備の問題もある。次に、GISソフトを学校にインストールする場合、どこから許可を得ればよいかという制度上の問題もある。また、GISを学校現場で充分に使いこなすことのできる教員が少なく、防災教育でGISが有用であることがわかっていても、実際導入できないといった問題がある。

他方、近年はこれらの問題が少しずつ改善される方向にあると考えることもできる。

たとえば、自分たちの住んでいる地域の過去の地形と現在の地形を比較するだけであれば、「今昔マップ」という無償で利用できるツールがある。「今昔マップ」は、首都圏、中京圏、京阪神圏、札幌、仙台、広島、福岡・北九州、岩手県・宮城県・福島県の海岸部の明治・大正以降現在まで、地形図を使っての変化をみることが可能なソフトウェアである[11]。現在住宅地になっている地域が、明治時代では大きな池だったことがわかるなど自分たちが生活している場所の過去の自然環境や文化環境を知ることは、防災教育において最も基本的なことである。「今昔マップ」はそうした教育において有効である。これを上手く活用することで、教員が自身のコンピュータを持参して「普通教室で行うGIS授業」を行うことができる。あるいは、新しい電子地球儀として、ニュース番組をはじめさまざまな場所で活用されているGoogle Earthも、無償で利用できる手軽なツールとして教育現場に導入できる。

Google Earth上では、ユーザーが自由に作図することも可能であり、防災教育における資料として準備した被災地の写真などの画像やインターネット上で配信されている津波発生時などの動画を関連づけることもできる。デジタル教材の準備の手間の問題もあるが、Google Earthであれば、教材作成や提供といったサポートを行っている団体もある[12)13)]。さらに、防災教育において無償で利用できるGISソフトウェアも多数（Google Earth, Quantum GIS・GRASS GIS [14]、gvSIG[15]、R[16]）あり、最低限の費用でインフラ設備を整えることもできる（表2）。

表2 地理教育で活用できる無償のデジタル教材およびGISソフトウェアの例

用途	名称	防災教育における使用例
デジタル教材	電子国土ポータル	被災前後の航空写真判読
	OpenStreetMap	災害時のマッピング支援・ボランティア
初級ツール（教師のプレゼンテーション）	Google Earth	衛星写真による被災地の展望
	カシミール3D *	被災地における地形の視覚化
	今昔マップ	時空間的な視点による地域の観察
中級ツール（生徒による主題図作成）	MANDARA	被災地における人口マップの作成
	Quantum GIS	地図の作図指導・ハザードマップの作成
	gv SIG	地図の作図指導・ハザードマップの作成
上級ツール（大学レベル分析ツール）	GRASS GIS	一般的な空間分析
	R	高度な統計分析や空間分析

* -DAN杉本HP 注17)より。

さらに、小中高の学校教員と専門的な知識と技術をもった大学やその他の研究機関との協力、国や自治体の支援、さらには、学会や多種多様な研究会、NPO といった組織の支援もすすんできている。今日、多様化する情報化社会において、防災教育も、GIS スキルを駆使して、生徒たちにより具体的な被災地や被害時の状況を伝え、今後起こりうる災害を防ぐにはどうすべきかを考えさせ、議論を深める教育を展開していけるように、学校を始め地域や行政などが一体となって準備を進めていく必要がある。

4 デジタル教材の課題と展望

本稿では、現代社会に対応した地理教育のあり方として、GIS を中心としたデジタル教材の可能性について防災教育の観点から述べた。とくに、防災教育においてはリアルな体験を通して、日常的に災害に対する意識を高める必要がある。GIS を中心としたデジタル教材を用いることで、そのような教育が可能になる。

2007 年に「地理空間情報活用推進基本法」が施行され、単に地図を眺めるだけでなく、GIS を用いて地理空間データを利活用することが推進されているが、これを実現するためには、学校や教員のみならずさまざまな分野において協力して問題解決にあたる必要がある。とくに、教員に対する GIS 教育のサポートの問題も含め、官学が協力して多角的な視点から新しい地理教育の方法を検討し、実践し、展開していくことが重要であることはいうまでもない。

注
1) 碓井照子（2009）「月刊『測量』別冊 進化する自治体 GIS」社団法人日本測量協会, 1 〜 2 頁.
2) 国土交通省国土地理院（2012.7.27）『電子国土ポータル』. http://portal.cyberjapan.jp/ 閲覧：2013.2.23.
3) esri ジャパン（2002）http://www.esrij.com/ 閲覧：2013.2.23.
4) 国土交通省国土地理院（2008.4.1）『基盤地図情報サイト』 http://www.gsi.go.jp/kiban/index.html 閲覧：2013.2.23.
5) 国土交通省 都市・地域整備局 都市計画課 都市計画調査室（2005）『都市計画 GIS 導入ガイダンス 別表 1 地物の一覧の解説, 地物一覧』, 2 頁.
6) 基盤地図情報 2,500 レベルと東京大学空間情報科学研究センター（CSIS）ZmapTown Ⅱ 2008,2009 を ArcGIS で加工した数値。
7) 杉本昌宏（2013）「GIS による都市の分析とまちづくり」, 奈良大学大学院文学研究科地理学専攻修士論文, 19 〜 49 頁.
8) OpenStreetMap Japan（2008）『自由な地図をみんなの手に／ The Free Wiki World Map』 http://osm.jp/node?page=16 閲覧：2013.5.30.
9) 伊藤智章（2010）『いとちり式 地理の授業に GIS』古今書院, 85 〜 87 頁.
10) sinsai.info（2011.3.11）http://www.sinsai.info/ 閲覧：2013.2.23.
11) KTGIS.net（2008.9.11）『時系列地形図閲覧ソフト 今昔マップ 2』 http://ktgis.net/kjmap/ 閲覧：2013.5.30.
12) 仙石裕明, 田村賢哉（2013）「GoogleEarth を活用した地理教材の提供」, 月刊地理 58-3, 40 〜 45 頁.
13) 伊能社中（2011）『伊能社中』, http://www.iknowshachu.org/, 閲覧：2013.5.25.
14) OSGeo（2006）http://www.osgeo.org/node/271 閲覧：2013.2.23.
15) OSGeoLive（2011）『gvSIG Desktop』, http://live.osgeo.org/ja/overview/gvsig_overview.html 閲覧：2013.5.30.
16) 御サーバー（2007）『統計ソフト R とは』 http://o-server.main.jp/r/about.html 閲覧：2013.5.30.
17) -DAN 杉本 HP（1995）『カシミール 3D のホームページ』, http://www.kashmir3d.com/ 閲覧：2013.5.30.

5-4 東日本大震災とボランティア活動

松浦 直裕

事例 岩手県宮古市・陸前高田市

1 日本におけるボランティア活動の変化

総務省では「社会生活基本調査」[1]を5年ごとに実施している。調査のなかに「災害に関した活動」の項目がある。2011年実施の調査結果から国民の災害ボランティアの活動状況をみる。

(1) 災害ボランティアの活動者数

活動を行った人は431.7万人と前回（2006年）の132万人に比べ約3倍に増えている（図1）。災害ボランティア活動を行った人の割合（行動者率）が、1.2％から3.8％に増えている。

このように大幅に増えた要因として、2011年に起こった東日本大震災をあげることができる。男女別では男性が184万人、女性が248万人と女性のほうがやや多い。男女の割合でも、女性の割合が45.3％から57.4％と増えている。

(2) 年齢別行動者率

図化してはいないが、40〜44歳が5.6％と最も高く、次いで35〜39歳および45〜49歳が5.5％、50〜54歳が5.0％になっている。総じて35〜54歳の年齢層では、すべて5％以上と活動者率が高くなっている。2006年との比較では、35〜49歳が4.0％以上増え、行動者率の上昇が目立つ。

(3) 活動日数、活動時間

活動日数は、年に1〜4日行った人が309万人（74％）と最も多く、全体の3/4を占めている。次いで5〜9日が57.2万人（14％）となっており、日数が増えるに従い参加者が減っている（図2）。

男女別の平均活動日数は、男性が8.6日、女性が6.8日と男性のほうが多くなっている。1日あたりの平均活動時間でも、男性が184時間、女性が107時間と男性のほうが長くなっている。

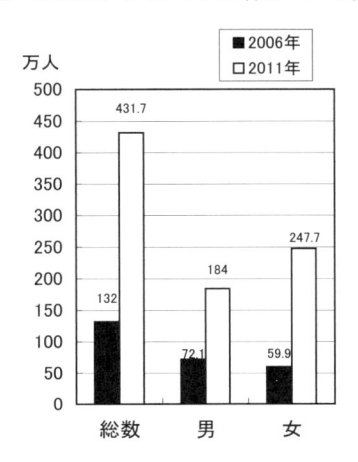

図1 災害ボランティア活動の活動者数
注1) より作成。

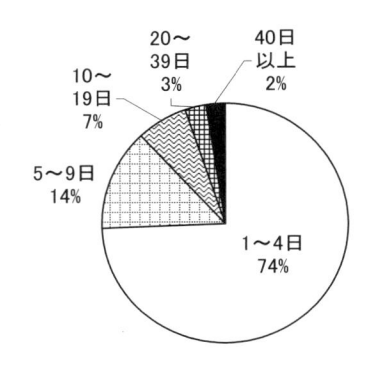

図2 災害ボランティア活動日数
注1) より作成。

このように活動している割合は女性のほうが多いが、日数や活動時間では男性のほうが多い。

(4) 都道府県別行動者率

岩手県、宮城県が11.1％、山形県が6.9％、福島県が6.5％となっており、東日本大震災の被害を受けた東北各県で災害ボランティア活動を行った人が多いことがわかる。

2 阪神・淡路大震災と東日本大震災の違い

2011年に起こった東日本大震災では、延べ117万人（2013年1月17日現在）がボランティアに参加している。このように、現在では災害が起こると全国から多くの人が災害ボランティアに駆けつけるようになった。

日本で災害ボランティア活動が広く行われるようになったのは1995年の阪神・淡路大震災がきっかけである。同大震災では、約138万人（1995年1月～1996年1月）が災害ボランティア活動に参加している[2]。とくに、社会人や学生がボランティアとして参加し、行政よりも柔軟に対応したことが大きな特徴であった。このため、1995年は「ボランティア元年」とよばれる。

図3は阪神・淡路大震災と東日本大震災の災害ボランティア数の推移を示している。阪神・淡路大震災の場合、震災直後から1カ月間は60万人以上と圧倒的に多いが、その後急激に減少し、4カ月目には東日本大震災を大きく下まわっている。

これに対して東日本大震災の場合は、震災直後のアクセスが困難であったことなどの影響で発生直後の数は多くないが、2カ月目から増えて4～5カ月目（2011年4～8月に相当）まで多く、その後しだいに減少している。

全国社会福祉協議会の集計[3]によると、東北3県への災害ボランティア活動参加者数117万人の内訳は、岩手県が44万人、宮城県が57万人、福島県が16万人となっている。

比率では、交通の便に恵まれた宮城県が全体の48.4％、岩手県が37.9％、福島県が13.8％となっており、宮城県が全体の半数近くを占めている。

福島県は原発事故の影響により災害ボランティア数が少なくなっている。宮城県の特徴として4月、5月の数が圧倒的に多く、1カ月間に9万人以上の人が訪れていたが、11月には1.2万人とピーク時の13.3％にまで減少している。これに対して岩手県のピークは8月の4.8万人で11月

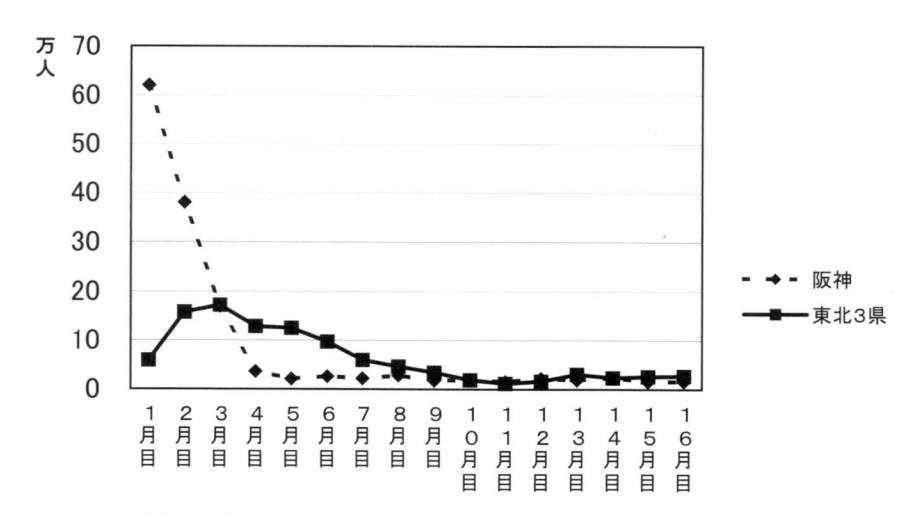

図3 阪神・淡路大震災と東日本大震災における災害ボランティア数の推移
兵庫県資料、全社協被災地支援・災害ボランティア情報資料より作成。

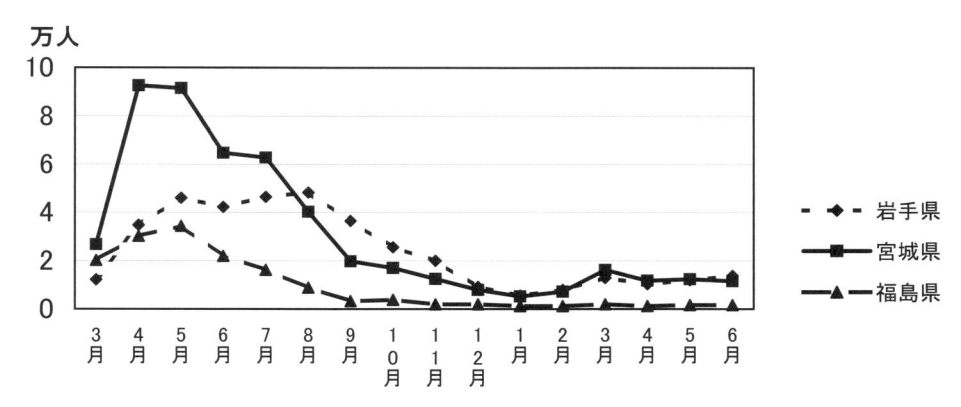

図4 東日本大震災における東北3県の災害ボランティア数の推移
2011年3月から2012年6月まで。全社協被災地支援・災害ボランティア情報資料より作成。

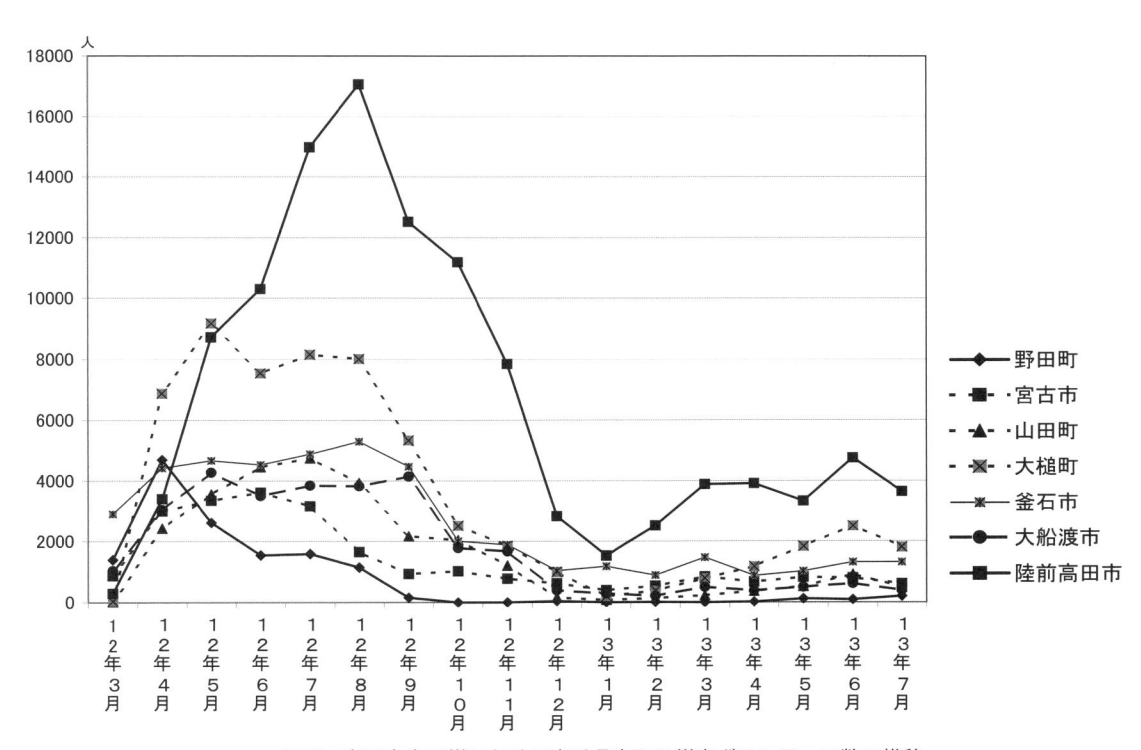

図5 東日本大震災における岩手県市町の災害ボランティア数の推移
2012年3月から2013年7月まで。
岩手県社会福祉協議会資料より作成。

は8月の41.3％となっており、宮城県に比べ減少の割合は少ない（図4）。

　岩手県内の災害ボランティア数では、陸前高田市が圧倒的に多く（図5）、2012年8月には1カ月に1.7万人が参加している。1日平均548人が参加していることになる。筆者が訪れた2012年8月上旬にも、毎日約700人が訪れていた。

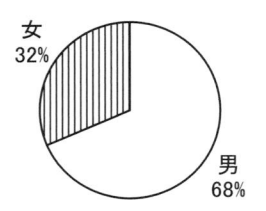

図7 かわいキャンプ参加者の男女別割合
かわいキャンプ資料より作成。

これに対して、距離的に遠い近畿からの参加者が非常に多い。阪神・淡路大震災のあった兵庫県から90人で、他に大阪府50人、和歌山県31人、京都府15人など計201人が参加している。

男女別割合では男性が68％、女性が32％と圧倒的に男性の割合が高い（図7）。これは総務省「社会生活基本調査」結果と異なっている。かわいキャンプは基本的に宿泊を伴うので、気軽に宿泊できる男性のほうが多いと推察できる。参加者の年代別割合では20歳代が25％、30歳代が24％、40歳代が17％となっており、これらの年代で65％を占め比較的若い人が利用していることがわかる（図8）。これも総務省「社会生活基本調査」結果と異なる。筆者は2011年8月下旬と2012年の8月上旬の2回訪れたが、2011年は大学生が多く、2012年はまだ大学生が夏休みになっていなかったようで高校生が半分を占めていた。

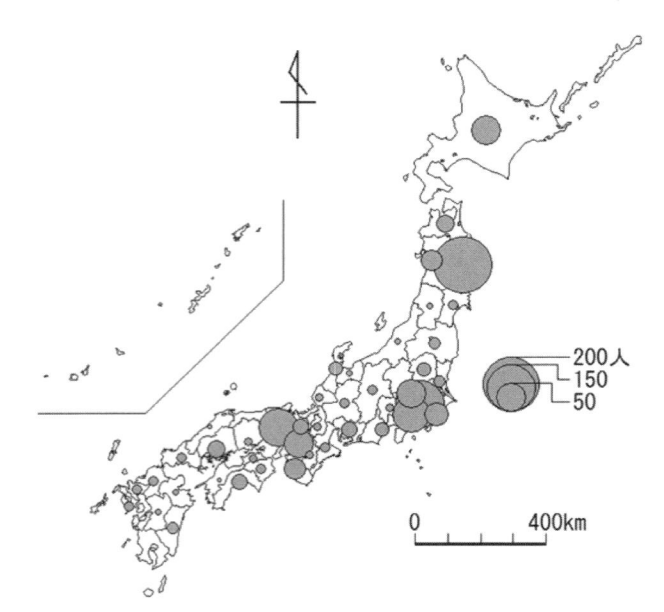

図6 かわいキャンプ参加者の出身地分布
かわいキャンプ資料より作成。

3 岩手県の災害ボランティア活動の特色

（1）かわいキャンプでの活動

内陸にある県庁所在地の盛岡市は、2011年7月に隣接する宮古市旧川井村に「かわいキャンプ」を設置した。この「かわいキャンプ」は、2010年3月で閉校した岩手県立宮古高校川井校校舎を利用している。盛岡市は市の施策として沿岸部の支援を掲げて復興推進部を設立し、宮古市を中心とした3市町（宮古市、山田町、大槌町）を支援している。

図6は参加者の出身都道府県の分布を示している。関東が33％と最も多く、なかでも東京都が152人で全体の15％を占めている。地元東北地方は全体で282人、28％であるが、そのうち岩手県が219人と東北の77％を占めている。地元岩手県以外の東北からの参加者は意外と少ない。被災地である宮城県、福島県を除くと青森県から19人、秋田県から27人、山形県から2人と少数である。

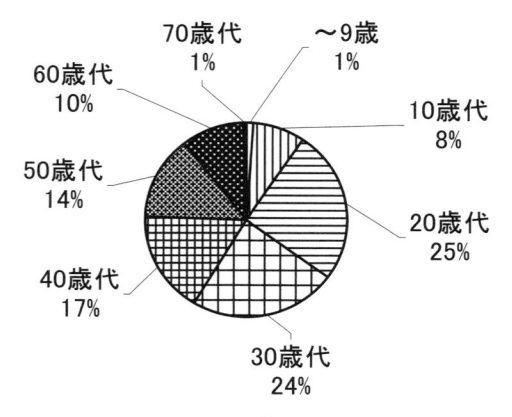

図8 かわいキャンプ参加者の年齢別割合
かわいキャンプ資料より作成。

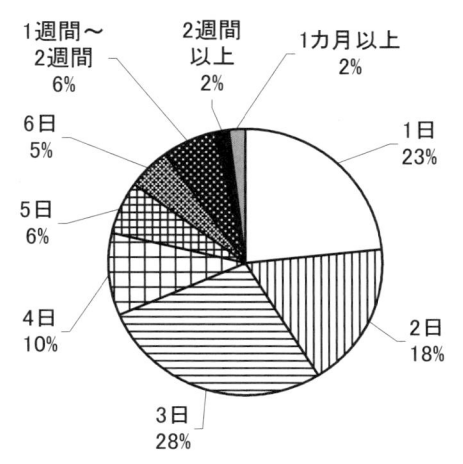

図9 かわいキャンプ参加者の活動日数
かわいキャンプ資料より作成。

(2) 陸前高田市での活動内容

陸前高田市の活動内容については、正確なデータが入手できなかった[5]が、おもな業務として次のようなものがある。

> ● 4月の一例：調理補助（炊き出し時）、入浴介助（高齢者施設）、給水作業、物資の搬入・搬出、床下泥あげ、ガレキ撤去、散乱した水産品（サケ、サンマ、イクラなど）の回収
> ● 8月の一例：泥の撤去、室内の掃除、使用不能の荷物の撤去、水田のガレキ撤去、水田・畑の草むしり、引っ越しの手伝い、漁港のガレキ撤去、流された写真・アルバムなどの整理
>
> 金沢市社会福祉協議会への聞き取りによる。

参加者の滞在日数[4]は、3日が28％で最も多く、次いで1日が23％、2日が18％となっており、1～3日の滞在が全体の69％を占め、短期滞在者および日帰り参加が多いことがわかる（図9）。しかし、なかには1カ月以上滞在している人が25名もいる。日帰り参加は地元岩手県内からの参加者が多い。遠方から参加する場合、ボランティア活動前日に1泊し、終了後宿泊することが多いと思われる。筆者も活動前日に宿泊し、活動終了後にもう1泊し、翌日の朝自宅へ帰った。

かわいキャンプのデータによると、活動先は宮古市が34％、山田町が30％、大槌町が26％となっている。ボランティア活動の内容は、瓦礫泥だし等が37％、写真洗浄・整理20％、サロン17％、イベントの開催補助9％などとなっている。それぞれの市町で活動内容に違いがあり、宮古市ではサロンが59％と過半数を超えているのに対して、山田町は泥だしが全体の93％と圧倒的に多くなっている。大槌町では写真整理が50％と半数を占めており、次いで泥だしが29％となっている。筆者が参加した2011年8月末には、宮古市のサロンが始まっていた。筆者自身は、山田町の泥だしと写真整理に参加した。

このように、震災直後の4月とやや落ち着いた8月では内容に変化がみられる。震災直後の4月は避難所の支援を中心とした内容であり、8月になると仮設住宅などの建設がほぼ終わり、避難所も閉鎖され、被災地のガレキ撤去などが中心となっている。9月以降については正確な情報は得ていないが、かわいキャンプでの経験から仮設住宅でのコミュニティ支援が大きな仕事となっているに思える。

注
1) 社会生活基本調査は、国民の生活時間の配分および自由時間におけるおもな活動について調査し、各種行政施策の基礎資料を得ることを目的とし、1976年の第1回調査以来5年ごとに実施している。
2) 平成12年度『国民生活白書　ボランティアが深める好縁』経済企画庁.
3) 全社協　被災地支援・災害ボランティア情報 http://www.saigaivc.com/
4) 2011年7～8月のデータによる。
5) 災害ボランティアセンターでは把握しているが紙ベースのままになっており、電子データになっていないので入手できなかった。一例として紹介した活動内容は、金沢市社会福祉協議会への聞き取りによる。

5-5 津波災害に備える防災教育

岩田　貢

事例　高知県高知市

1 高知県の防災教育

　高知県では、南海トラフで起きると想定される南海地震において、最短2分で1mの波が押し寄せ、土佐清水市においては最大31.8mの津波高があるとされている[1]。
　県教育委員会では東日本大震災の被害を考慮して、2012年7月に以下のような項目からなる新たな防災学習教材「南海地震に備えちょき」[2] を作成した。

1. 南海地震は必ず起こる
2. 地震から自分の身を守る（揺れ編）
3. 地震から自分の身を守る（津波編）
4. 地震から自分の身を守る（土砂災害編）
5. 地震から自分の身を守る（避難生活編）
6. 今から備えよう

　地震津波から避難するには一定の時間の猶予があり、短時間にいかに的確に避難行動ができる力を養うかが、喫緊の課題になる。この地震津波の特性を考慮すれば、避難時に必要な教育（「避難時教育」）と避難後に必要な教育（「被災時教育」）にわけて考えることが合理的となる。1995年1月17日発生の阪神・淡路大震災では、地震直後の対応と避難生活への対処が注目された。しかし東日本大震災で多くの犠牲が出たことをふまえると、いかにして自分の身を守るのかという「避難時教育」にも関心が高まっている。その後も全国各地で頻発する集中豪雨などの自然災害を勘案すれば、同様の考え方が重要であるといえる。

2 潮江中学校の防災教育

(1) 校区の自然的特徴

　高知市立潮江中学校は、高知市中央部のはりまや橋から鏡川を南に越えた約700mに位置する（図1）。校区にみられる「潮江」や付近の「塩屋崎」などの地名は海岸そのものを連想させる。校区は、浦戸湾の奥にあたり、縄文海進以降に形成された低地で、大地震がくれば地盤沈下や液状化が生じ、津波により2～3m水没すると推定されている[3]。現に1946年の昭和南海地震の際には、1カ月以上水没した経験をもつ（写真1）。高知市によれば、2012年7月1日現在、潮江地区には、29,245人が居住しており、地区に一校存在する同中学校の生徒数は、約400人となっている。
　校区の西側には標高118m余りの筆山とそれに続く山地がそびえており、津波から逃れる絶対安全な避難先として最適の高所となっている。しかし校区に面する東側斜面の多くが墓地となっていて、登り道はあるがいずれも狭くて険しい。多数が安全に通れる広い道路は、筆山の北側のみに設けられている。

(2) 防災教育の成果と新たな課題

　潮江中学校の防災教育[4] は、2011年度に本格化した。同年3月11日に東日本大震災を経験したことから、地震津波の被害が想定される地域の学校として、取り組まねばならない必要性があっ

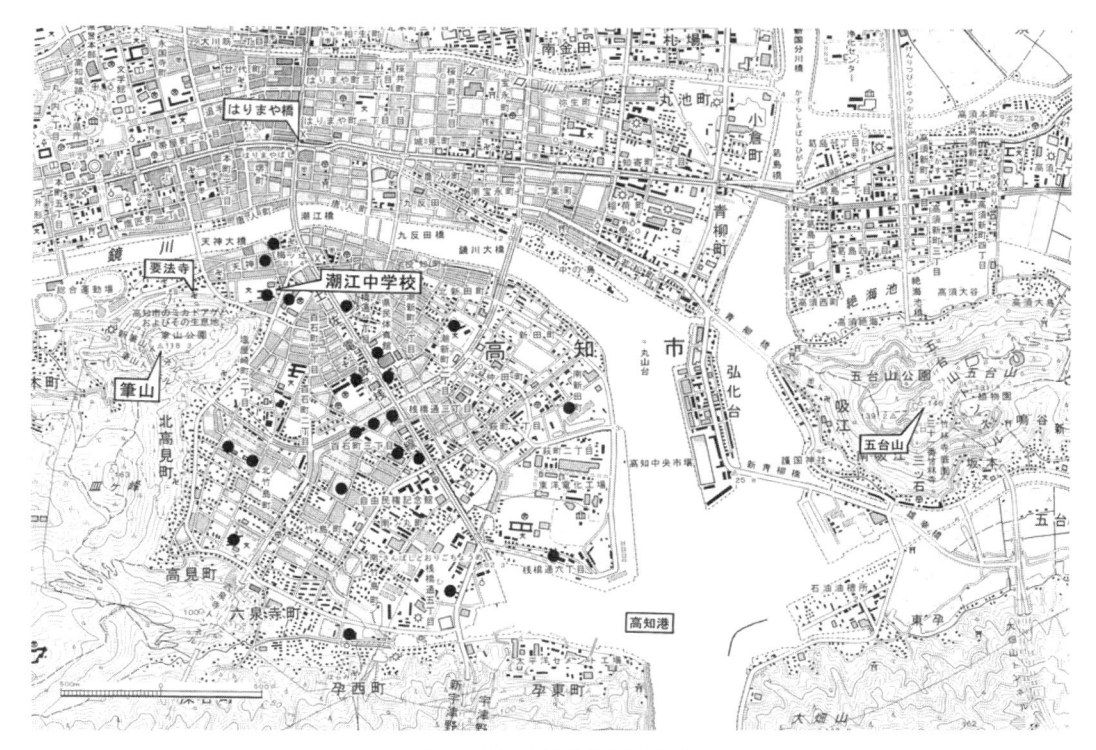

図1　潮江中学校校区付近図
●印は高知市指定の津波避難ビル。1：25,000 地形図「高知」（縮小）より。

写真1　五台山からみた昭和南海地震後3日目の高知市街（上）と現在の市街（下）
注5）より。

た。目標として「自分の命は自分で守る」主体的な行動ができる生徒の育成を掲げ、次のような実践[6]が行われてきた。
　①生徒自身が地震防災の啓発ポスター「地震に注意〜南海地震は必ずおこる〜」を作成し、地域やＰＴＡの支援を受けて、3,000枚もを印刷し配布した。
　②校舎内環境整備として、美術部生徒が、防火扉に『稲むらの火』をテーマにした絵や「天災は忘れた頃に来る」の標語を描いた。
　③夏休みに生徒会が住民から聞き取り活動を行い「昭和南海大地震聞き書き集」をまとめた。
　④防災教育の公開授業を、1年生「地震列島日本〜本校における地震の備え〜」、2年生「尋常小学校国語読本『稲むらの火』」、3年生「校区の防災について考える」の内容で実施した。
　これら一連の防災教育は、生徒向けには「防災学習」として実施された。1年間の実践の検証のため2012年1月に行われた「防災学習事後アンケート」の結果[7]からは、「強い揺れを感じたらすぐに高い所へ避難すること。（1年生）」、「南海地震は必ず起こること。（2年生）」、「周りの人と助け合うこと。落ち着いて行動すること。（3年生）」などの感想が多く寄せられた。
　回答結果からは「避難時教育」にかかわる生徒の高い意識を確認することができた。
　他方、学年を問わず「どれくらいの高さの建物に逃げたらいいのか」、「津波避難ビルが、中学校以外にどこにあるのか」、「筆山に登って何分で行けるか」などの意見も出てきた。これは、津波について学習することで、自分たちの校区において、「どこに逃げられるか？　どこが通れるか？」という与えられた一般的な情報に満足することなく、さらに「どこに逃げるか？　どこを通るか？」という、主体的な避難行動につながる知識を求めるようになったということである。

3　地理的分野のなかでの防災教育
（1）地理に求められる学習内容
　潮江中学校からは、地域の実態にあった防災教育の大切さが提案されている。教科において地域の実態を扱うのは社会科であり、そのなかでも自然的・社会的環境を扱うのは地理的分野である。
　これまでの防災教育では、指導者側から内容を示し、生徒に活動を実施させることに主眼をおいてきた。しかし、潮江中学校の実践をみれば、防災教育の内容は学校側が提起したものであるが、生徒がそれに応えてさまざまな提言を行えるような用意がされている。生徒自らが防災学習の新たな課題を生み出せる指導が行われているのである。
　地理学習においても、この視点が重要で、生徒が求める学習課題に応えられるものを示していく必要がある。たとえば地域調査においても、学習の目的や効率から調査項目を指導者側から与える場合が多いが、調査動機や項目に生徒からの視点を組み込むことにより内容の改善が図られることになれば、生徒による主体的で効果的な学習が行えることになる。ただし、教科指導の一環として行うものであるので、即時的な着想に傾くことなく、系統学習的な視点を保つことは重要である。
　ここでは、前掲の「どこに逃げられるか？」という問いに注目した地理学習の例を構想していきたい。

（2）地図を活用する学習
　まず、新聞などでの地震や津波報道にみられる地図の収集を行い、そこに高知市の位置を記入して関係性を学ばせたい。また大縮尺の地図では、高知県が作成した地震津波に伴う浸水想定図を拡大して、1:25,000地形図上に書き写させることで、校区や高知市中心部の被害予想も把握できる。さらに校区で津波避難ビルに指定されている22カ所の建物[8]の位置を現地で確認して、分布図として校区付近図に記入する（図1）ことも大切

な作業となる。

地形図上で、高知市内にある主要な公共機関を確認させ、市内各所からみえる目安となる建物や山地の方角を確認することも重要である。市内各所からの方角確認として有効なものとしては、五台山139.2m、筆山118.3mなどがあげられる。高知城天守閣もランドマークであるが、ビルが林立する街中ではとらえにくい。さらに、市街電車の軌道方向も重要な情報となる。これらは、日常生活上で既知の情報も多いと思われるが、図上作業の結果を、中学校の屋上から確認する活動としても取り入れたい。また、鏡川や国分川などの河川が市内を横断していることから、橋の位置確認も重要である。避難時に、逃げる方角と近寄ってはいけない場所を判断する情報とするためである。

地形図上の距離調べも行いたい。潮江中学校を中心とした半径500m、1,000m、1,500m、2,000mの同心円を描いて、おもな公共施設などを探し出し、図上で大まかな距離感覚を身につけさせたい。たとえば、避難地とされる筆山の要法寺の避難路までは500m、最短の筆山登山口までは200mあるので、徒歩での到達時間も計測させたい。災害時の交通渋滞などのパニック状態時での移動を念頭に、道路幅や路面の凹凸、あるいは交通量などから、車いすやベビーカーでも安全に横断や通行ができそうな道路や交差点についても調べさせたい。

(3) 標高の学習とその応用

地形図作業においては、まず読図すべき等高線は20mの主曲線である。この高さが校区での津波から安全に避難できる目安となる。しかし図上で等高線が表す意味を理解させるのは難しい。また標高値は、現地で生徒が実際に計るのは難しいものでもある。一方、地盤沈下や津波に耐えうる標高を、現地において生徒自身に調べさせることができれば、「どこに逃げられるのか？」の問いに、一つの答えを出させることができよう。

写真2 試作した簡易水準器

現在、国土地理院の「標高がわかるWeb地図」[9]が試験公開されているので、これの活用も考えられるが、別に簡易水準器（ハンドレベル）を活用して測る方法を提示してみたい。校区における基本的な標高の情報として、潮江中学校の校門から約200m北東に位置する標高1.4mの水準点があげられる。教具としては、100円ショップで購入可能な水準器の上方に平面鏡を斜めにつけて気泡を覗けるようにした水準器（写真2）を作成した。水平状態に保つことで、自分の眼球の高さにある前方の地点を探すことができる。目標地点には測量棒を垂直に立て数値を読み、自分の眼球の高さとの差から、測定地点と立っている地点との比高を計算する。測量棒は正式のものでも目盛を付けた簡易型でもよく、交代して測定して平均値を求める。値を水準点の標高に加算して各地点の標高を順次求める。まず校舎の階段と各階の標高値を測らせたい。また、筆山の避難路各地点の標高も実測してみたいものである。

これらの学習の成果を他の学習活動に広げるとすれば、地域ですでに作成されている避難路情報などを加え、避難路や標高の数値を作成した表示板を学校周辺に設置する活動が考えられる。日頃避難経路について探査している生徒が作成するなら、より的確な情報の提供になりうる。さらに、生徒自身が調査した標高値も避難路の途中に掲

示[10]すれば、利用者に安心を与えるものにできるのではないかと考える。

　昨年の東日本大震災において、いわゆる釜石の奇跡を起こした中学生たちは、想定にとらわれるなという教えを忠実に守った。この地においても、最悪の想定をまず念頭に置き、それ以上のことにも対処できるように、まず「自分の身を守る」力を身につけさせたい。いわば自助のための基礎を培う学習である。これは、仮に避難すべき状況なれば、より幼い子どもたちや高齢者などに力を貸せる共助のための力へとつながると考えるからである。

注
1）朝日新聞 2012 年 4 月 3 日他.
2）高知県庁 HP に詳しい。
　http://www.pref.kochi.lg.jp/soshiki/312301/jishin-gakushuu.html
3）中央防災会議の資料（2012 年 4 月 12 日公表）による。
4）潮江中学校の防災教育は、拙稿（2012）「地震津波に備える地理教育―高知市立潮江中学校の事例―」、地理教育研究 11（全国地理教育学会）にもとづく。
5）高知県『南海地震に備えちょき　家庭保存版』（平成 23 年 11 月改訂）.
6）宮田龍「実践！校長塾－ 173　●地域協働で 9 年間を見通した教育環境を④－防災教育を核とした小・中学校の連携－」、日本教育新聞社『週間教育資料』No.1194、2012 年 2 月 6 日.
7）潮江中学校作成資料より抜粋。
8）高知市公式 HP に詳しい。
　http://www.city.kochi.kochi.jp/soshiki/12/tsunami-escape-building.html
9）国土地理院 HP に詳しい。
　http://saigai.gsi.go.jp/2012demwork/checkheight/index.html
10）海抜表示プレートの作成は、防災教育チャレンジプラン HP に詳しい。http://www.bosai-study.net/houkoku/plan14/index.html
　なお、高知新聞 2013 年 4 月 25 日付記事によれば、高知市により、2014 年 3 月末までに市内 100 カ所の電柱への海抜表示板の設置が進められている。

6章 多様な災害と防災教育

6-1 雲仙普賢岳の火山災害に学ぶ

辰己 眞知子

事例 長崎県島原市・南島原市

1 火山国 日本

　日本は火山国である。2012年現在活火山は110ある[1]。活火山とは、噴火記録のある火山や今後噴火する可能性がある火山である。図1は日本の活火山分布を示したものである。この110の火山のなかには、北方領土や海底火山、無人島の火山も含まれている。ほぼ全国に分布するが、近畿地方や四国には存在しない。

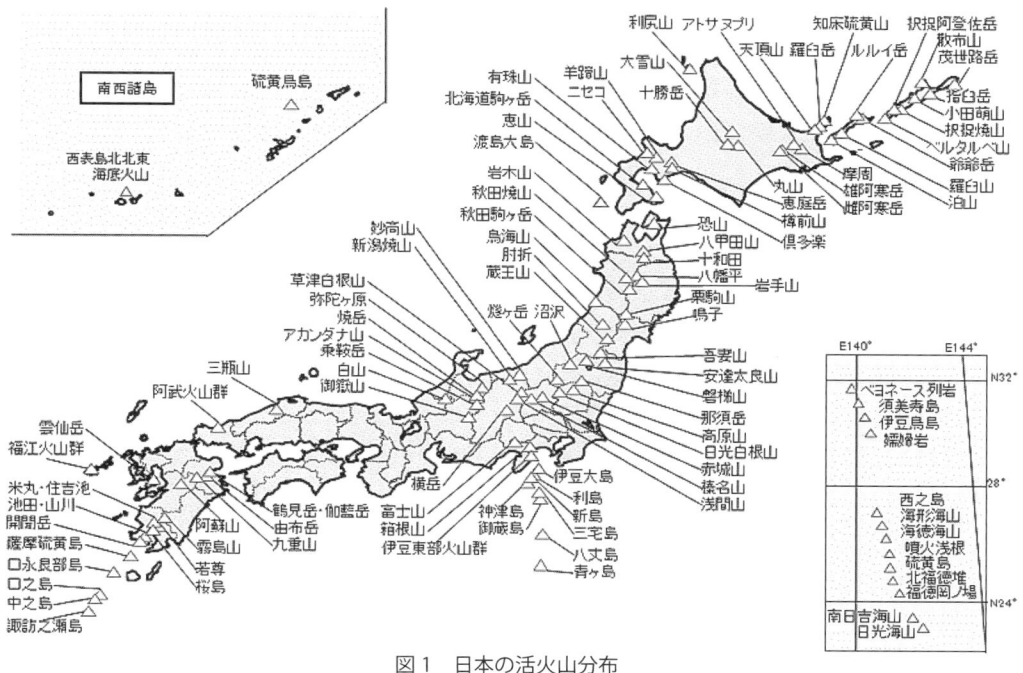

図1　日本の活火山分布
注1) より。

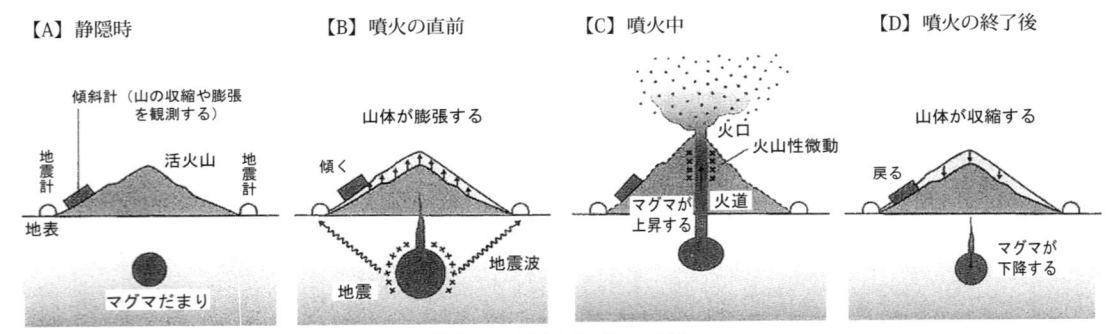

【A】静隠時　　　　　【B】噴火の直前　　　　【C】噴火中　　　　　【D】噴火の終了後

図2　火山噴火のメカニズム
注5）より。

狭い日本に世界の活火山の約8％が存在するにもかかわらず、私たちは火山のことをよく知らない。それは大噴火を体験するのは100年に1度あるかないかの低頻度で、しかも地域が限られているからである。日本には昼夜問わず監視されている火山は多くあり、火山噴火のメカニズムや火山災害の種類などの基礎知識を、学校教育で習得する必要がある。また、火山災害を最小限に防ぐために、過去の噴火事例から被害の状況を充分理解し、次の噴火に備えることも大切である。

本稿では1990（平成2）年から始まった雲仙普賢岳での噴火の推移、被害の概要、災害への対応を紹介し、防災と復興さらには防災教育への活用について学びたい。

2　火山噴火のメカニズム

火山の大部分は、プレートが上昇する海嶺か、海溝から約150km内陸側で発生している。海嶺や海溝に沿って火山が並んでいるのはこのためである。噴火とは、マグマが地下から地表へ噴き出すことである。マグマは地下の岩石が融けたものである。地球内部に恒常的なマグマの層は存在しない。マグマが発生するのは、地殻の下に分布するマントルが部分的に融解することによってつくられると考えられる。

マントルでマグマが発生するメカニズムは2つある。1つは岩石が融け始める温度が、圧力とともに上昇するという性質のため、高圧下で個体であった物質が温度を保ったまま低圧下に移動すると、その圧力での融点を超えることになるため融解して、マグマが発生する。第2のメカニズムは、高温の岩石に水などの揮発性成分が加わると、水がない場合よりも数百度低い温度でも融解するという性質によるもので、日本列島のように、海のプレートが海溝付近で陸のプレートの下に沈み込んでいるような場所では、沈み込んだプレートが約100kmの深さにまで達すると、プレートを構成する岩石に含まれていた水が分離し、陸側のプレート下のやや温度の高い部分に上昇して、この部分の融点を下げるためにマグマが発生する[2]。

図2は噴火のメカニズムを表したものである。圧力が高まったマグマが火山の下にある火道を上昇する。そのとき小さな地震が発生する。噴火が近づくにつれ、地震は地下深くから浅い位置に移る。地下にあるマグマが地上に向かうときに山体が膨張する（図のB）。その後、火山微動を発生した後噴火が始まる（図のC）。さらに、マグマが下に戻る時に山体が収縮する（図のD）。

3　さまざまな火山災害

火山災害は噴火の際に噴出物が火口から放出されることで発生する。また、噴出物による直接被害だけでなく間接災害をひきおこすこともある。

1600年以降の火山災害による原因別の死亡者数をみると、1899年までは噴火後の飢饉や疫病が最も多く、次に火山活動が原因となる津波がある。20世紀になると火砕流・岩屑流（岩屑なだれ）・火災泥流が多い[3]。犠牲者数が最も多かったのは、1815年に発生したインドネシアのスンバワ島にあるタンボラ山の噴火で、9万2千人が餓死した[4]。

降下火山灰の被害も大きい。日本では高空に運ばれた火山灰は、偏西風によって東方に運ばれていく。天明の大飢饉は、1783年の浅間山の噴火によって引き起こされたという説があるが、同年6月に起きたアイスランドでのラカギガル山の大噴火が日本を含む世界の気象の変化に影響を与えた可能性が高いという[5]。1815年のタンボラ火山の噴火後は世界中で夏が消えた。世界中で異常気象が発生して凶作が広がり、大飢饉、暴動、疫病、政治不安、革命、内戦などが続いた[6]。ヨーロッパでは、ラカギガル山噴火後、寒波でフランス革命が起こり、ナポレオンのロシア遠征が冬将軍の襲来のため失敗し、アメリカでは東部の農民たちが西部開拓地へ移住を始めた。巨大噴火は間接的に歴史をも変える。

火山灰はまた、人体にも影響を及ぼす。1980年のセントヘレンズ火山の噴火では68人の犠牲者のうち16人が火山灰を吸い込んで死亡した。さらに巡航中の飛行機が火山噴火の噴煙に突入して、エンジントラブルを起こす事故も起きている。

大気に放出される火山ガスもまた、気温を低下させ、食糧不足を招く。古代ローマ帝国時代の79年に起こったヴェスヴィオ山噴火では、博物

表1　火山災害の種類

	加害要因	特　徴	おもな事例
直接災害	溶岩流	マグマが地表を連続体として流下する現象。森林、建物の炎上、破壊を招く。	キラウエア（1983）、三宅島（1983）、エトナ（1984）
	火砕流・サージ	高温のマグマ片が高温の火山ガスに巻き込まれて周囲の空気などとともに、斜面を高速で流下する現象。火砕サージが同時に発生し、建物、人間、家畜への被害が大きい。	雲仙普賢岳（1991）、ピナツボ（1991）
	投出火山岩塊・火山弾	火口から弾道を描いて飛散する大きな噴石により、直撃されると人や家畜は即死し、建物は破壊される。	桜島（1985）
	降下火山礫	火口から風に流されて落下するこぶし大の噴石により、植生や作物、また住居へ被害をもたらす。	
	降下火山灰・一次土石流	火口から上空に運ばれた火山灰は風下で降下し、植生に悪影響を及ぼす。人体にも影響を与える。また、土石流も発生する。	セントヘレンズ（1980）、三宅島（2000）
	火山ガス・酸性雨	火山から放出される硫化水素・二酸化硫黄・塩素・フッ素などの有毒ガスにより、住居被害・樹木の枯死・人的被害をもたらす。	ニオス湖（1986）、八甲田山（1997）、安達太良山（1997）、三宅島（2000）
間接災害	地震	マグマが火道を上昇するときに発生する。	桜島（1914）、セントヘレンズ（1980）
	地殻変動	火山の噴火に伴って、山自体が膨れたり縮んだりする動きをいう。	有珠山（1977～78）
	津波	海や大きな湖のそばで火山の噴火が起こり、火砕流が水中に突入したり、山体崩壊などによる岩なだれが水中に突入すると、海水や湖水の水面変動が起こり発生する。	雲仙眉山（1782）
	二次土石流	大量に降り積もった火山灰が大量の降雨によって破壊力のある水流となり、下流域で家屋を破壊する。	ネバドデルルイス（1985）、雲仙普賢岳（1991）
	大気への影響	低温化、異常気象をもたらす。	浅間山（1783）、ラカギガル（1783）、タンボラ（1815）
	噴火後の飢餓・疫病	農作物の不作によりおこる暴動や、革命までも引き起こす。	浅間山（1783）、ラカギガル（1783）、タンボラ（1815）

藤井（2012）などより作成。

学者の大プリニウスが濃い火山ガスで呼吸を妨げられ帰らぬ人となった[7]。1986年8月に起こったカメルーンニオス湖での事故では、1,700人以上の死者と多数の負傷者および家畜への被害がでた[8]。このように火山災害は、災害が広域に及び、噴火による加害因子は多岐にわたるという特徴がある（表1）。

4 平成の雲仙普賢岳噴火

1990（平成2）年11月に始まった雲仙普賢岳の火山災害は、1995（平成7）年2月まで継続した。雲仙火山は島原半島にある活火山で、これまでに1663（寛文3）年、1792（寛政4）年に噴火している。寛文噴火では妙見岳の崩壊壁のすぐ内側から古焼溶岩（安山岩）が噴出し、北へ1km流下した。その翌年には九十九島池（火口）から出水し、水無川河口の安徳で氾濫し、30余人が死亡した[9]。寛政噴火では、地獄跡火口から噴火後、北東山腹から溶岩を流出した。噴火停止の約1カ月後に発生した地震により、東麓の眉山が大崩壊し、3.4億m³の岩屑が有明海になだれ込んだ。そのため最大波高10mの大津波が発生し、死者1万5,000人に達する日本最大の火山災害となった[10]。対岸の熊本県でも被害は甚大で、「島原大変・肥後迷惑」として伝わっている。

(1) 平成大噴火の推移

平成の噴火は、約1年間の前駆的な地震活動の後に1990年11月17日の水蒸気爆発から始まった。噴火地点は九十九島火口と地獄跡火口の2カ所であった。1991年2月に噴火が地獄跡火口から150m西で再開し、屏風岩火口と命名された。その後マグマ水蒸気爆発を経て1991年5月20日に地獄跡火口から溶岩が噴出し、溶岩ドームの成長が始まった。5月24日には溶岩ドームの溶岩塊の崩落により、普賢岳東斜面に火砕流が発生した。その後も溶岩ドームの成長に伴って、火砕流が頻発し、その数は約6,000回に達した。

溶岩噴出量は、最盛期に1日30～40万m³に達し、複数の溶岩体（ローブ）を形成した。1992年末には溶岩の噴出は一時停止したが、1993年2月には復活し、以後ローブや破砕溶岩丘を形成して、最終的には一つの巨大な溶岩ドームを形成した。1995年2月に噴火は終息したが、溶岩総噴出量は2億m³で、そのうち約半分が溶岩ドームとして留まり、残りは成長過程で崩落し、火砕流堆積物となった[11]。

(2) 被害の概要と災害への対応

死者・負傷者のほとんどは火砕サージによるものであり、犠牲者は防災関係者12人、報道関係者16人、報道関係者用のタクシー運転手4人、火山研究者3人、一般住民7人、また、発生と同時に危険を知らせようとした警察官2人も巻き込まれた。さらに負傷者9人、建物焼失179棟という大惨事となった[12]。

一方、家屋被害は2,511棟に上り、その過半数は土石流によるものであり、そのほかは火砕流による焼失がほとんどである。家屋被害には学校などの教育施設が含まれ、教育活動にも大きな影響を及ぼした。

全体の被害額は2,299億円になっているが、風評被害も大きく商工業の間接被害が全体の67％を占めた。噴火直後からの観光客の減少、国道の不通による買物客の減少がおもな原因である。長崎県の人口も国勢調査で比較すると、90年と95年では1万7,952人減少した。このうち島原半島全体で9,337人と全体の約半数を占めた[13]。さらに農業、水産業（土石流による漁獲高の減少）などにも影響した。

1991年6月3日の火砕流以後、火山災害への危機管理システムが本格的に構築されることとなった。火山研究者、地方自治体、警察、消防の間で何度も協議が行われた。火砕流は、約4年にわたって頻繁に続いたが、危機管理システムが機能した結果、人的被害を最小限に食い止めることができた。島原市と深江町では、大学の火山観測と自衛隊の機能を一体化させ、独自の危機管理

システム・支援体制をとった。大学の火山研究活動と自衛隊の災害派遣活動とを融合する試みは、雲仙普賢岳で初めて成功した。火山監視と災害危機管理を同時に行うという、異質の機関が緊密な協力体制をとって目標を達成したことは高く評価される。これは、今後の火山防災システムを構築するうえでも多いに参考になる[14]。

(3) 雲仙普賢岳の火山災害に学ぶ

被災地では普賢岳の災害から学んだ教訓をもとに、以下のような取り組みをすすめている。

①先駆的な砂防指定地の利活用、②火山災害学習体験施設の整備とフィールドミュージアム化、③災害を経験した市民の復興と防災への意識高揚策(火山観光化・防災都市づくり)、④第5回火山都市国際会議の島原開催、⑤世界ジオパークへの登録、である。ここでは②について述べる。

活火山は温泉、地熱、豊かな農業地帯、火山景観、信仰など地域に恵みをもたらす。周辺は観光地や保養地として利用されている。火山活動の終息後に火山災害の遺構や防災施設を火山災害学習体験の場として整備すれば、新たな観光資源が地域にもたらされるので、復興や地域の活性化となり得る。「火山とつきあう」や「火山との共生」などのキーワードに4つの学習体験施設が建設された(図3)。

土石流被災家屋保存公園が併設され、火山災害学習体験施設としての機能をもつ「道の駅みずなし本陣ふかえ」(1999年4月開館、図中①)(写真1)、火山体験学習施設を集客施設として位置づけて整備した「雲仙岳災害記念館」(がまだすドーム、2002年7月開館、図中②)、1991年9月15日に発生した火砕流により焼失した旧大野木場小学校校舎に隣接する「大野木場砂防みらい館」(2002年9月開館、図中③)、自然が回復していく様子を間近で観察できる自然共生型学習施設である「平成新山ネイチャーセンター」(2003

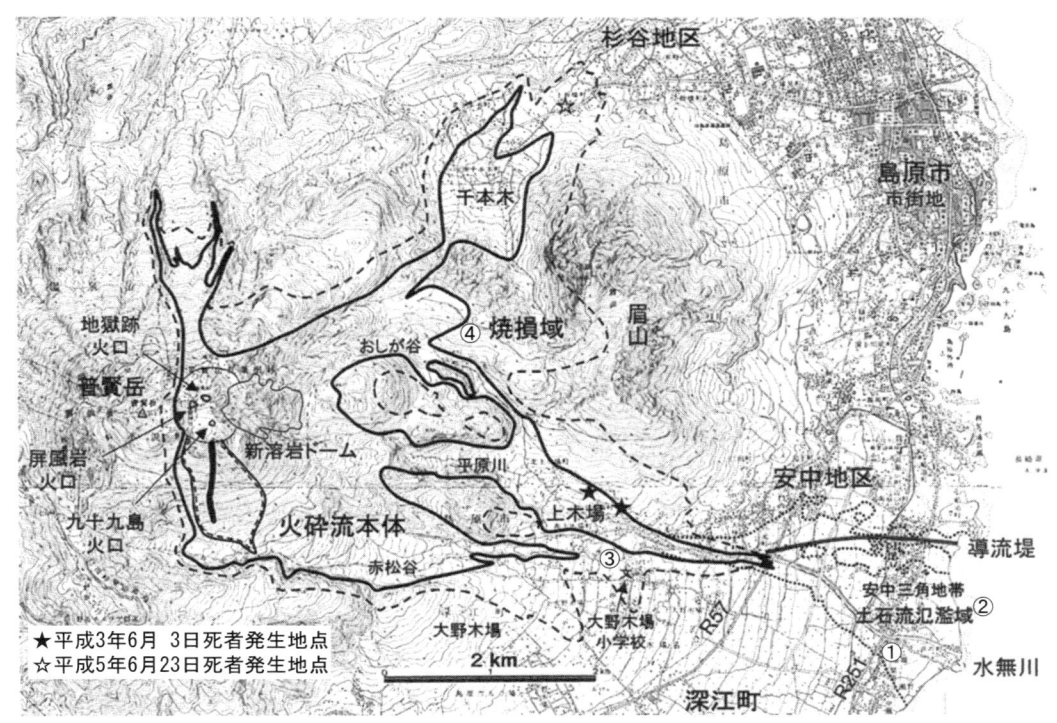

図3 平成新山ジオサイトおよび火砕流・土石流の流下範囲と火砕流による死者発生地点
①〜④は本文に対応。注13)に加筆。

写真1　土石流で埋没した家屋
道の駅「本陣ふかえ」内に展示されている。
2012年8月撮影。

写真2　「大野木場砂防みらい館」からみた水無川
2012年8月撮影。

写真3　「ネイチャーセンター」から
みた平成新山
2012年8月撮影。

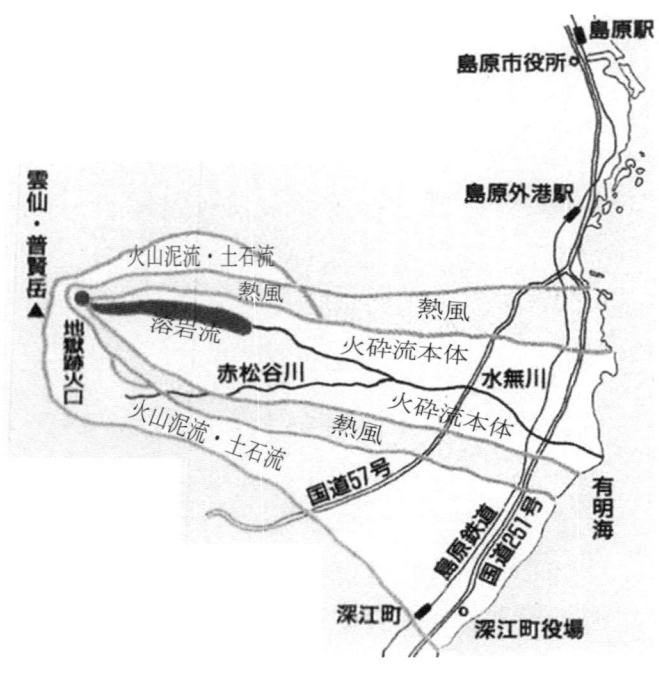

図4　災害予測シミュレーション図
注14) より。

年2月開館、図中④）である。この4つの施設は平成新山フィールドミュージアムの役割分担をしている。また、ガイドブックが作成され、地元のホテル・旅館、交通機関に配布された。

2007年の火山都市国際会議島原大会は、市民参加型の国際会議として高く評価された。この成果を風化させずに定着させるために、島原半島はジオパークの申請に取り組み、日本最初の世界ジオパークとなった。また、2012年5月にはジオパーク国際ユネスコ会議が開催された。

5 火山監視・噴火予知・ハザードマップ

普賢岳では、噴火が4年以上と長引き、火砕流や土石流による災害防止のため、リアルタイムに火山を監視する必要が生じた。自衛隊のヘリコプター・暗視カメラ・偵察用レーダーが駆使された。これらは長崎県知事の要請で派遣された、島原災害派遣隊の協力によるものであった。

火山噴火のメカニズムを利用して、火山の膨張を「傾斜計」を使って精密に測定し、噴火開始を察知することが可能である。また、火山体の「磁場」の変化を測定する方法もある。これはマグマが地上に近づくと岩石の磁化（磁力）が弱くなる性質を使うものである。さらに、火山ガスの変化も噴火予知に用いられる。火山観測を正確に行い、蓄積された観測データの分析が噴火予知に役立つ。

火山災害予測図＝ハザードマップの役割として、①噴火の際の生命・財産の保全、②長期的な土地利用計画への活用、③郷土の自然教育・防

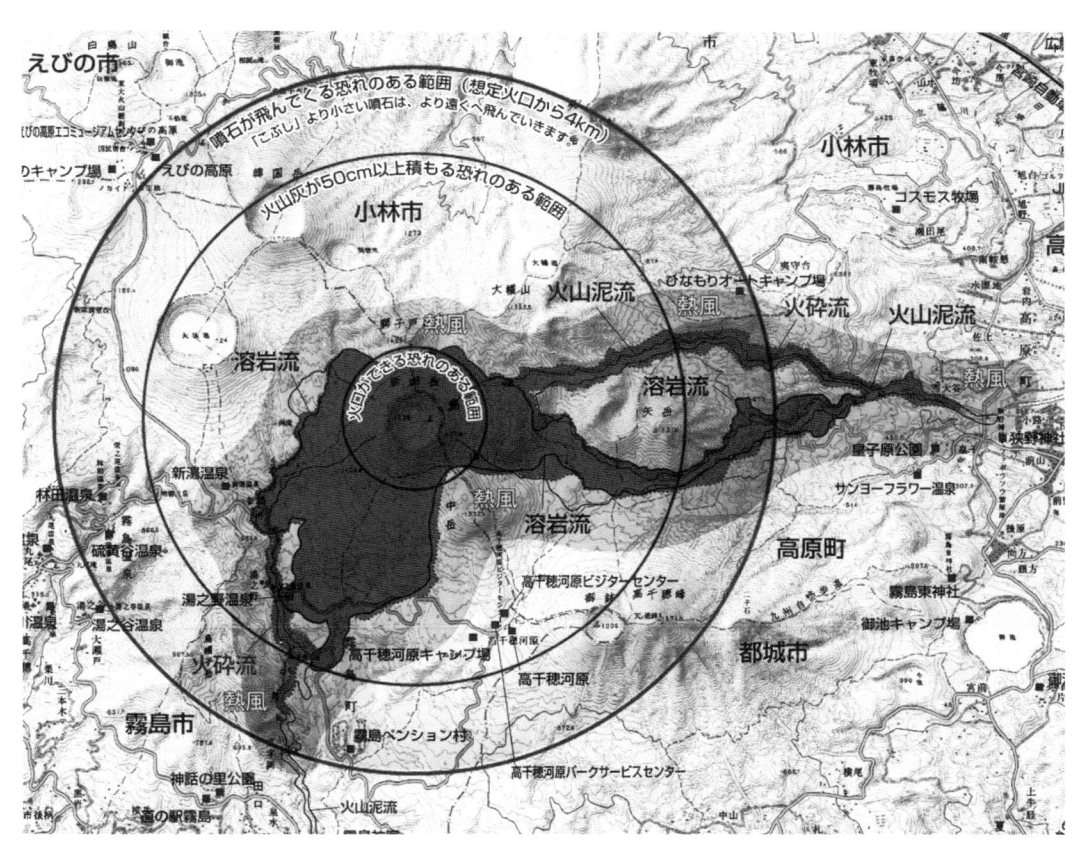

図5 新燃岳災害地域予測図
新燃岳が火口になった場合の災害予測図。霧島火山防災委員会（2007）の一部。

災教育への活用、④観光や地域振興のための基礎データの提供の4点があげられる[15]。図4は大火砕流後に島原市に届けられた災害予測シミュレーション図で、図3は火砕流・土石流の流下範囲と火砕流による死者発生地点をあらわしたものである。実際には水無川に沿った地域だけでなく、北、北東にも火砕流の被害が及んでいたことが判明した。

他の例として図5に、2011年1月26日に大噴火した霧島新燃岳のハザードマップの一つを示した。霧島市は多くの防災マップを出している。規模の大きな噴火が起こった場合の災害区域予測図として、えびの高原、大幡池、新燃岳、御鉢が火口となった場合の4つの区域が設定されている。地域住民への配布とともに、その後住民への説明会を開きハザードマップに示されている情報を伝えている。

6 学校教育に生かす

日本の火山災害や防災の授業に雲仙普賢岳の事例はおおいに活用できる。4つの施設では普賢岳で何が起こったのか、噴火によって住民の暮らしがどう変化したのか、安心して暮らせ、豊かな町に復興するにはどうしたらよいのか、などを学ぶことができる。島原半島も霧島もジオパークに認定されているので、大地の恵みと人びとのかかわりをも学ぶことができる。実際に修学旅行で訪問する学校もある。現地見学が無理であれば、豊富な資料や記録を活用しよう。

ハザードマップを利用して、噴火が起きると溶岩流、火砕流、火災泥流、熱風などがどこまで被害を及ぼすのかを知り、集落や学校の位置を確かめながら、避難先、避難ルート、安全な行動などを学習することもできる。わかりやすいハザードマップを小・中学校の教室内に展示するのもよい効果を生むだろう。

火山の噴火は脅威であるが、美しい景観、温泉、地下水・湧水、地熱エネルギーなど私たちの生活に役立つ多くの恵みを火山からもらっていることを強調したい。

注
1) 気象庁HP.
2) 藤井敏嗣（2012）「火山災害」，所収『日本歴史災害事典』吉川弘文館.
3) 宇井忠英（1997）『噴火と災害』東京大学出版会.
4) 中田節也（1996）「雲仙噴火と火山災害」，所収『防災』東京大学出版会.
5) 鎌田浩毅（2012）『次に来る自然災害』PHP新書.
6) 石弘之（2012）『歴史を変えた火山噴火』刀木書房.
7) 青柳正規（1996）古代ローマ時代の災害と防災，所収『防災』東京大学出版会.
8) 金子史朗（2000）『火山大災害』古今書院. 下鶴大輔（2000）『火山のはなし　災害軽減に向けて』朝倉書店.
9) 渡辺一徳・星住英夫（1995）「雲仙火山地質図」地質調査所.
10) 高橋和雄・木村拓郎（2009）『火山災害復興と社会』古今書院.
11) 長崎大学「火山と災害」教育研究グループ（2000）『火山　雲仙普賢岳がもたらしたもの』長崎出島文庫.
12) 鎌田浩毅（2002）『火山はすごい　日本列島の自然学』PHP新書.
13) 太田一也（2012）「1990雲仙岳噴火」，所収『日本歴史災害事典』吉川弘文館.
14) 林義人（1991）「雲仙・ピナツボで何がおきたのか」，所収『今 火山が危ない』学習研究社.
15) 小山真人（2009）『富士山噴火とハザードマップ』古今書院.

6-2 日本海側の雪害

山脇 正資

事例 京都府丹後地方

1 豪雪について

近年、地球温暖化がいわれる一方、各地で雪による被害が多く発生している。とくに積雪が多くなる山間部は、近年の高齢化の影響もあり、雪下ろし時での事故が増加している。気象庁は、「著しい災害が発生した顕著な大雪現象」をとくに「豪雪」とよんでいる[1]。豪雪で交通網が寸断されると、車社会の脆弱性を一気に露呈し、人や物資の輸送に大きな影響を与える。さらに、豪雪の影響は、家屋の損壊や農業・林業にも及ぶ。春の雪解けシーズンになると洪水害や地すべりの被害の影響も考えられる。これら豪雪による災害を、本稿では「豪雪害」とよぶこととする。

戦後の豪雪害では、1963年の「昭和38年1月豪雪」での被害が突出している。いわゆる「三八豪雪」とよぶものであるが、最近は、その記憶も薄れ、記録も少ないことから、豪雪害の実態が教材として伝えられていないと考える。

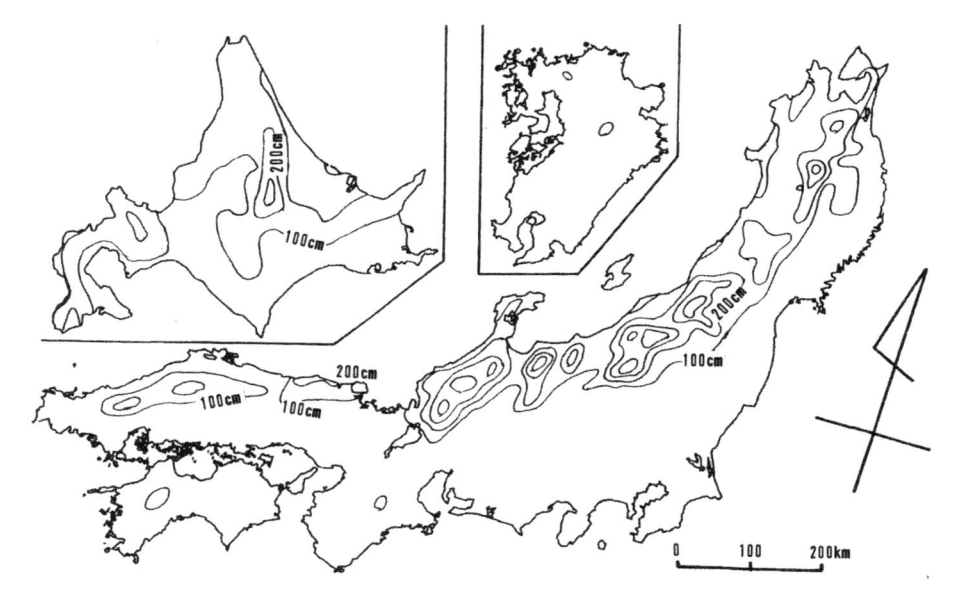

ここでは、多雪山間部に集落が点在する京都府丹後半島において、三八豪雪がどのような被害をもたらし、地域にどのような影響を与えたかについてまとめるとともに、最近の豪雪害とを比較し、

図1 1962～1963年冬の最深積雪深分布
1963年2月19日時点の数値。等深線は100cm間隔。注2)を一部改変。

豪雪害を授業でどのように扱うべきか提起するものである。

2 三八豪雪とは

　1963（昭和38）年1月、日本列島の日本海側は例年にない豪雪に見舞われ、北陸西部を中心に観測史上最大の積雪がみられた。この年は積雪量の多さだけでなく、降雪時間が異常に長くなり、日本海側に深刻な雪害をもたらし（図1、図2）[2]、死者・行方不明者は231人に及んだ。気象庁はこれを「昭和38年1月豪雪」と命名した。なお、この年の冬季の異常気象は日本だけではなく、北半球全体に及んでいた（図3）[3]。北極振動による寒気の放出の影響が指摘される。北極振動とは、北極の寒気は偏西風の蛇行がほとんどないと蓄積されるが、寒気が放出されるときは、偏西風が大きく蛇行し、ユーラシア東岸、北米東岸、ヨーロッパなどに寒気をもたらすことが多いという考えである。

　表1は、戦後のおもな豪雪害を示したものである。死者・行方不明者、全壊家屋ともに、三八豪雪が突出している。三八豪雪での都道府県別の死者数では、島根県33人、福井県31人、石川県24人など、北陸・山陰地方を中心に大きな被害が出た。福井県勝山市では1月24日の表層雪崩により、14棟が押しつぶされ14人が死亡、

表1　戦後のおもな豪雪害

発生年・月	災害名	死者・行方不明者（人）	全壊家屋（棟）
1962.12〜63.3	昭和38年1月豪雪	231	753
1976.12〜77.3	昭和51年度の大雪	101	56
1980.12〜81.3	昭和55年度の大雪	152	165
1983.12〜84.3	昭和58年度の大雪	131	61
2005.12〜06.3	平成18年豪雪	152	18
2010.12〜11.3	平成22年度の大雪	131	9
2011.12〜12.3	平成23年度の大雪	130	13

注4）より。

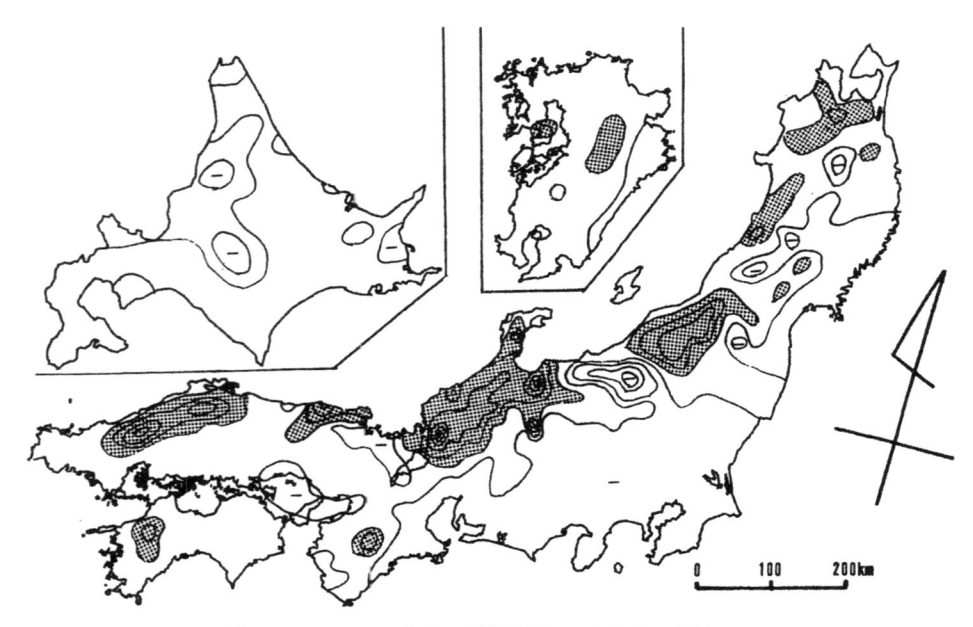

図2　1962〜1963年冬の最深積雪の平年からの偏差
　等値線は50cm間隔。網掛け地域は平年値を50cm以上超えている地域。とくに山陰から北陸西部での積雪が例年以上に多かったことがわかる。図中の − 記号は平年値を下まわった地域を示す。注2）を一部改変。

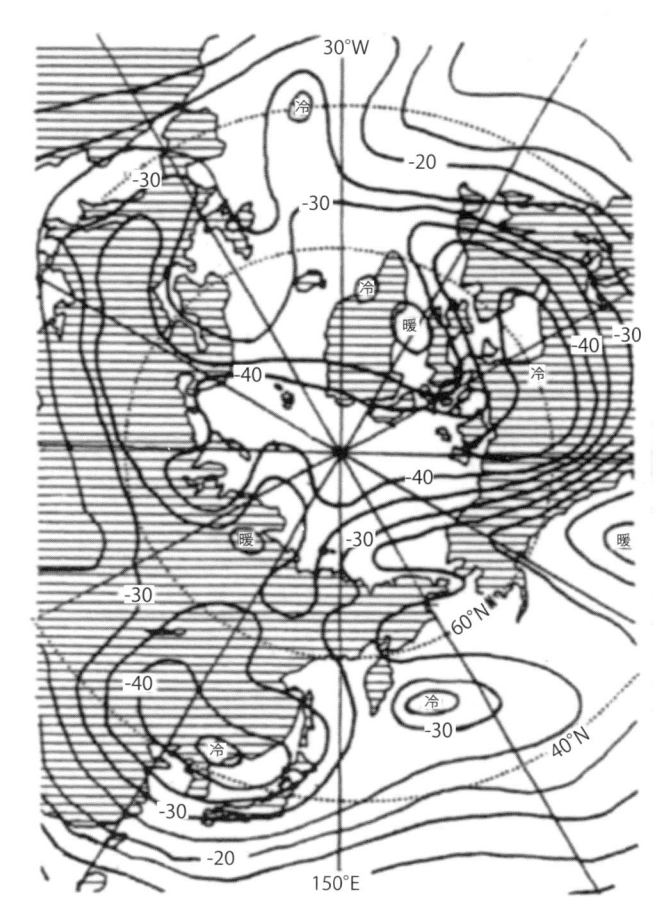

図3　1963年1月22日の高層（500hPa）の気温
等温線は5度間隔。マイナス30度の線に着目すると、極東・北米東岸・ヨーロッパで、厳しい寒波が襲来していたことがわかる。注2）を一部改変。

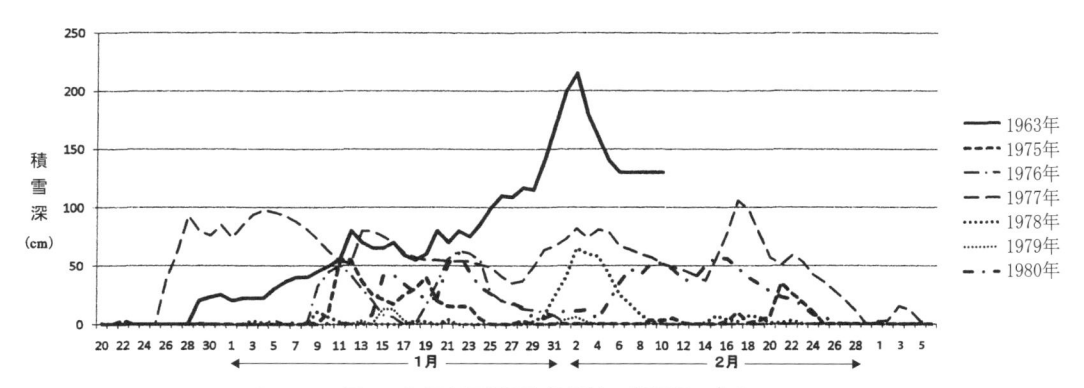

図4　京都府旧網野町役場前の積雪深の変化
1963年は、2月11日以降はデータなし。他の年と比較して、1月末での積雪が極端に多かったことがわかる。京丹後市資料より。

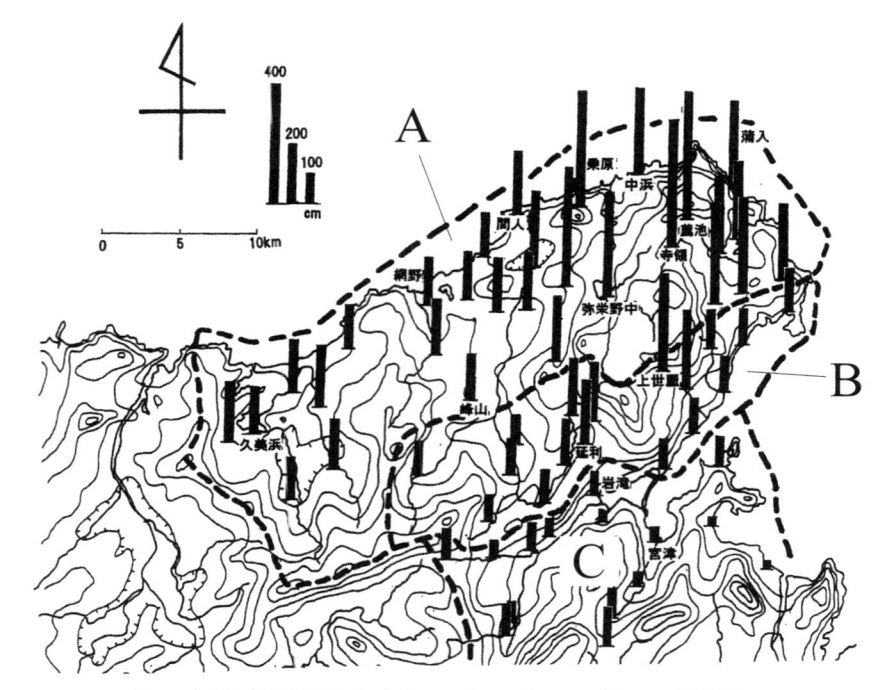

図5　京都府丹後地方における1963年2月4日時点での積雪深
A〜Cは地域区分（A：丹後半島主稜線北側　B：丹後半島主稜線南側　C：野田川低地以南）。積雪は、とくに丹後半島北部で多かったことがわかる。ただし、2月4日時点の数値なので、その冬の最深積雪になっていないところもあるので注意。薦池は2月4日のデータが欠落しているため、2月1日で代替。注5）より作成。

同26日には福井県美山町で発生した雪崩が下校中の教員・生徒を直撃し4人が死亡するなどの被害が出ている[6]。

3　京都府丹後地方での降雪の特徴と被害

　京都府北部の丹後地方[7]では、旧網野町役場前の積雪深のデータ（図4）をみると、積雪は前年（1962年）の年末、12月29日に始まり、1月に入り少し小康状態であったが、1月5日頃から徐々に積雪深が増加し始め、1月12日に最初のピークがあり、その後1月24日から積雪深は再び増え始め、2月2日に215cmの最大積雪深となった。他の年のデータと比較すると、1月末の降雪が多かったことがわかる。
　丹後地方全体での積雪深を示したのが図5である[8]。図5中、最大の積雪深（4m以上）になっ

ているのが丹後半島北東部の山間地で、丹後半島南部では、積雪深は減少する。
　丹後地方では1月末からの積雪深の増加により、損壊する家屋が続出した。図6の丹後地方旧町別の損壊戸数をみると、丹後半島北西部で高い数値となっていることがわかる。また、山間地では3mを超える積雪のため道路網が寸断され、孤立する集落が続出した。
　産業への影響としては、丹後地方では農業面とちりめん産業[9]への被害が大きかった[10]。とくに丹後経済を支えるちりめん産業への影響は甚大で、家屋、作業場、工場などの全半壊・一部損壊などによる直接被害、交通途絶による外部からの原糸搬入が困難となっての生産休止・減少、季節商品の出荷遅延など丹後機業全体の損害は10億円を超えた。

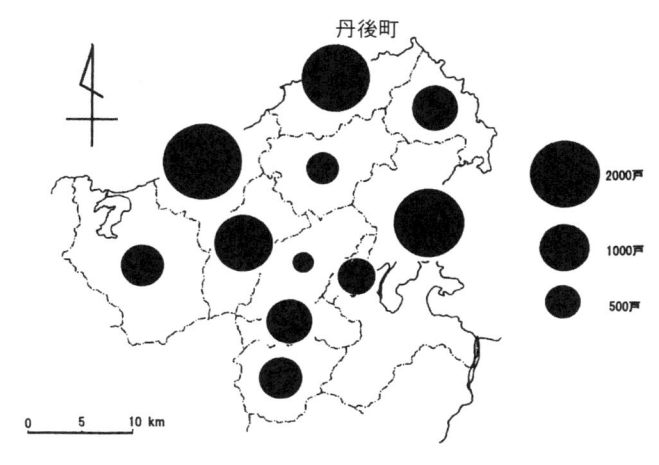

図6 昭和38年1月豪雪による京都府丹後地方周辺の損壊戸数
2月8日22時時点での数値。戸数には非住家被害を含む。
注5) より作成。

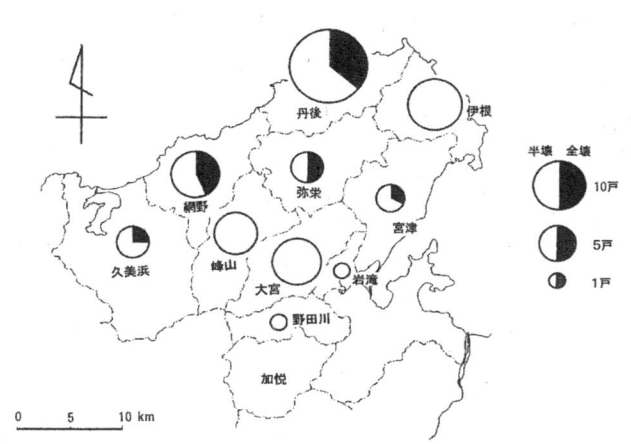

図7 昭和38年1月豪雪による京都府丹後地方周辺の全壊・半壊戸数
2月8日22時時点での数値。注5) より作成。

4 豪雪害への対応と豪雪害の影響

　これらの豪雪により自治体や住民はどういう対策をとったのか、豪雪害で大きな影響の出た旧丹後町の動きを中心にみてみる。1月11日から12日朝にかけての積雪により、丹後町唯一の交通手段であるバス路線が不通となり（当時は自家用車の保有率は低い）、全壊家屋が出ている。府は、峰山、舞鶴、宮津など北部の土木工営所のブルドーザーのすべてを投入し、除雪に努めた。その後も降雪は毎日のように続いた。町は1月21日、30日、2月1日の3回、家屋倒壊を防ぐため、雪下ろしの指示を各区民に連絡している。

　とくに1月30日の降雪量は多く、町は雪害対策本部を設置し、道路交通の打開、緊急必需物資の輸送、孤立集落の救援を重点的に取り組むこととなった。2月1日には一部地域で電話が不通となり、国鉄宮津線も雪崩のため、一時不通となった。翌日の2月2日はさらに積雪量が増え、翌

朝損壊家屋が続出した。また、道路網が寸断され食糧も確保が難しい事態となった。車の通行は全てストップし、雪下ろしによる雪が道路を埋めたところもあり、市街地の除雪も難しい状況となっていた。

　2月4日には、京都府は主要幹線道路の除雪のためダンプカーなどの借り上げや除排雪作業員の府費雇い上げを増やし、伝馬船をそりに改造して、生活必需物資のそり輸送の開始を決定した。2月5日～7日の3日間、船そりは、陸路ちりめんを積んで早朝に峰山に向けて出発し、帰りは生野菜や粉ミルクなどの食料品とちりめんの原糸を積んで夜に帰ってきた[11]。

　2月6日には、主要幹線道路の除雪と丹後半島北東部の点在集落との連絡確保のため、午前11時、陸上自衛隊の出動要請を行った。自衛隊は、2月18日まで人員230名、ブルドーザー、雪上車、ショベル車、ダンプ車などを用いて主要道路の除雪作業を行ったほか、緊急用としてヘリコプターを2機待機させた。2月11日には、ヘリコプターで妊婦を輸送するなど、急病人・妊婦・食糧・燃料などの輸送を行った。

　除雪作業は、京都府の各工営所が所有するブルドーザーやトラックの他、民間のブルドーザーやトラックを借り上げ、幹線道路の除雪にあたった。主要幹線道路は2月下旬にはほぼ開通するようになった。また、町内各区へは20日間に延べ1万1,000人による除雪作業が行われた。2月7日以降は気温も上昇し、最低気温が年初来初めて氷点下を脱し、除雪作業はすすんだ。一方、雪崩発生の危険性も増し、危険予想箇所の調査、パトロールが行われるようになった。

　バス路線は、1月下旬から2月中下旬にかけて不通となった。町民の唯一の足といってもよいバス路線の不通は、生活に大きな影響を与えることとなった。また、豪雪は教育面にも大きな影響を与えた。丹後町内では大雪により休校が相次いだ。町は学校長に各小中学校の除雪を指示し、各校3回の除雪作業を行った。

　2月中旬以後は農業対策や機業に対する対策など経済的な対策が増えた他、雪崩や浸水に対する対策、医療対策やし尿対策などを行った。

　豪雪後、大きく問題となったのが、山間部集落の集団離村、廃村化の問題である。もともと丹後半島の山間部には多くの集落が立地していた。しかし、高度経済成長による山地と平地での所得格差の拡大、隣接平地における機業の発達による人口吸引力の増大により、挙家離村が昭和30年代から急増したところへ、豪雪があり爆発的な離村がすすみ廃村化した集落が急増したと指摘されている[12]。

表2　「平成23年度の大雪」による死因と死者数（人）

死亡状況	65歳未満	65歳以上	合計
雪崩による死者	3	1	4
屋根の雪下ろしなど、除雪作業中の死亡	31	64	95
落雪などによる死者	10	16	26
倒壊した家屋の下敷きによる死者		1	1
その他	2	2	4
合計	46	84	130

注13）より。

5　豪雪害をどう授業で扱うか

　豪雪害を授業でどう扱うかは、雪国とそうでない地域では実感という点で大きく異なるであろう。また、三八豪雪が起こった1963年から約50年が経過し、想定される被害も変化してきている。授業では三八豪雪害について紹介した後、最近の豪雪害の特徴を考えさせたい。

　表2は、「平成23年度の大雪」での死者の死因内訳である。圧倒的に雪下ろしなどの除雪作業での死者が多く、その多くが高齢者であることがわかる。さらに近年は空き家が増え、空き家の雪下ろしや除雪を誰が行うかという問題が生じている。また、除雪時の雪捨て場の問題も顕著である。

災害の対策は自助・共助・公助といわれるが、高齢化が進み自助・共助が難しく、公助も除雪費が自治体の予算を圧迫しているのが現実である。

近年の豪雪害での死者の死因別トップが除雪作業中事故というのは、雪国でない地域の生徒には驚きかもしれない。生徒たちにはその背後にある山間地域での高齢化の問題についても気づかせたい。そしてそもそもなぜ雪下ろしが必要かについても考えさせたい。簡単な計算でその必要性が理解できるはずだ。たとえば1mの新雪で100m^{2}の屋根にかかる重量は、雪の密度を水の1/10として10トン、根雪になった場合の密度は水の1/2として50トンとなる。体重60kgの大人が10m×10mの屋根に800人乗った計算になる。雪の重みで家屋が倒壊という新聞記事を時々に目にするが、雪下ろしがいかに重要かが理解できるはずである。

除雪した雪の捨て場についても考えさせてみる。1km^{2}の地域で1mの雪の除雪を行った場合、除雪量は100万m^{3}となり、東京ドーム1個弱の量となる。これだけの雪を捨てる場所が、どこにあるかを考えさせるのも、雪国の実情を理解させることにつながるであろう。また、雪捨て場にトラックで雪を運ぶのに、面積1km^{2}で1mの雪は、4トントラックで何台分になるか計算させてみるのもよいだろう。先述の通り100m^3＝10トンとすると100万m^{3}の雪は、4トントラックのべ2.5万台分という計算になる。

近年は、雪下ろしを若者のボランティアがかかわる場合も増えている。また、雪を夏の冷房に利用しようとする試みも行われるなど、各地で利雪の動きもみられる。

高齢化が進む日本で、雪害・豪雪害に対して次代を担う若者たちに何ができるか、どういうことを想定すればよいか、他人事ではなく自分の問題として考えさせたい。

注
1) 気象庁が過去に「豪雪」と命名したのは、2013（平成25）年時点で「昭和38年1月豪雪」と「平成18年豪雪」の2例のみであるが、本稿ではそれ以外の大きな被害をもたらした大雪も「豪雪」として扱う。
2) 石原健二（1963）「昭和38年1月豪雪について」水利科学30.
3) 高橋浩一郎（1963）「気候の長期変動からみた昭和38年1月の豪雪」, 雪氷25-5.
4) 国土交通省HP.
5) 京都府（1963）『奥丹後豪雪害による被害の概況（第1報～第3報）』.
6) 数字は各都道府県の集計による。
7) 丹後地方は、京都府北部の丹後半島および周辺地域を指す。
8) データが最も揃っている2月4日のデータを使用。
9) 「ちりめん」（縮緬）とは、一般に、経糸に撚りのない生糸、緯糸に撚りのある生糸を用いて織り込み、生地全体に凹凸（シボ）をつくった絹織物を指す。丹後地域は「丹後ちりめん」の産地である。
10) 丹後町（1976）『丹後町史』.
11) 前掲10).
12) 坂口慶治（1998）「丹後地方における廃村の多発現象と立地環境との関係　その1　地形的・地質的条件との関係」, 京都教育大学環境教育研究年報6. 坂口慶治（1991）京都府下丹後地方の山村－その廃村化過程と移住域－,『首都圏の空間構造』山本正三編著, 411～421頁.
13) 消防庁HP.

6-3 雷による深刻な被害

松浦 直裕

事例 石川県能美市

1 日本の雷の特徴

　雷とは、雲と地表の間、雲のなかや雲と雲との間に発生する、光と音を伴う大規模な放電現象である。日本の雷発生日数を示した図1をみると、石川県と九州霧島付近に年間40回以上の地域があり、全体的に日本海側で多いことがわかる。

　雷の発生時期はいつか。太平洋側に住んでいる人は夏期に多いと感じているだろうが、日本海側では冬期の発生が多い[1]。図2では日本海側の代表として、全国で最も雷発生日数が多い金沢市、太平洋側の代表として東京都をとりあげ、月別雷発生日数を比較した。東京都の場合は、夏期が多

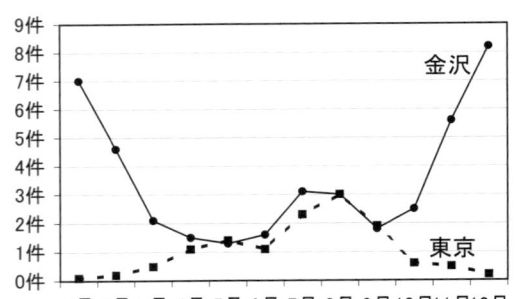

図2　雷の月別発生日数
全国の気象台では目視などにより雷の発生を確認し、1回でも発生が確認された場合1日とカウントして統計を取っている。気象庁データ1981～2010年の平均値を利用して作成。

図1　雷の発生日数
薄アミは30日以上、濃アミは40日以上。数値は10年間の平均値。注2）より。

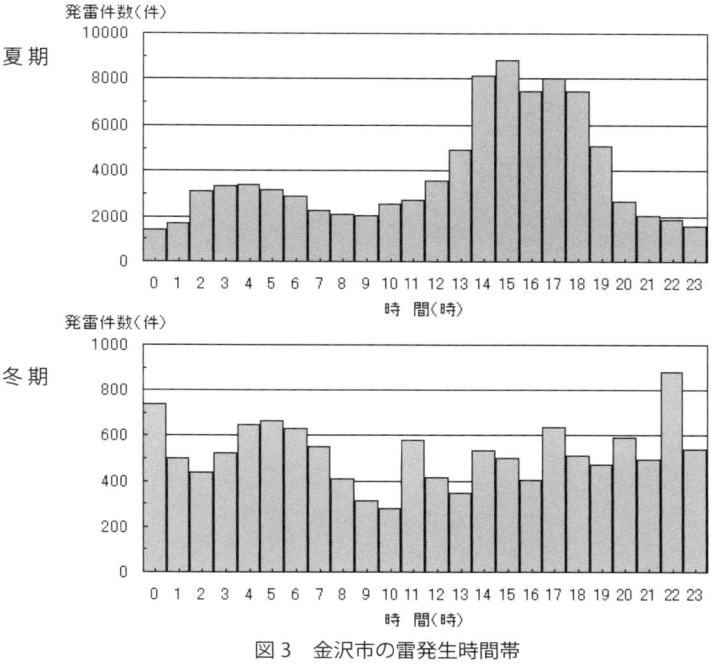

図3　金沢市の雷発生時間帯
1993年11月～1996年10月の3カ年累計。北陸電力HPより。

く50%を占める。これに対して金沢市では冬期が最も多く47%を占め、11月を含めると60%にもなる。

雷発生時間に着目すると（図3）、夏期は午後から日没前後に多くなる。これは気温の上昇に伴って発生する積乱雲により雷が発生するためである。これに対して冬期は平均的に発生している。

2　雷雲の種類

雷はおもに雷雲によって発生する。雷雲には次の5種類がある。

①夏期雲：強い日差しによって地面や海面が熱せられて、上層の寒い空気の間に上昇気流が発生し、形成される。積乱雲（入道雲）がこの例で、上空12,000mにまで達する。

②界雲（前線雷）：寒暖両気団が接する前線付近では温度の高い温暖な空気の上昇気流が起きる。これが上空で断熱膨張を起こし、水蒸気が凝結されて雷が発生する。寒冷前線雷と温暖前線雷とがある。季節に関係なく発生する。

③渦雲：台風や低気圧の渦巻き気流で生じる上昇気流により発生する雷である。

④冬期雲：世界の中で日本海沿岸とノルウェー西岸のみで発生する。放電時間が長く、エネルギーが非常に大きい。

⑤その他：特殊な地形で発生したり、火山噴火、大火災、核爆発、砂嵐などに伴う激しい気流が原因で発生する雲による雷である。

雲の高さで比較すると、①夏期雲と④冬期雲では大きな違いがみられる。夏期雲は真上に上昇するが、冬期雲はその半分の高さしかなく（6,000mまで）、季節風により風下側に横倒しとなっている（図4）。冬期雲の雷雲は低空で形成されるために、高い建造物があると集中的に落雷しやすい。また、写真1のように、地上から雲に向かって落雷する場合もある。

写真1　地上から雲に向かって落雷する雷
雲が低空にある冬期雲でみられる落雷。北陸電力HPより。

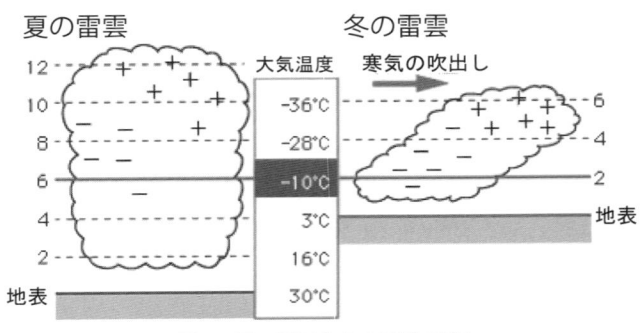

図4　夏の雷雲と冬の雷雲の違い
夏の雷雲は12,000mに達するが、冬の雲は高さ6,000mまでで、しかも季節風により横倒しになっている。北陸電力HPより。

　雷雲の電気的性質もみていこう。雷雲のなかでは下部（地上付近）にマイナスの電気が発生し、上部（上空）にプラスの電気が発生する（図4）。
　通常の雷は、雷雲の下にあるマイナスの電気が地上へ向かって放電するもので、前述の雷雲の種類のうち①～③が該当し、「マイナス雷」とよばれる。これに対し、④冬期雲は半数近くが「プラス雷」である（図5）。

3　北陸の雷の特徴

　北陸で多く発生する冬期の雷は、夏期の雷と比べるとエネルギーが100倍から数100倍ある。前述のように発生時間は平均的で、1日中発生する。北陸電力によると、雷は海岸から35km以内で発生する。

　長年雷の研究をしている元金沢工業大学教授の饗場貢[2]らによると北陸地方の冬期の雷の特色として次の点があげられる。
①北陸の冬期の雷雲は、他の季節・地域と比較して2倍雷を落としやすい。
②地上は微弱ながらマイナスになっており、電流はマイナスからプラスよりもプラスからマイナスに流れやすい性質がある。冬期雲は夏期雲よりも低く、プラス雷が発生しやすい。毎年北西の季節風が吹き始めると、プラス雷が増え始め、冬期には雷の半数がプラス雷である。プラス雷は世界的にも珍しい。北陸の冬では2倍雷が落ちやすいという理由は、マイナス雷だけでなくプラス雷も加わることも関連する。

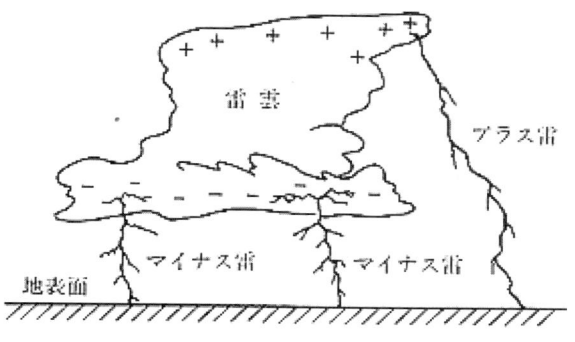

図5　プラス雷の仕組み
注2）より。

③1カ所に何回も連続して落ちる多重雷である。北陸の冬場は多重雷の半数を占めている。なかには40回以上も連続で1カ所に落雷した例もある。
④いわゆる「雷の通り道」がある。北西の季節風が川筋に沿って登り、この川筋に雷が鳴る。北西季節風によって時速50kmで川筋を駆け上っていく。図6のように石川県には何カ所か雷の通り道となる場所があり、海岸から内陸部へ雷雲が通る。
⑤電流も通常の雷は電流が数万アンペアなのに対し、冬の北陸の雷は10万アンペア以上ある。20万アンペア以上に達するものも多い。
⑥雷放電時間が長く、約1秒間である。
⑦雷は海岸から35kmより離れた場所での発生は少ない。石川県では、富山県の県境の山々の前までで多くが発生している。

4　雷による災害

このように石川県では冬期に雷が多い。その結果、雷が原因となる火災も冬期に多い。図7において1997年からの雷による火災の発生件数の推移をみれば、年平均6.3件発生していることがわかる。図8は、石川県における月別雷によると考えられる火災発生件数を示しているが冬期に多く、冬期で全体の74％が発生していることがわかる。以下、能美市の事例をみてみよう。

図6　石川県の「雷の通り道」
注4）に加筆。

能美市X町[3]は手取川左岸にある町で図6の雷の通り道にある。雷雲は手取川河口から流路に沿って北西方向から進入するが、約2km上流で流路が東西方向に変わっても、雷雲は曲がりきれずにまっすぐ陸地方向（手取川左岸の能美市）へ流れ、X町付近で落雷を多発させると考えられる。2006年に行われたX町会が住民を対象にしたアンケート調査によると、1997年から2006年までの10年間に、X町内108軒のうち約半数の50軒が何らかの被害を経験している。10年間に140件の雷害が生じ、被害総額は600万円にもなる。2006年5月午後8時頃、X町に住むAさんの事務所と木造住宅が2軒同時に全焼した。落雷のドーンという地響きと同時にテレビが消えてパソコンもショートした。それから6時間後の午前2時には2階が火の海になっていた。ショートにより屋根裏で火が燻っていた。原因は瓦を留める銅線に雷が直撃したことだと特定された。同様に、同町内のBさん宅ではこれまで電話機やファックス、配電盤が壊れる被害を10回経験している。

火災の事例は個別案件ということもあり、なか

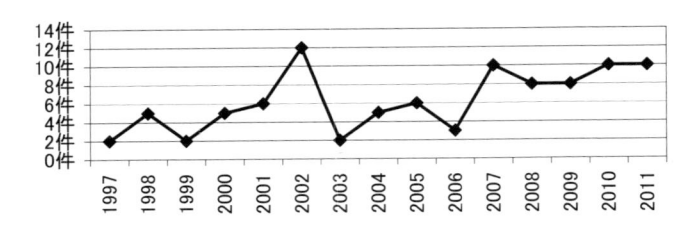

図7 石川県における雷による火災発生件数（年別）
石川県データより作成。

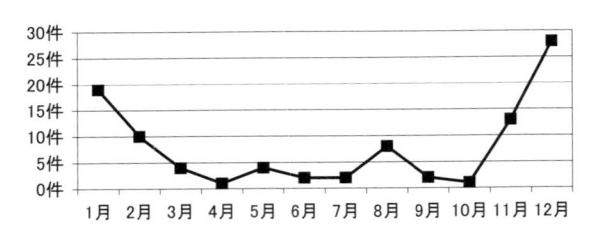

図8 石川県における雷による火災発生件数（月別）
1997年から2010年までの合計。石川県データより作成。

なか把握しにくい。饗庭[4]らによるとつぎのような事例がある。

① 1980年1月17日羽咋市で繊維工場に落雷し、工場の70％にあたる18,740㎡が焼失。

② 1985年12月2日輪島市NTT輪島統制無線中継所（地上50m）に落雷し、輪島市沖合50kmにある舳倉島の無線電話を切断。

③ 1987年12月3日河北郡内灘町の金沢医科大学で落雷のため設備が全壊、内線電話1,200回線が不通。病院では電話の用件をメモで手渡し。

④ 1987年12月21日午後5時25分ごろ七尾市の神社拝殿から出火。

⑤ 1988年11月26日金沢市内に落雷し、市内の約7万世帯が停電。家電製品や電話機、コンピュータなどの故障が多発。NTTでは600台の電話機やファックスが故障した。

⑥ 2011年3月内灘町の風力発電所は落雷を受け、羽根の避雷ケーブルを断線。落雷で損傷した羽根の修理等の費用は約4,200万円。

⑦ 2011年12月10日金沢市の民家の2階の壁の一部が焦げる火災が発生。

⑧ 2011年12月23日県内各所で発雷し、落雷により内灘町、小松市で火災が発生。JR七尾線羽咋駅と能登部駅間で停電し普通列車3本が運休。

⑨ 2012年11月15日午前2時頃白山市の民家から出火、木造2階建て180㎡を全焼。火元は浴室の壁内でドーンという雷の音が聞こえた後に停電し、パチパチと火花が散る音が発生。

このように石川県では毎年6.3件の雷による火災が発生しているがこれ以外にも火災に至らなくても停電、設備の破損などの被害も多い。筆者の体験でも、隣の家が新築早々に落雷の被害を受け屋根に5cm程度の穴が空いたのを記憶している。

注
1) 夏期は7月から9月、冬期は11月から2月で区分した。
2) 饗場貢（1990）『雷の科学』コロナ社．
3) 風評による被害等があるので町名は控える。
4) 饗場貢（2006）『カミナリなんて怖くない 続・雷の科学』北国新聞出版局．

6-4 干ばつと干害
— 日本への影響 —

石代 吉史

事例 サヘル、オーストラリア

1 穀物価格の高騰

　数年前、日本の国民食"うどん"価格が値上げされた。理由は小麦価格の高騰により製麺業者が値上げを余儀なくされたからだ。2008年、小麦価格は急騰し、シカゴ商品取引所で2月27日には過去最高となる1トンあたり470.3ドルをつけた。図1をみれば、2000年前後の価格と比べると、2008年の価格は約3倍に高騰したことがわかる。

　原因は、オーストラリアで発生した大干ばつにある。過去にも世界各地で干ばつが発生していたが、2000年以降、天候不順や干ばつが多く発生するようになった。干ばつの発生が小麦の不作へとつながったのである。本稿では、干ばつ・干害とは何かを整理し、事例をあげて説明するとともに教材化のポイントをまとめてみたい。

図1　小麦価格の推移（年次）
注1）より。

2 干ばつと干害の違い

　干ばつとは、「農作物に被害をもたらす日照りを意味する。気象的には我が国の場合、連続干天日数が20日以上続いた場合」とされている[2]。また、砂漠化対処条約によれば「降水量が通常の記録の水準を著しく下まわる時に生じる自然発生的な現象であって、土地資源、生産体系に悪影響を及ぼす深刻な水文学的不均衡を引きおこすもの」と定義されている[3]。このように、干ばつは基本的に自然現象として「長期間にわたってほとんど降水がみられず、晴天続きとなり水不足になること」であり「農作物に被害をもたらす日照り」ととらえることができる。他方、アメリカでは、気象的干ばつ、農業的干ばつ、水文的干ばつ、社会経済的干ばつに分けて定義がなされている。

　林静夫は干ばつの定義を整理し、それを踏まえて干ばつの研究の類型化を試みている[4]。それによると、"干ばつ"という用語が最初に定義され、提案されたのは1906年のHenryによるものだとされる。以後、今日に至る研究の過程で干ばつの定義は、「気象学的な観点から」のもの、「作物学や灌漑工学の立場から」のもの、「水文・水資源学や河川工学の研究対象としての干ばつの定義」、「確率・統計学の発達にともなう干ばつの定義」、「システム工学からみた干ばつの定義」など多岐にわたるようになった。

　それに対し、干害は降水不足という自然現象によってひきおこされるもので、「長期間にわたる降

水量の不足によって農作物などに起こる災害」[5]と説明される。とくに「農作物が被害を受ける」ことで干ばつが誘引する影響面を干害ととらえることができる。しかし、水分不足による作物への影響は、適切な灌漑によって避けることが可能となる。したがって、干ばつと干害は、その意味するところは異なっている。

3 世界の干ばつ

1999～2008年までの10年間に干ばつにより影響を受けた人々の数は7億4,300万人に及ぶ。これを大陸別にみてみるとアジアが最も多く6億1,300万人にのぼる。次いでアフリカの1億1,600万人、さらに南北アメリカの1,300万人、ヨーロッパ120万人、オセアニア8万4,000人となっている。干ばつの発生地域は、乾燥地が圧倒的に多いが、湿潤気候地域でもみられる。

たとえば日本は、世界的にみれば多雨地域となるが、とくに瀬戸内地域などでは夏季の渇水により干ばつに見舞われることがたびたびある。国内でも年間を通して降水量が少なく、夏季にダム貯水量が減少し、水道の供給制限がなされることもある。とくに1994年の大渇水により高知県の早明浦ダムは貯水が完全に干上がってしまった。

世界の干ばつのほとんどが乾燥地域にみられる。ヨーロッパではスペインの水問題をあげられよう。2004～2005年は過去70年間で最も乾燥していた。地中海の島国キプロスではすべて雨水に依存しており、2008年の大干ばつによって水をギリシャから輸送する事態となった。モンゴルでは1999～2002年にかけて厳しい干ばつに見舞われ、少なくとも600万頭の家畜が失われ、多くの貧困者が都市に流入した。ソマリアでは2008年に、3年間続く干ばつと政情不安のため1,700万人の農民と遊牧民が深刻な食糧危機に追い込まれた。中国ではタクラマカン砂漠やゴビ砂漠が分布する内陸部で乾燥しており、干ばつによる被害が深刻化しやすい。人口増加、森林伐採、不適切な土地管理による土壌侵食や土壌の劣化をもたらしている。このように、世界各地で少雨による干ばつが発生している。参考として、世界の乾燥地域の分布を図2にあげておく。次に事例として、深刻な干ばつが人々の生活に影響を及ぼす2つの地域についてみてみたい。

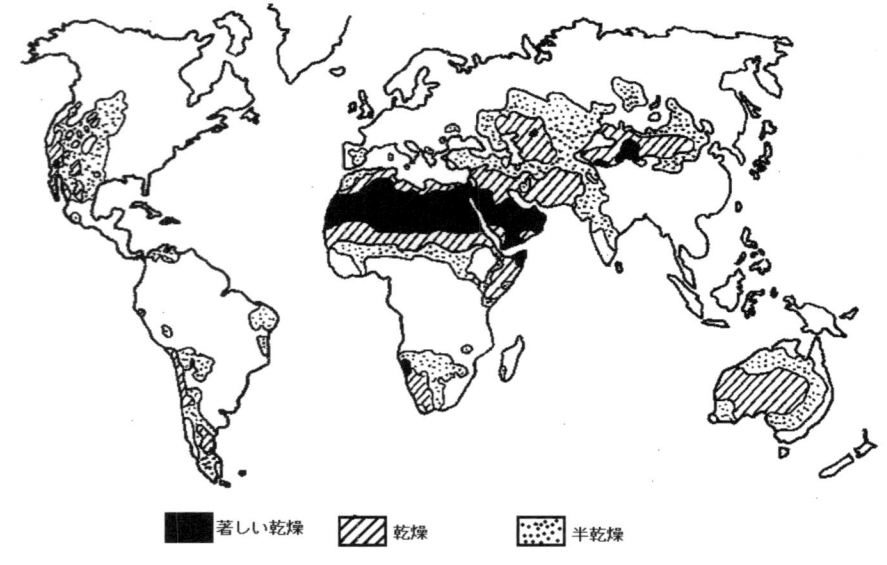

図2　乾燥地域の分布
注6)より。

(1) サヘルの干ばつ

　干ばつの脅威が世界に知られたのは、1980年代にサヘルを襲った大干ばつであろう。その被害は甚大で、100万人が命を失い5,000万人が影響を受けた。この大干ばつは過放牧、薪炭材の過剰伐採、粗放的な土地利用が原因とされる。干ばつが長期化したため、サヘル地域では徐々に砂漠化が進行してきた。これを契機に干ばつとそれにともなう砂漠化が人類の生存を脅かす存在として認識されるようになり、問題解決に向けての取り組みがなされるようになった。

　砂漠化は長期的な気候変動によって降雨をもたらす前線が来なくなるなど、自然的な要因だけで進行するわけではない。人口の急増による過伐採、過放牧、塩害などの人為的な要因によっても進行する。つまり砂漠化を引き起こす自然的要因のひとつに干ばつがあり、それが長期化し土壌劣化が進んでいくことで砂漠化へとつながっていく。砂漠化はグローバルな問題であり、その影響は国境を越えて広がっていく。ゆえに、干ばつがもとで生じる干害は短期的には農作物に被害を及ぼすことになるが、干ばつの長期化と人為的要因が加わることで砂漠化という環境問題へと発展していく。このように考えると、干ばつを小さな問題として考えてしまうことは誤りだともいえよう。

(2) オーストラリアの歴史的大干ばつ

　オーストラリアは乾燥大陸といわれる。内陸部を中心に国土の70％は乾燥気候で、降水量が少ない。北部では熱帯気候が東部や南東部では温帯気候が広がる。産業面では各種鉱産資源を有し、資源輸出が国を支える。また農産物も重要な輸出品である。小麦の輸出量は1,604万トン（2010年）に達し、オーストラリアはアメリカ・フランス・カナダに次ぐ世界第4位の輸出国となっている。小麦の主要産地はマレー・ダーリング川流域で、灌漑設備の進展によって小麦生産を拡大させ、穀倉地帯へと変貌させた。

　だが、2006～07年にかけて降水量が減少し大規模な干ばつが発生した。2001年以降著しい少雨が継続していたが、2006年には北部を中心に例年を上まわる降雨がみられた。一方、南東部と西部では、降雨量は過去最低を記録し史上最悪レベルの大干ばつとなった（図3、図4）。

　南東部における干ばつの原因は、エルニーニョ現象が影響しているとされる。農業にも深刻な影響を与えた。2006/07年度の作物は対前年度比で60％程度まで減少した。マレー・ダーリング川流域での少雨によって、2006年6月から2007年1月までの流入量が同時期長期平均の9％にすぎず、厳しい取水制限がとられることになった。

　この干ばつによる被害は、小麦の生産量の激減に止まらない。湖沼は干上がり、牧場や農耕地に塩害の影響が生じたり、相次ぐ山火事の発生など、かつてない被害の現状が報告されている。また、南東部のスノーウィーマウンテンズに数多く存在する水力発電のダム群も水位を下げており、水力発電への影響も指摘される[7]。

　人々の生活への影響は深刻なものとなっている。穀物不足の影響は切実で、乳製品、パン、野菜などほとんどの食品の価格が上昇した。畜産業

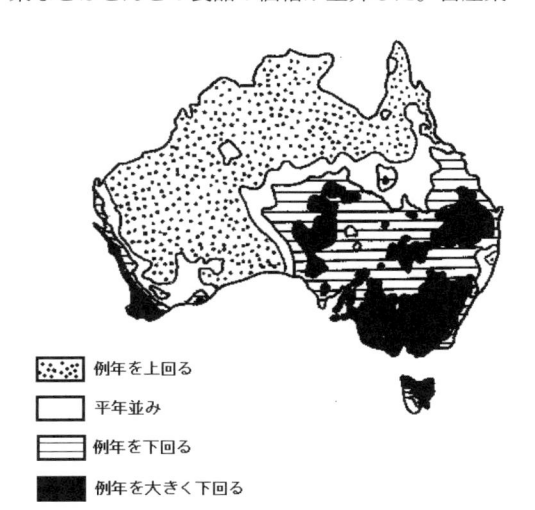

図3　オーストラリアの降水量（2006～07年の平年比較
注8）より。

例年を上回る
平年並み
例年を下回る
例年を大きく下回る

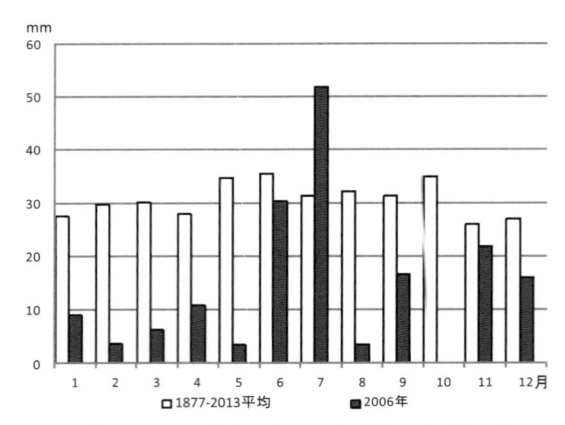

図4 ニューサウスウェールズ州ヘイの降水量
注9）より。

への影響は、飼料不足・飼料価格の高騰が引き金となって肥育が困難となり、早い段階で出荷してしまうため、と畜頭数が増加している。また、この干ばつは思わぬ事態に発展した。2007年11月、ニューサウスウェールズ州とビクトリア州で2008年から遺伝子組み換えキャノーラの作付けを解禁すると発表した[10]。干ばつとは直接関係がないとはいえ、耐乾性の強い品種に対する要望は農家の間で高まっているのも事実だ。

4 学校での干害教育の重要性

本稿ではサヘルとオーストラリアの干ばつ・干害を事例として取り上げてきた。サヘルの干ばつは、長期的には砂漠化を招き、サヘル地域の人々の暮らしに大きな影響を及ぼす。サヘルの砂漠化は日本に直接的に影響を及ぼすものではないかもしれない。しかし、砂漠化の進行をくい止めるために調査や国際協力が続けられていることは、日本も無視できないことである。地球規模の環境問題の解決に向けて、責任をもって協力していくことが、われわれにも求められている。

また、オーストラリアの事例からは、干ばつ・干害が日本の食料問題と大きくかかわることを指摘した。オーストラリアなどの農業大国において干ばつが発生すると、農産物価格に影響する。それはまた、農産物貿易にも影響を及ぼす。結果的に農産物輸入国では、穀物価格の上昇が起こるなど、世界の食料問題にも大きなかかわりをみせる。

教科書での干ばつに関する記述は、「環境・エネルギー問題」のなかで、干ばつが砂漠化につながる現象として説明がなされている。そのため干ばつの教科書記述は長期的なスパンでみた砂漠化についての学習が一般的である。干ばつが「長期間にわたってほとんど降水がみられず、晴天続きとなり水不足になること」であり、その結果「農作物に被害をもたらすもの」であり、環境問題の一部として干ばつの現象と原因とを説明するだけでなく、干ばつが誘発する人間生活への影響をしっかりと理解させなければならない。とくに、農産物輸出国での干ばつ・干害は、当該国のみならず日本のような大食料輸入国などに深刻な打撃を与える問題であるという認識を生徒たちにもたせることが望まれる。自然現象としての干ばつによって世界のどこかで干害が生じているという理解にとどまらず、自国の食料問題へと認識を深めることで身近な問題としてとらえさせる指導が必要といえる。

注
1) IMF-Primary Commodity Prices.
2) 山崎耕宇、西尾敏彦、久保祐雄、石原　邦（監修）（2004）『新編農学大事典』養賢堂.
3) 日本科学者会議編・日本環境学会協力（2008）『環境事典』旬報社.
4) 林静夫（1989）「干ばつの現象，定義と災害に関する経緯」農業土木学会論文集144, 101～110頁.
5) 気象庁HP.
6) ロビン クラーク，ジャネット キング，沖大幹・沖明訳（2006）『水の世界地図』丸善出版.
7) 高崎哲郎（2007）「深刻化するオーストラリアの大渇水」, 土木学会誌92-1, 12～13頁.
8) マレー・ダーリング流域委員会資料.
9) Australian Government Bureau of Meteorology.
10) 濱登徳仁（2008）「干ばつ続き収穫量激減, 上昇する食品価格」, ジェトロセンサー2008年3月号, 32～33頁.

6-5　平安京を襲った竜巻

山脇 正資

事例　平安京（現 京都市）

1 「竜巻」とは

近年、「竜巻注意情報」が、テレビの緊急ニュースで流れることが増加している。2013（平成25）年9月初めには、関東地方などで立て続けに竜巻が発生した。しかし、日本では竜巻を身近な災害と考えている人はまだ少ないと考える。図1は、気象庁が公開している竜巻の分布図である。じつは日本でも竜巻が多く発生していることがわかる。海岸部や関東平野で多いこと、北海道東部で少ないことがみてとれるが、全国的に発生していることもわかる。

そもそも、竜巻はどういうメカニズムで発生し、

図1　日本の竜巻発生地の分布（1961〜2012）
気象庁資料より。

図2 トルネードの州別平均発生数（1991〜2010）
NOAA資料より作成。

どのように対応すればよいのだろうか。

　竜巻は，積雲や積乱雲などの対流雲から垂れ下がる柱状または漏斗状の雲を伴う激しい鉛直軸の渦と定義される[1]。このように竜巻は上空の大気現象に起因するもので、地表面付近の大気状態を原因とし、おもに晴天時に発生する「つむじ風」・「塵旋風」などとは異なる。

　「トルネード」の名称として知られるアメリカ中西部の竜巻は、ロッキー山脈とアパラチア山脈に挟まれた所謂「トルネード街道」でしばしば発生する（図2）。この一帯では北極からの寒気団とカリブ海からの暖気団が衝突しやすく、大気が不安定になり、さらにロッキー山脈からの乾燥した偏西風の影響を受け、上空に行くに従い、風向が時計回りに変化することが多くなり竜巻が発生しやすくなる。他方、日本では、上空の偏西風も弱く、脊梁山地があるため、暖気と寒気が直接衝突することは少なく、トルネードと違い、台風や前線通過時に南から暖気が流入したときに発生しやすい。したがって、発生時期は秋が多くなっている[2]（図3）。

　なお、竜巻と同様に「激しい突風」により大きな被害を起こすものに、ダウンバーストとガストフロントがある。気象庁資料によれば、ダウンバーストは、積乱雲から吹き降ろす下降気流が地表に衝突して水平に吹き出す激しい空気の流れで、吹き出しの広がりは数100mから10km程度で、被害地域は円形あるいは楕円形など面的に広がる

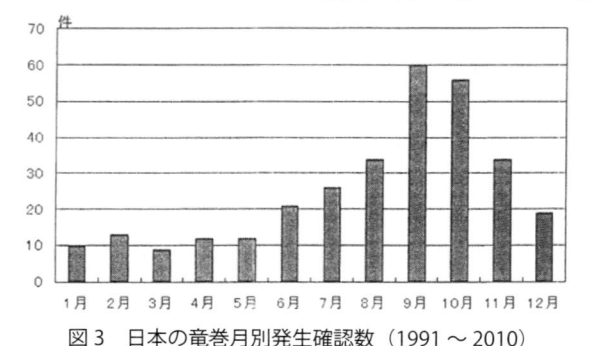

図3 日本の竜巻月別発生確認数（1991〜2010）
「竜巻」および「竜巻またはダウンバースト」である事例のうち、水上で発生しその後上陸しなかった事例は除いて集計。気象庁資料より。

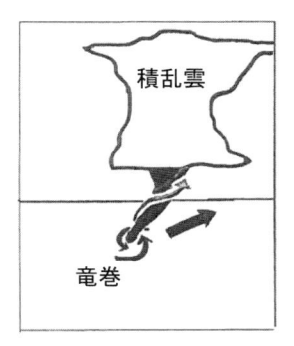

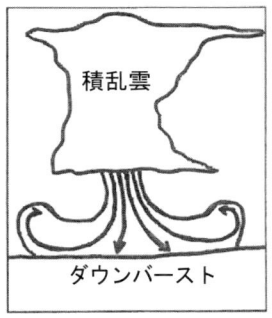

図4　竜巻（左）・ダウンバースト（中）・ガストフロント（右）の模式図
気象庁資料を一部改変。

表1　藤田スケール

F0	17～32m/s（約15秒間の平均）	テレビのアンテナなどの弱い構造物が倒れる。小枝が折れ、根の浅い木が傾くことがある。非住家が壊れるかもしれない。
F1	33～49m/s（約10秒間の平均）	屋根瓦が飛び、ガラス窓が割れる。ビニールハウスの被害甚大。根の弱い木は倒れ、強い木は幹が折れたりする。走っている自動車が横風を受けると、道から吹き落とされる。
F2	50～69m/s（約7秒間の平均）	住家の屋根がはぎとられ、弱い非住家は倒壊する。大木が倒れたり、ねじ切られる。自動車が道から吹き飛ばされ、汽車が脱線することがある。
F3	70～92m/s（約5秒間の平均）	壁が押し倒され住家が倒壊する。非住家はバラバラになって飛散し、鉄骨づくりでもつぶれる。汽車は転覆し、自動車はもち上げられて飛ばされる。森林の大木でも、大半は折れるか倒れるかし、引き抜かれることもある。
F4	93～116m/s（約4秒間の平均）	住家がバラバラになって辺りに飛散し、弱い非住家は跡形なく吹き飛ばされてしまう。鉄骨づくりでもペシャンコ。列車が吹き飛ばされ、自動車は何十メートルも空中飛行する。1トン以上ある物体が降ってきて、危険この上もない。
F5	117～142m/s（約3秒間の平均）	住家は跡形もなく吹き飛ばされるし、立木の皮がはぎとられてしまったりする。自動車、列車などがもち上げられて飛行し、とんでもないところまで飛ばされる。数トンもある物体がどこからともなく降ってくる。

気象庁資料より。

特徴がある、ガストフロントは積乱雲の下で形成された冷たい（重い）空気の塊が、その重みにより温かい（軽い）空気の側に流れ出すことによって発生し、水平の広がりは竜巻やダウンバーストより大きく、数十km以上に達することもあるとある[3]（図4）。

竜巻の規模を表すのにしばしば「藤田スケール」が用いられる（表1）。藤田スケールとは、日本人研究者藤田哲也らが提唱したもので、竜巻の規模を示す国際的な指標として用いられ、F0～F5の階級に区分される。屋根瓦が飛ばされるのはF1で、住家が倒壊するのがF3である。近年はこの藤田スケールを改良した、改良藤田スケールが用いられるようにもなっている。

2　平安末期の京を襲った竜巻

古典の教科書によく出てくる『方丈記』に、竜巻と考えられる災害の記載がある[4]（ルビは筆者による）。

　また、治承四年卯月のころ、中御門京極のほどより、大きなる辻風おこりて、六条わたりまで吹けること侍りき。

　三四町を吹きまくる間に、籠れる家ども、大きなるも小さきも、ひとつとして、破れざるはなし。さながら平に倒れたるもあり、桁・柱ばかり残れるもあり。門を吹きはなちて、四五町がほかに置き、

また、垣を吹きはらひて、隣とひとつになせり。いはんや、家のうちの資財、数をつくして空にあり、檜皮・葺板のたぐひ、冬の木の葉の風に乱るるがごとし。塵を煙のごとく吹き立てたれば、すべて目も見えず、おびたたしく鳴りとよむほどに、もの言ふ声も聞えず。かの地獄の業の風なりとも、かばかりにこそはとぞ覚ゆる。

家の損亡せるのみにあらず、これを取り繕ふ間に、身をそこなひ、かたはづける人、数も知らず。この風、未の方に移り行きて、多くの人の嘆きをなせり。

辻風はつねに吹くものなれど、かかることやある。ただごとにあらず。さるべきもののさとしかなどぞ、疑ひ侍りし。

訳（筆者訳）

治承4年4月の頃、中御門京極のあたりから大きな竜巻が起こり、六条あたりまで吹いたことがあった。3・4町（町は平安京の区画）吹いている間に、人々が中に入っていた家は大きな家も小さな家も、一つとして壊れなかったものはない。そのまま平らにつぶれたものもあり、桁や柱だけが残ったものもある。門を吹き飛ばして、4・5町も離れた所に飛び、また垣根を吹き飛ばして隣の家と一緒になったものもある。ましてや家の中の家財道具はほとんどが空に舞い上がり、檜皮・葺板の類は、冬の木の葉が風に舞い乱れるようだ。塵を煙のように吹き上げたので、全く何も見えず、おびただしく音が鳴り響き、人の話し声が聞こえない。地獄で吹くという業風であったとしてもこれほどひどくはないと思われる。

家が損壊しただけでなく、取り繕う間に、けがをし身体が不自由になった人は数えられないほど多い。この風は南南西の方向にすすみ、多くの人を悲しませた。

つむじ風はよく吹くが、こんなことがあるのか。ただ事ではなく、重大な出来事の前兆であろうかなどと疑った。

治承4年は、平安末期の1180年である。中御門通りは現在も椹木町通りの別名として使われているので、中御門京極は平安京の位置関係から考えると、現在の寺町丸太町上がる付近（京都御所南東部）と考えられる[5]。この方丈記の一節には、中御門京極から南南西（未の方位）方向に向かって竜巻（辻風）が被害を与えたようすがリアルに表現されている。竜巻は六条あたりまで被害を与えたとあることから、平安京の左京を約3kmほどにわたって吹き抜けたことが推定される。「辻風は常に吹くものなれど、かかることやある」とある通り、鴨長明自身も通常の塵旋風とは異なっていることを実感したようだ。

さて、この竜巻の経路を他の文献で検証してみよう。同時期に書かれた日記に、『明月記』がある。明月記の治承4年4月29日に次のような記載がある[6]（原文漢文、ルビは筆者）。

廿九日　辛亥。天晴。
未の時ばかり雹降る。雷鳴先ず両三声の後、霹靂猛烈たり、北方に煙立ち揚がる。人焼亡と称す。これ飆なり。京中騒動すと云々。木を抜き沙石を揚げ、人家の門戸ならびに車等、皆吹き上ぐと云々。古老云はく、未だ此のごとき事を聞かずと。
前斎宮の四条殿、殊にもってその最たり。北壺の梅樹、根を露はにして仆る。件の樹簷に懸かりて破壊す。権右中弁の二条京極の家、また此のごとしと云々。

6-5 平安京を襲った竜巻

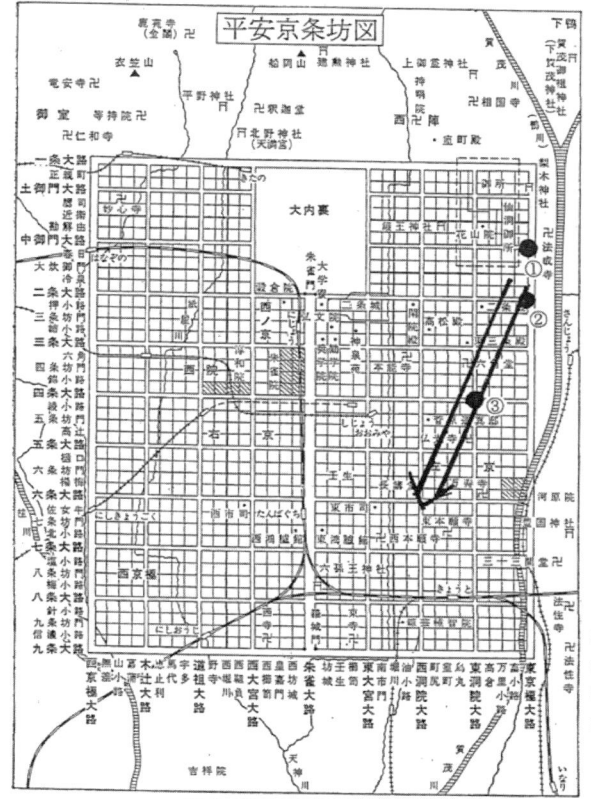

図5 「治承四年の辻風」の経路
平安京条坊図は「方丈記全注釈」による。

①中御門京極
②二条京極
③四条殿
矢印は中御門京極から南南西の方角

訳（筆者訳）

29日 辛亥。晴

未の時（午後2時）に雹が降った。雷鳴がまず二・三回鳴った後、猛烈な落雷があった。北方に煙が立ち上がった。人々は火事だといった。（じつは）これは竜巻だった。京都中が大騒ぎとなったという。木を引き抜き砂や石を巻き上げ、家の門や車などみな吹き上がったという。古老は今までにこのようなことは聞いたことがないといった。

前斎宮のいる四条殿は、とくにその被害が最も大きかった。北壺の梅の木は根をあらわにして倒れた。その木はひさしに懸かって屋根を破壊した。権右中弁の二条京極の家もまたこのようだったという。

明月記の作者、藤原定家はこの時19歳で、父親（藤原俊成）と同居していた。藤原俊成邸は五条寺町のあたりで、1180（治承4）年2月に火事にあって焼け出された。その後北小路成実朝臣邸に仮住まいしたとあるが、竜巻当時、定家がどこから竜巻をみたかは不明である。

ただ、明月記にある「四条殿」は現在の四条東洞院のあたりとされる[7]ので、方丈記に示される被害地とほぼ符合する。明月記には、雹や落雷の情報もある。

別の日記、九条兼実『玉葉』（同日条）にも以下のようにある[8]（原文漢文）。

> 今日申の刻上辺(かみへん)（三四条の辺）廻飄(つじかぜ)忽に起り、屋を発(あば)き木を折り、人家多く以て吹き損ずと云々。又同時雷鳴、七条高倉辺に落つと云々。今日新文庫将来し、吉日に依り文書を置き始む。又白川辺雹降り、又西山方同然と云々。

明らかに積乱雲が発生し、雹と落雷とともに竜巻が発生したことがわかる。

今から800年ほど前に、内陸部の盆地でも竜巻が起こり、大きな被害を与えたという事実を私たちは継承していかねばなるまい。なお、高等学校の古文の教科書や国語便覧には、平安京の通り名の入った詳細な地図が掲載されている。高校生には古典の授業とコラボレーションして、原文から生徒達に竜巻の経路を辿らせてみるのはいかがであろうか。中学生には訳文から竜巻経路を辿らせてみよう。また、藤田スケールにあてはめると、どの程度の竜巻になるかも考えさせてみよう。

3 竜巻への対策

現在、私たちは竜巻にどう対応したらよいのだろうか。

気象庁ではパンフレットを作成し、以下のようなことに注意するよう促している。積乱雲から漏斗状の垂れ下がりがみえるなど、竜巻が間近に迫ったと感じたら、とにかく自分の身を守ることが重要となる。

【屋外の場合】
- 物置や車庫・プレハブ（仮設建築物）のなかは危険。
- シャッターがあればシャッターを閉める。
- 頑丈な構造物の物陰に入り身を小さくする。
- 電柱や太い樹木は倒壊の危険性があり、避ける。

【屋内の場合】
- 窓から離れる。大きなガラス窓の下や周囲は大変危険である。
- 家の1階の窓のない部屋に移動する。
- 窓やカーテンを閉める。
- 丈夫な机やテーブルの下に入るなど身を小さくして頭を守る

また、気象庁は、竜巻の発生しやすい気象状況（ダウンバースト・ガストフロントを含む）になっている場合、「竜巻注意情報」を発表する。さらに気象庁の「竜巻発生確度ナウキャスト」はPCや携帯からアクセスでき、発生確度の高い地域が表示されるようになっている。

注
1) 気象庁（1988）「気象庁地上気象観測法」, 第13章.
2) 気象庁HPより.
3) 気象庁HPの文言を一部改変.
4) 本文は次の文献による。
　簗瀬一雄（1971）『方丈記全注釈』角川書店.
5) 前掲4)の文献による。
6) 明月記研究会（1999）「『明月記』（治承四年）を読む」, 明月記研究4号.
7) 角田文衞（1991）『平安京散策』京都新聞出版センター.
8) 高橋貞一（1989）『訓読玉葉第四巻』高科書店.

6-6 地域で取り組む防災対策
－ 住民の生活と文化財を共に守る －

杉原 和之

事例 京都府京都市（東山山麓）

1 観光の中心・東山山麓

　年間5,000万人の観光客が訪れる京都、なかでも東山山麓に位置する清水寺には1,500万人が参拝する。修学旅行生も多く、100万人を数える。清水寺には、国宝の本堂をはじめ、仁王門や三重の塔・奥の院など、多くの重要文化財がある。清水寺から産寧坂・二年坂をくだると、八坂の塔が立つ法観寺、茶室「時雨亭」・「傘亭」や蒔絵の美しい須弥壇で知られる高台寺、伏見城の庭園を移した塔頭の円徳院、祇園の八坂神社へと続く。

　四季折々の自然美にも恵まれ、観光道路沿いに商店が連なる町家は「産寧坂伝統的建造物群保存地区」に指定されている。この自然・歴史・文化・景観に彩られた地域のよさを継承し、発展させていくのは、地域住民に課せられた責務である。

2 文化財周辺を守る防災・防火事業

　京都市は、地域住民の防災・防火力を最大限に活用して、文化財とその周辺地域を、火災から面的・広域的に守る取り組みを始めた（写真1）。大容量の防火水槽をつくり、そこから配水管を地域一帯に敷設して、誰でも使える市民消火栓と消防隊用消火栓および文化財の延焼防止放水システムを設置した。これは全国初の防災・防火水利事業で、2006年度から6年間、約10億円の工費をかけたが、その45％は国庫から支出された。工事は、電線地中化・町並整備事業と同時期に展開されたため、観光客の安全と店舗経営の両立を計って、おもに夜間工事となったが、地域住民と事業者の協力によって無事に完成した。

　1,500m³の耐震性防火貯水槽が2基、地下に築かれた。高低差の少ない高台寺公園の水槽はポンプ圧送方式をとり、清水寺境内の水槽は、音羽の滝と轟川の流れを活用した自然流下方式をとる。配水管の水圧を一定に保つため、送水用動力ポンプも1基、高台寺公園に設置されたが、停電時でも6時間は稼働する。貯水槽からの配水管は全長2kmを超え、市民消火栓43基、消防隊用消火栓20基が設置された（図1）。八坂の塔には延焼防止放水設備が完成したが、清水寺には、以前から重要な建造物を火災から守る放水・消火装置（ドレンジャー）が設けられている。

写真1　京都霊山護国神社参道での放水訓練
　　　　左側は高台寺境内。住民は自らの住宅や店舗とともに文化財も守っている。

3 防災水利ネットワークの設立

　防災・防火設備を運用する組織もつくられた。配水管は清水と弥栄、2つの元小学校区にまたが

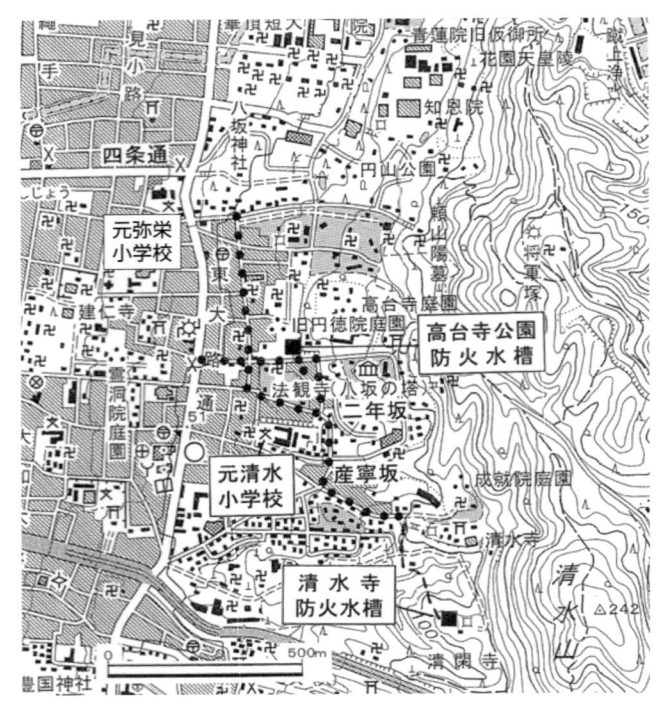

図1 東山山麓文化遺産防災水利システム
●印は、消火栓および配水管ルートの概略を示す。「東山区清水・弥栄防災水利ネットワーク」の冊子掲載のルート図を、筆者が1:25,000地形図「京都東北部」「京都東南部」（拡大）に転記した。

る。京都市の自治活動は、明治初期にできた番組小学校に起源をもつ学区を単位に展開されてきたが、最近の少子化に伴う小学校再編後もそのまま続いている。自治活動の中核をなす両学区の自治会連合会、災害と直結する消防分団・自主防災会などの諸団体、文化財を保有する寺社、地域住民、商店や料理飲食店・喫茶店などの事業所、清水寺と高台寺の門前会などが連携して組織した「清水・弥栄防災水利ネットワーク」である。とくに大地震などに伴う大火災に対応して、地域の防火力を向上させるため、京都市消防局と東山消防署・東山区役所・東山警察署の指導・助言と協力を得ながら、取り組みを進めている。

4 防火設備に慣れる取り組み

配水管の敷設ができた町内から市民消火栓の操作講習が始まった。2008年5月、産寧坂・二年坂の地域で、格納庫に納められた長さ30mのホースの出し入れ、元栓の開閉、筒先の水量や飛散度の調節と放水を、消防署員や消防分団員から学ん

だ。7月には、初めて一斉放水訓練も行われた。消防署の消防車も特別参加し、市民や観光客、マスメディアにも、そのようすを披露した。

地域住民には、訓練を兼ねて、何度でも、誰でも、気軽に市民消火栓の使用を奨めている。石畳や舗装道路の照り返しが厳しい盛夏には、日に何回も住民が交代で放水する風景もみられる。

2010年8月には、清水寺から八坂神社にいたる全域で一斉放水訓練が行われた。10月には、法観寺延焼防止放水システムが完成し、その通水式が行われた。八坂の塔が水幕に隠れるようす（写真2）を見学し、その威力にあらためて感動した。その後、毎年8月、市民消火栓の一斉放水訓練と法観寺延焼防止放水訓練が実施されている。

5 防災・防火活動の広がり

各学区では、早くから自主防災会を中心に、総合防災訓練を展開してきた。例年11月に実施する清水学区の内容をみると次の通りである。

写真2　水幕につつまれる八坂の塔

写真3　地域住民が参加した消火栓の使用

① 午前9時に大地震がおこったと仮定し、各家庭で、安全を第一に考えて、それぞれ初期活動を行い、戸締まりをして外へ出る。
② 10分後に、各町内で定められた緊急時集合場所に集まり、人数や異常の有無を確認する。その後、町内の役員を引率者に、高台寺公園（時には清水小学校グラウンド）に避難する。
③ 全町が揃ったところで訓練が始まる。グループに分かれて「(A) 消火器や市民消火栓を使用して、初期消火にあたる（写真3）」、「(B) 防災倉庫にある防災用資材や器具の使用、簡易担架の作り方などを体験する」、「(C) 三角巾や包帯の巻き方、AEDの使用や心肺蘇生法など、救急・救命講習を受ける」、の各コースを順番にまわる。
④ 地域の女性会と小・中学校PTAを中心に、炊き出しと給食を体験する。窯のつくり方や薪のくべ方、大きな釜を使用した飯炊きなど、経験のない人が多数を占めるなかで、経験のある高齢者が若い人たちをリードしながら食事をつくる。参加者は釜で炊いた飯を味わいながら、互いに交流を深める。まさに食育の場にもなっている。

訓練は休日に実施されるので、250～300名を超える住民が参加する。市民消火栓の導入によって訓練の内容が豊かになり、防災訓練も夏秋の2回、実施されることになった。

6 今後の課題

この地域の店舗は、代々職住一体であったが、近年、高齢化と少子化の波を受けて、大きく変質した。店を地域外の企業に賃貸したり、譲渡したりして、離れていく古くからの住民もみられ、夜間は無人となる店舗がふえた。夜間人口も減少して、防犯・防災・治安上の問題をはらんでいる。

連帯感の強かった地縁社会に、昼間だけ勤める店員が入り、住民意識の落差も大きくなった。市民消火栓の使用も店の姿勢に左右されるので、地域の一員としての連帯意識を向上させる啓発活動と地域活動が求められる。

観光客の溢れるシーズンや時間帯に大地震や火災が発生した時、住民の行動が訓練どおり機能するかどうかが課題である。住民や観光客の安全確認、負傷者の救助、市民消火栓の放水、地域に不案内な観光客の広域避難所への誘導などが加わる。住民がそれぞれ課せられた役割を自覚して、しっかり行動できるよう、シミュレーションを重ねることが必要である。

地域に住む子どもは、学校で防災教育を受け、災害についての学習と避難訓練を重ねている。社会科や美術科など教科で文化財について学習する。身近な地域の総合学習で、東山を探訪する機会も多い。学校・家庭・地域が連携して、それらの学習効果を統合し、地域の防災力向上に貢献する人づくりの道を考えることも重要である。

【分担執筆者】　　＊執筆順

竹原 英司	たけはら ひでじ	関西大学第一高等学校・中学校教諭	2-1 執筆
小橋 拓司	こばし たくじ	兵庫県立加古川東高等学校教諭	2-2, 4-4 執筆
齋藤 清嗣	さいとう きよつぐ	京都府立鴨沂高等学校教諭	2-3 執筆
德安 浩明	とくやす ひろあき	ヴィアトール学園洛星中学高等学校教諭	2-4 執筆
村上 富美	むらかみ ふみ	龍谷大学付属平安高等学校教諭	3-1 執筆
植村 善博	うえむら よしひろ	佛教大学歴史学部教授	3-3, 4-1 執筆
新井 教之	あらい のりゆき	京都教育大学附属高等学校教諭	3-4 執筆
辰己 勝	たつみ まさる	近畿大学教職教育部教授	4-2 執筆
矢野 司郎	やの しろう	京都明徳高等学校教諭	4-3 執筆
立川 稠士	たちかわ しげお	佛教大学・龍谷大学非常勤講師	4-5 執筆
大西 隆	おおにし たかし	関西大学第一高等学校・中学校教諭	5-2 執筆
杉本 昌宏	すぎもと まさひろ	奈良大学大学院研究生	5-3 執筆
松浦 直裕	まつうら なおひろ	石川県立金沢伏見高等学校教諭	5-4, 6-3 執筆
辰己 眞知子	たつみ まちこ	龍谷大学非常勤講師	6-1 執筆
石代 吉史	こくだい よしふみ	龍谷大学付属平安高等学校教諭	6-4 執筆
杉原 和之	すぎはら かずゆき	元 京都市立城巽中学校校長	6-6 執筆

【編者】

岩田　貢　いわた みつぐ　　　龍谷大学法学部教授

1950年京都府生まれ。京都教育大学教育学部第二社会科学科地理学専攻卒。京都府内の国公立中学校教諭を経て現職。地理教育・社会科教育が専門。
著書（分担執筆）『京都学の企て』勉誠出版 2006年、『京都地図絵巻』古今書院 2007年、『京都の歴史・文学を歩く』勉誠出版 2008年、『京都学を楽しむ』勉誠出版 2010年、『京都府 謎歩き散歩』新人物往来社 2012年、などがある。
本書では、1, 3-2, 5-1, 5-5 を執筆。

山脇 正資　やまわき まさし　　　京都府立嵯峨野高等学校教諭

1963年京都府生まれ。京都教育大学教育学部第二社会科学科地理学専攻卒。1995年より地理教材研究会事務局。京都府の「土地分類基本調査」の地形分類を担当。
著書（分担執筆）『京都地図物語』古今書院 1999年、『京都府レッドデータブック』京都府 2002年、『京都地図絵巻』古今書院 2007年、『京丹後市の災害』京丹後市 2013年、などがある。
本書では、6-2, 6-5 を執筆。

【地理教材研究会】
事務局：山脇正資
http://www17.plala.or.jp/chirikyozai/

書　名	**防災教育のすすめ** ― 災害事例から学ぶ ―
コード	ISBN978-4-7722-7120-2　C3037
発行日	2013（平成25）年11月10日　初版第1刷発行
編　者	岩田　貢・山脇正資 　　　Copyright ©2013　IWATA Mitsugu, YAMAWAKI Masashi
発行者	株式会社　古今書院　橋本寿資
印刷所	株式会社　太平印刷社
製本所	株式会社　太平印刷社
発行所	**古今書院** 〒101-0062　東京都千代田区神田駿河台2-10
TEL/FAX	03-3291-2757 ／ 03-3233-0303
振　替	00100-8-35340
ホームページ	http://www.kokon.co.jp/　　　検印省略・Printed in Japan

いろんな本をご覧ください
古今書院のホームページ

http://www.kokon.co.jp/

★ 700点以上の**新刊・既刊書**の内容・目次を写真入りでくわしく紹介
★ 環境や都市, GIS, 教育など**ジャンル別**のおすすめ本をラインナップ
★ **月刊『地理』**最新号・バックナンバーの目次&ページ見本を掲載
★ 書名・著者・目次・内容紹介などあらゆる語句に対応した**検索機能**
★ いろんな分野の関連学会・団体のページへ**リンク**しています

古 今 書 院
〒101-0062　東京都千代田区神田駿河台 2-10
TEL 03-3291-2757　FAX 03-3233-0303
☆メールでのご注文は order@kokon.co.jp へ

地域の災害記憶を「見える化」したユニークな試み

シリーズ繰り返す自然災害を知る・防ぐ　最終巻
第7巻

歴史災害を防災教育に生かす
―1945 三河地震―

木村玲欧著（兵庫県立大学准教授）

A5判　188頁　定価2625円（税込）
ISBN978-4-7722-4134-2　C3344

第二次大戦末期・1945年1月13日未明に愛知県東部で起こった三河地震。大本営により隠されてしまった災害記憶を，断片的な資料や被災者からの聞き書きをもとに復元し，絵画によって表現したユニークな試み。このようにして「見える化」した資料は，学校教育の現場や地域の防災に大いに役立つ。防災教育の旗手・木村玲欧先生の新作。

教材に使える絵を，カラー13点，モノクロ45点収録→

目次

第1章　三河地震を知る
　1　戦争末期に発生した「隠された地震」　2　地震の概要　3　被害の概要　4　前震避難
　5　本震後の救助救出活動　6　戦時報道管制下での報道　7　避難生活　8　住宅再建　9　産業への影響

第2章　被災体験を知る
　1　被災体験による「わがこと意識」と「具体的に何をすべきかのイメージ」の醸成
　2　被災体験を収集する　3　被災体験を知る

第3章　被災者の体験を生かす
　1　なぜ「わがこと意識」が必要か　2　地域の歴史災害の被災体験の使い方　3　教材を作成する
　4　プログラムを作成する　5　小学校での実践を通した教育効果測定　6　その後の展開

シリーズ繰り返す自然災害を知る・防ぐ　全9巻完結！

巻	タイトル	著者	価格	各巻のテーマ
第1巻	地盤災害から身を守る ―安全のための知識―	桑原啓三著	2,625円	液状化／斜面崩壊
第2巻	津波と防災 ―三陸津波始末―	山下文男著	2,625円	津波／災害体験の忘と不忘
第3巻	火山災害復興と社会 ―平成の雲仙普賢岳噴火―	髙橋和雄・木村拓郎著	2,625円	住宅再建／住民合意
第4巻	富士山噴火とハザードマップ ―宝永噴火の16日間―	小山真人著	2,625円	想定される富士山噴火
第5巻	噴火の土砂洪水災害 ―天明の浅間焼けと鎌原土石なだれ―	井上公夫著	2,940円	噴火に伴う山体崩壊
第6巻	未曾有の大災害と地震学 ―関東大震災―	武村雅之著	2,940円	地震に伴う土砂災害の恐怖
第7巻	歴史災害を防災教育に生かす ―1945三河地震―	木村玲欧著	2,625円	防災教育／災害記憶の記述
第8巻	台風と高潮災害 ―伊勢湾台風―	伊藤安男著	2,625円	土地条件／水防意識
第9巻	豪雨と斜面都市 ―1982長崎豪雨災害―	髙橋和雄著	2,625円	斜面災害／防災都市構想